예수와 또 다른 이름들

PAUL F. KNITTER
JESUS AND THE OTHER NAMES
Christian Mission and Global Responsibility

Copyright © 1996 by Paul F. Knitter

All rights reserved

Translated by YOU Jung Weon

Korean translation copyright © 2008 Benedict Press, Waegwan, Korea
Korean translation edition is published by arrangement with Orbis Books
Maryknoll, New York

예수와 또 다른 이름들
2008년 9월 초판
옮긴이 · 유정원 | 펴낸이 · 이형우
ⓒ 분도출판사
등록 · 1962년 5월 7일 라15호
718-806 경북 칠곡군 왜관읍 왜관리 134의 1
왜관 본사 · 전화 054-970-2400 · 팩스 054-971-0179
서울 지사 · 전화 02-2266-3605 · 팩스 02-2271-3605
www.bundobook.co.kr

ISBN 978-89-419-0814-2 93230
값 12,000원

이 책의 한국어판 저작권은
Orbis Books와 독점 계약한 분도출판사에 있습니다.
저작권법에 따라 한국 내에서 보호를 받는 저작물이므로
무단 전재와 무단 복제를 금합니다.

그리스도교 선교와 지구적 책임감

예수와 또 다른 이름들

폴 니터 | 유정원 옮김

분도출판사

신언회에 몸담아 왔고
지금도 몸담고 있는
내 형제들에게
이 책을 바칩니다.

jesus and the other names
contents

- 서문 9
- 머리말 15

1 · 나의 대화 여정 _ 자전적 이야기 19

- 여정 단계 22

  선교의 시작, 배타주의를 넘어 23 | 제2차 바티칸 공의회와 칼 라너의 포괄주의 25 | 타자를 찾아 나서는 다원주의 27 | 다원주의와 해방 30 | 절박한 요구가 좋은 기회로 34

- 이 책은 여정의 연장이다 36

  지구적 책임감을 지닌 종교의 상호 대화 38 | 나는 아직 선교사다 42 | 책 내용 개요 44

2 · 다른 이름들에 말 걸기
  상호 관계적이며 지구적 책임감을 지닌 종교신학 47

- 간단한 밑그림 47

  종교신학 세우기 51

- 상호 관계적이며 지구적 책임감을 지닌 모델의 문화적 기반 52

  타자 의식하기 53 | 역사 의식하기 55 | 도덕적 명령으로서의 대화 의식하기 57
  세상을 향한 책임감 의식하기 62

- 상호 관계적이며 지구적 책임감을 지닌 모델의 그리스도교적 기반 64

  교리적 측면: 하느님의 본성 65 | 윤리적 측면: 으뜸 계명 67 | 성경적 측면: 보편성과 특수성 사이의 균형 70 | 사목적 측면: 마음속에서 샘솟는 질문과 외침 74

3 · 그리스도인은 그렇게 말하지 않는다 _ 비판 77
- 그리스도를 믿음 79
- 그리스도를 따름 87
- 그리스도의 이름으로 저항함 92
- 그리스도의 이름을 선포함 94

4 · 고유성 _ 상호 관계적이며 지구적 책임감을 지닌 그리스도론 99
- 예수 그리스도에 충실하다는 것 102

  성경과 신문 103 | 올바른 믿음은 올바른 행위에 뿌리박고 있다 105 | 예수에 대한 신약성경의 언어 107 | 오직 예수 이름으로만? 111 | 신약성경의 종교다원주의 113

- '참으로'에는 '오직'이 필요 없다 115

  완전하고 최종적이며 능가할 수 없다? 그렇지 않다! 116 | 보편적이고 결정적이며 필수적이다? 그렇다! 121 | 관계적 고유성 127

5 · 유일성 _ 예수가 어떻게 유일한가 133
- '유일성'의 의미 133
- 유일성과 역사적 예수 135

  하느님의 다스림 — 예수 메시지의 초점 140 | 영으로 가득 찬 예언자 — 예수 칭호들의 핵심 144

- 역사적 투신을 요청하는 역사의 하느님 147

  역사의 하느님 148 | 억눌린 이들의 하느님 151 | 계약의 하느님 153

- 다시 관계적 고유성으로 154

6 · 선교 노선 수정 _ 상호 관계적이며 지구적 책임감을 지닌 교회 159
- 그리스도인의 헌신과 공동체 162
  헌신적 신앙과 추종 162 | 성숙한 신앙 164
- 선교 명령의 수정과 재긍정 167
  교회 중심에서 하느님 나라 중심 선교로 168 | 성령과 교회 — 교회론과 성령론 172
  먼저 하느님 나라를 찾아라 176 | 종교: 하느님 나라의 중개소 181 | 개종(회개) 185

7 · 로마 가톨릭교회의 상호 선교 _ 바티칸의 선교관과 대화하기 191
- 바티칸의 반박 193
- 바티칸의 관심사와 그 불명료함 197

8 · 선교 재긍정 _ 선교는 대화다 207
- 대화와 선교 207
  바티칸의 또 다른 이정표 208 | 불명확한 이정표 — 흔들리는 패러다임의 전환 213
  선교는 대화다 215 | 대화하는 선교: 세계교회 222 | 문화 우월적·문화 초월적·문화 교류적 선교 224
- 대화로서의 신학 232
  그리스도교 신학은 그리스도교만을 위해 존재할 수 없다 234 | 신학과 종교학: 지구적 책임감을 지닌 결속 238 | 활성화 241

- 발문 245
- 참고문헌 247
- 인명 색인 263
- 사항 색인 265

●●● 서문

하비 콕스

1996년을 맞아 그리스도교 신학과 함께해 온 지난 30년 세월을 새삼 되돌아보았다. 그 세월 동안 나를 뿌리째 뒤흔들면서 신학을 처음부터 다시 생각하게 만든 도전이 두 차례 있었다. 처음 도전은 1960년대 말, 선선하지만 불온한 남풍처럼 불어온 해방신학이었다. 그리고 10여 년이 지난 뒤, 거부할 수 없을 만큼 부드럽게 나를 사로잡은 두 번째 도전이 있었는데, 타종교를 향한 그리스도교의 접근이 그것이다. '전통 신학'과 내 신학 연구를 도도하게 밀어붙인 이 두 움직임은 어느 모로 보나 전통과는 거리가 멀었다. 30년이 넘도록 나는 이 도전들과 씨름하고 있다. 생기를 북돋워 주면서도 복잡다단한 작업이라 할 수 있겠다. 그리고 시간이 지날수록 두 흐름은 서로 연관되며 고도의 지적 작업을 필요로 하는 연구라는 점을 깨닫게 되었다. 돌파구를 찾지 못하고 실의에 빠져 있던 몇 년 동안 나는 누구와도 이 고민을 나눌 수 없었다. 그러다 폴 니터의 책을 만났고, 비로소 다시 시작할 힘을 얻었다.

1960년대 말, 나는 『세속 도시』The Secular City를 출판하고 곧이어 스페인어와 포르투갈어 번역서도 출판했다. 그리고 그즈음 해방신학을 만나게 되었다. 당시 나는 페루의 구스타보 구티에레즈Gustavo Gutiérrez, 우루과이의 후안 루이스 세군도Juan Luis Segundo 같은 라틴아메리카 신학자들로부터 뜻밖의 반응을 얻게 되었는데, 구티에레즈는 나를 비가톨릭 신학자로는 최초로 리마에 있는 로마 교황청 가톨릭대학교Pontifical Catholic University 강의에 초청하기까지 했다. 그와 세군도는 내 책에 비판적이었지만 그들 나름대로의 식견으로 세속화를 나와 아주 다르게 이해하고 있었다. 그들은 회의적인 '현대인'의 시선이 아니라 가난하고 소외당하는 이들의 관점에서 세속화를 보았다. 나는 그들에게서 많은 것을 배웠으며 초기 해방신학 운동의 힘과 열정에 완전히 압도되었다. 그 여름 멕시코에서 스페인어를 배운 다음 몇 년간 브라질, 아르헨티나, 니카라과, 멕시코에서 해방신학을 공부하면서 전도양양한 신학적 흐름을 체험했다. 그러고 난 후 하버드 대학교에서 해방신학을 가르치기 시작했다.

처음에는 관심을 보이는 학생이 거의 없었고, 해방신학에 관해 영어로 쓰인 책도 없었다. 내 첫 세미나 수강생은 고작 아홉 명이었다. 그러나 25년이 지난 오늘날, 한국의 민중신학, 아프리카-아메리카 신학, 여성신학, 인도 '불가촉천민'의 '달리트'Dalit 신학 등 다양한 해방신학을 공부하는 대학생과 대학원생이 수천 명에 이른다. 오르비스 북스의 큰 노고로 연구 자료도 충분히 쌓이게 되었다. 학계와 공식 교회의 경멸에도 불구하고 해방신학은 신학계 전반에 엄청난 파장을 일으킨 것이다.

내가 해방신학을 가르치던 당시, 종교 간 대화와 종교다원주의가 퍼지면서 그리스도교 신학을 다시 생각하고 연구하는 그리스도교 신학자들이 생겨나고 있었다. 하버드 대학교 세계종교연구소와, 매년 그곳에 초청받아 위대한 영적 전통을 가르치던 학자와 수행자들이 영향력을 떨치고 있었다. 내 해방신학 수업을 듣는 힌두교도와 모슬렘, 유다인이 속한 모임을 통해 나는 그들 전통의 원천에서 시작된 비교신학에 관심을 갖게 되었다. 폴 니터가 그러했듯이, 나는 베트남전 반전운동에 참여하면서 틱낫한Thich Nhat Hahn을 비롯한 매우 인상적인 불자들을 만났다. 1970년대 중반에 하버드 대학교에서 강연할 때 알게 된 초감 트룽파 린포체Chogyam Trungpa Rinpoche는 나를 콜로라도 볼더 대학교의 나로파 연구소 여름학교에 초청하여 그리스도교에 대한 강의를 부탁했다. 트룽파가 그리워하던 고향 땅을 닮은 로키산맥 기슭에서, 불자가 대부분인 학생들에게 해방신학을 가르치면서 나는 티베트 불교에 완전히 빠져 들었고 한껏 고양되었다.

전혀 다른 두 분야를 놓고 대화하는 것이 당시 나에게는 어렵게만 느껴졌다. 해방신학을 놓고 나와 교류하던 이들은 종교 간 대화에 관심이 없었다. 종교 간 대화를 사치나 오락쯤으로 여기며 경멸하는 이들도 있었다. 그들은 집 없이 굶주리는 이들의 헐벗음과 고통을 덜어 줄 방도를 찾는 데 온 정신을 빼앗겨, 세계의 여러 종교에서 그리스도인으로 사는 문제는 안중에 없는 듯했다.

나와 함께 그리스도교 종교다원신학에 관해 이야기 나눈 이들이 말하기를, 해방신학은 타종교에 무지할뿐더러 무시하기까지 한다는 것이었다. 어떤 이는 해방신학이 과거 그리스도교 우월주의의 진화된 형태가 아닌가 우려하기도 했다. 두 분야의 관심사를 공유하려는 사람을 나는 거의 보지 못했다. 미국종교학회American Academy of Religion의 경우 두 모임은 각기 다른 층이나 다른 건물에서 이루어졌다. 두 운동은 서로 다른 두 세계로 여겨졌다. 하지만 나는 어떤 연결점이나 공유할 수 있는 측면이 틀림없이 있을 것으로 생각했다. 다만 그것을 찾아낼 길이 없었던 것이다.

바로 그때 폴 니터의 책을 만났고, 나 혼자만 함정에 빠져 있는 것이 아님을 깨달았다. 아니, 그 이상을 얻어 냈다. 『오직 예수 이름으로만?』*No Other Name?*을 시작으로 『하나의 지구, 많은 종교』*One Earth Many Religions*와 여러 논문과 강연, 그리고 이 책을 통해 니터는 온갖 의혹을 뛰어넘어(아니, 기대 이상으로) '고통받는 타자'에 대한 관심과 '종교적 타자'에 대한 관심이 서로 연관된다는 사실을 밝히고 있다. 더 나아가, 양측은 서로를 필요로 하며, 어느 한편이 없으면 다른 한편도 불구요 무익할 뿐이라고 주장한다. 폴 니터는 공통점이 없어 보이는 두 신학 사조를 한데 모으는 중요한 도식을 제안한 것이다. 하지만 그와 뜻을 같이하는 이는 아직 없는 듯하다.

니터는 어떻게 이런 연구를 했을까? 그도 나처럼 이 문제로 곤혹스러워한 것 같다. 그러나 그만의 놀라운 방식이 있었다. 신언회The Society of the Divine Word 선교사로서 종교다원성 문제와 씨름하면서, 그는 해방신학의 절박한 요청과 마주하게 된다. 그리고 해방신학의 가장 중요한 공헌은, 가난한 이들에 대한 관심과 '의심의 해석학'hermeneutics of suspicion을 통해 그리스도교 전통을 재이해하게 만든 것이라고 판단했다. 니터는 이 통찰을 종교신학에 처음으로 적용했고, 1988년에 펴낸 논문집 『그리스도교 유일성의 신화: 종교다원신학을 향하여』*The Myth of Christian Uniqueness: Toward a Pluralistic Theology of Religions* 인용문에서 자신의 입장을 밝히고 있다.

> 특히 그리스도론을 토대로 한 전통적 종교신학은 문화나 종교 면에서 타종교보다 우월하다고 주장한다. 타종교를 지배하고 억누르면서 타종교의 가치를 무시하는 신학의 무의식적 열망을 숨기거나 눈감아 주고 … 얼마나 많은 타문화와 타종교를 종속시키거나 착취하는 일을 정당화했던가?

여기서 니터가 제안하는 신학 방법론의 핵심이라 할, "나는 생각한다. 고로 존재한다"cogito ergo sum에 접근할 수 있다. 그는 나에게 많은 것을 가르쳐 줄 수 있는 학자다. 초기에는 그가 그리스도 중심주의에서 신 중심주의로의 전환을 강조했다면 최근에는 구원 중심주의로 나아간다. 미래를 바라보게 하는 이 관점은 중요하다. 모든 전통의 궁극 목표omega point에 주목할 것을 촉구하는 관점이다. 이는 또한 모든 종교 간 대화 참여자를 동등한 관계로 만날 수 있게 해 주는 전략이기도 하다. 참으로 멋진 전환이 아닐 수 없다.

구원 중심적 종교신학은 하느님 나라를 복음의 핵심으로 삼는 해방신학에 특별한 관심을 가진다. 하느님의 특성, 예수의 직무, 교회 선교를 통해 공동체가 가난한 이들을 돌보며, 상처받고 배척당한 이들을 끌어안음으로써 새로운 세상의 도래를 앞당길 수 있음을 두 신학 모두 이해한다.

타종교 공동체 구성원들의 뿌리와 의례를 존중하면서 그들이 갈구하고 희망하며 기도하는 바를 함께 나눌 때, '구원 중심으로의 전환'은 실현될 수 있다. 나는 이것이 옳다고 생각한다. 막다른 골목에 이른 종교 간 대화가 구원 중심에 초점을 맞출 때 돌파구를 찾아낼 수 있을 것이다.

아직도 할 일은 많다. 내게 답을 제시해 준 것처럼 이 책이 많은 독자에게도 큰 의미가 되기를 바란다. 예를 들어, 우리는 '다스림'reign과 '왕국' kingdom이라는 말이 복음서 핵심 용어임을 인식하면서 더욱 비판적으로 사고해야 하고, 오늘날에는 이 두 용어가 인간 공동체의 위계와 종속성을 (무심코일지라도) 조장함을 자각해야 한다. 세계교회협의회 총무 콘라드 라이저Konrad Raiser는 도발적 저서 『변천하는 교회일치』*Ecumenism in Transition*에서, '왕국'은 '친교'*koinonia*를 표현하는 관용어이며 더욱 평등하고 호혜적인 인간 삶을 전망하게 해 줄 것임을 확신한다.

"체험으로 돌아가라"고 주장하는 신학은, 해방신학과 종교신학이 서로 연관된다고 믿는 우리에게 심각한 질문들을 던져 주게 될지 모른다. 이 책 말미에서 니터는, 우리의 '체험'은 사회적 지위, 성, 인종에 따라 다양하게 파생되었음을 상기시킨다. '고통받는 타자'와 '종교적 타자' 사이에 누적되는 체험은 대개 사적 체험이며, '종교적' 체험은 결코 독자적 체험이 아니라 폴 틸리히Paul Tillich 말대로 "모든 인간 체험 깊은 곳에" 자리 잡고 있다.

이 책은 폴 니터의 중요한 새 연구를 소개할 뿐 아니라 남은 문제들을 고민하게 만든다. 책이 이끄는 곳이 어디든, 장차 그리스도인은 종교적 타자를 진지하게 고려하지 않고는 고통받는 타자에게 책임감 있게 다가가지 못할 것이다. 종교신학 역시 지구의 참상을 고려하지 않고는 전개될 수 없을 것이니, 앞으로 나아가려면 무엇보다 폴 니터의 도움을 먼저 받아야 할 것이다.

●●● 머리말

이 책은 앞서 출판된 『하나의 지구, 많은 종교: 종교 간 대화와 지구적 책임감』*One Earth Many Religions: Multifaith Dialogue and Global Responsibility*과 일맥상통하므로, 그 첫머리에 나오는 '감사 호칭 기도'를 반복하려 한다. 그 책이 나오도록 지원과 조언을 아끼지 않은 이들 모두가 이번에도 함께했기 때문이다.

여기서는 앞의 책에서 미루거나 산만하게 지적했던 내용들을 충실히 다룰 것이다. 타신앙인과 상호 관계적/다원적 만남을 갖고 지구적 책임감을 바탕으로 해방을 위해 대화하며 자신의 종교 교리와 실천을 조화시키려 할 때 발생하는 그리스도인의 고민을 깊이 고심하여 답변하려 한다. 문제는 "그분 말고는 다른 누구에게도 구원이 없습니다"(사도 4,12)라고 고백할 때 '다른 누구'를 어떻게 알아들어야 하는가다. 즉, 예수의 유일성과 교회의 선교를 존중하는 전통적 신념을 살아감과 동시에 타종교의 타당성을 인정하는 문제다.

이 신학 문제들을 모아 정리하면서 답변을 제시하기 위해, 너그러운 그리스도교 공동체와 동학同學들로부터 많은 도움을 받았다. 특히 국제 선교 공동체인 '신언회'에 이 책을 바치고 싶다. 지난 1985년에 『오직 예수 이름으로만?』을 펴내면서, 신언회와 함께한 23년간 그 비전과 가치들을 내가 얼마나 깊이 내면화했는지 분명히 깨닫고 감사하게 되었다. 책을 펴낸 1985년 이래, 나는 예수를 과거에 언명된 하느님의 유일한 구원 말씀이 아니라 참된 구원 말씀이라고 보는 것이 옳다고 확신하고 있다.

'유일함'이 '참됨'을 좇을 수 있고 또 좇아야 하지 않을까 하는 의구심에 사로잡혀 있던 시기에, 내 오랜 친구 짐 나이트Jim Knight의 기획으로 1988년 12월 필리핀 타가이타이Tagaytay에서 열린 신언회 심포지엄 '대화와 선교'에 초대받게 되었다(Mercado and Knight 1989). 아시아와 남태평양에서 돌아온 선교사들을 통해, 타종교와 타문화를 향한 놀랍고도 진지한 개방과, 예수와 하느님 나라를 향한 기쁨과 자유로움으로 충만한 헌신이 서로 결합되어 있음을 목격할 수 있었다.

대학원 동기이자 민다나오Mindanao의 이필Ipil에서 사목하는 신언회원 비센테 카스트로Vicente Castro를 방문하면서, 선교사들이 투신과 개방, 배움과 가르침을 결합시키는 모습을 구체적이고 영감 어린 사례를 통해 찾아낼 수 있었다. 고집 세고 다소 구세대 성향을 지닌 비센테는, 돼지 농장에 있을 때건 하느님을 탐구할 때건 언제나 복음을 위해 현실을 주시하며 순간에 충실하고자 노력한다고 말했다. 이들과 함께 인도에 머물던 5개월 동안 또 다른 신언회원 야코프 카분칼Jacob Kavunkal과 안토 포루터Anto Poruthur와의 만남을 통해서는 보다 엄밀한 신학적 반성의 필요성을 깨닫게 되었다. 그들은 깊은 확신 속에서 타자로부터 겸손히 배우고 받아들이는 법을 내게 일깨워 주었다.

다양한 이름을 받아들이면서도 예수와 그의 메시지가 갖는 특수성을 간직하도록 균형을 일깨워 준 친구도 있다. 한때 나처럼 신언회원이었던 오르비스 북스의 편집자 빌 버로우스Bill Burrows가 바로 그다. 빌은 이 책의 다양한 내용을 모든 주석서의 주요 사상과 연관 지으려 했다. 그는 그리스도교의 '새로운' 종교론이나 타종교를 토대로 한 '새로운' 그리스도론은 예수의 '아빠Abba 체험'을 공유하는 데서만 비롯되는 것은 아니라고 보았다. 이 체험이 그리스도교의 핵심이어서는 안 된다는 것이다. 내 더딘 이해를 참아 준 빌에게 고마움을 전한다. 나를 독려한 또 다른 선교사 겸 학자로 유진 힐먼Eugene Hillman이 있다. 그는 타인의 나팔소리에 귀 기울이면서 자기 나팔을 부는 방법을 조언해 주었다. 이 책으로 함께 토론한 동료들, 슈베르트 오그덴Schubert Ogden, 데이비드 트레이시David Tracy, 존 캅John B. Cobb, 윌리엄 플래처William Placher는 저마다의 방식으로 내게 '천천히 갈 것'을 진지하게 조언했다. 한 종교의 것이든 여러 종교의 것이든 조심스레 여지를 두면서 진리를 평가하고, 종교 간의 차이를 심사숙고하여 바라보며, 어찌하여 예수가 유일한지 또는 유일하지 않은지를 풀어내는 데 더욱 진중히 임하면서, 쉽게 판단 내리지 말 것을 충고해 주었다. 타자에게 더욱더 신중히 귀 기울여야 함을 일깨워 준 것은 물론이다.

이 책을 내도록 도와준 새로운 대화 상대자들에게 특별히 고마운 마음을 표현하고 싶다. 하비 콕스Harvey Cox는 최근 몇 년간 대담과 저작을 통해 나를 격려해 주었고, 자유주의자들 역시 복음주의자들과 대화하기를 게을리 하지 말라고 독려해 주었다. 그들 모두 그리스도교와 타종교의 관계에 대해 적절한 관심을 가지고 있다(Cox 1988). 콕스의 도움으로 나는 복음주의자들과 대화하기 시작했다. 그리고 대화를 향한 그들의 진지한 관심과 열정을 알게 되었다.

각기 나름대로의 방식으로 '복음주의'와 관계 맺고 있는 존 샌더스John Sanders(1992), 클라크 피노크Clark Pinnock(1992), 폴 에디Paul Eddy(1993), 마르크 하임S. Mark Heim(1995)에게서는, 타종교인과 관계 맺으면서도 선을 분명히 하는, 그리스도를 향한 깊은 헌신을 배우고자 했다. 예수의 유일성과 선교의 필요성을 더욱 분명히 하는 데 그들의 도움을 받았다. 다시 한 번 그들과 이야기 나누어 보고 싶다.

이 책을 통해 종교 간 대화를 추구함은 물론, 더 나아가 그리스도인 사이에서 폭넓고 열띤 종교 내內 대화로 이어져야 할 것이다. 두 종류의 대화가 모두 원만히 이루어지는 데 이 책이 작으나마 보탬이 되기를 바란다.

폴 니터

●●● 제1장

나의 대화 여정
자전적 이야기

제목을 보면 책의 목적을 안다. 하느님이 예수와 또 다른 이름들을 분리시켰다고 보는 기존 통념을 뒤집어 생각해 보는 것이 그 목적이다. 인류 역사에서 예수와 타종교 인물들 사이의 대화와 협력 가능성을 가로막지 않는 한에서, 나는 그리스도인이 "그분 말고는 다른 누구에게도 구원이 없습니다"(사도 4,12)라고 줄곧 선포해 온 것이 과연 타당한지 알아보려 한다. 대화가 진실하다면, 예수 이름으로 기도하는 이들과 다른 여러 이름으로 기도하는 이들 사이의 대화와 협력은 가능하고 또 필요한 것이 된다. 예수의 메시지와 사명을 따르는 것과 타인의 종교적 비전과 사명을 진지하게 여기며 중시하는 태도 사이에 모순이 아닌 자연스러운 조화가 자리 잡고 있음을, 이 책을 읽는 그리스도인들에게 알려 주고 싶은 것이다.

따라서 이 책은 『하나의 지구, 많은 종교』 후편이다. 『하나의 지구, 많은 종교』에서 나는 종교가 서로 참된 것에 귀 기울이고 참된 것을 말하는 상호 관계적/다원적 만남과 대화를 제시하려 했다. 오늘날 종교 대화를 위한 최선책은 인간의 생태적 참살이eco-human well-being를 도모하기 위해 함께 투신하여 지구를 책임지는 데 있다. 『예수와 또 다른 이름들』은 『하나의 지구, 많은 종교』의 두 번째 신학적 실천인 셈이다. 앞의 책에서 지나쳐 버린 신학적 질문과 도전들을 고찰하면서, 예수의 유일성과 선교에 대해 확신하지 못하는 것을 '불신앙'으로 여기는 그리스도인들과 함께 지구적 책임감을 지닌 상호 대화에 동참하고자 노력할 것이다. 이 대화를 통해 그리스도인은 예수를 보다 헌신적으로 따르고 세상에 예수의 사명을 널리 알림으로써 예수의 유일성을 더욱 잘 이해하게 될 것이다.

신학 내용을 다루기에 앞서 나 개인의 여정을 고백하고 싶다. 『하나의 지구, 많은 종교』 1장을 약간 수정해 다시 싣는다. 신학자의 '삶'에 대한 고찰 없이 그의 '신학 사상'을 이해하려는 것은, 생물학자가 생태 환경에 대한 고려 없이 생물을 연구하려는 것과 다르지 않다고, 여성학을 전공하는 친구가 조언한 바 있다. 그리하여 내 삶과 신학의 상호 작용을 다시 한 번 밝히고자 하는 것이다. 이 책을 읽는 이들은 (다른 책을 보지 않더라도) 나의 삶이 신학 연구에 미친 영향을 확인하게 될 것이다.

1985년 펴낸 『오직 예수 이름으로만?』에서 나는 "모든 신학은 신학자의 삶에 뿌리박고 있다"(Knitter 1985, 7)는 말로 책을 열었다. 이 책을 시작하는 지금도 같은 마음이다. 내 삶에서 비롯된 신학 여정을 다시금 경외감을 느끼며 흐뭇하게 돌아보고 있는 것이다. 그리스도교 신학자로서의 내 연구, 즉 그리스도교 전통과 문화를 일깨워 준 공동체의 도움으로 이루어 낸 작업은, 실은 내 삶에 들어와 고통과 혼란 그리고 깊은 의미를 안겨 준 사람과 사건들로부터 비롯된 것이다. 명확한 계획을 세우고 결정을 내려 왔지만, 언제나 그 계획과 결정은 내게 어떤 의미를 부여해 준 사람이나, 도전과 충격을 안겨 준 사건의 영향을 받은 것이었다. 이 특별한 이들과 사건들은 『오직 예수 이름으로만?』을 펴낸 지난 10여 년 이래 줄곧 나를 일깨우며 이끌고 있다.

당시 나는 그 사람들과 사건들이 큰 그림의 일부이며 그 작은 조각들이 모여 하나의 작품을 완성한다고 생각했다. 그것은 또한 고등학교를 졸업하고 신학교에 입학한 1950년부터 형성된 새로운 인생 여정의 일부가 되기도 했다. '타자와의 여행' 또는 '대화 여정'이라 부르는 편이 맞겠다. 물론 이것은 모든 이의 삶에 적용되는 표현이리라. 관계 속에 살아가는 우리 인간에게는 삶을 비춰 주고 변화시키는 '중요한 타자들'이 있다. 내 여정에서 만난 '타자'는 그야말로 다른 것, 예기치 못한 놀라움과 충격을 안겨 준 이들을 가리킨다. 익히 체험하고 이해해 온 세상과는 크게 동떨어진 사람들과 사건들을 일컫는 것이다. 특히 그리스도인이자 신학자로 살아온 내 삶은 얼토당토않은 낯선 사람과 사건을 맞닥뜨려 이를 끌어안음으로써 풍요로워졌고 동시에 고민과 변화를 감내해야 했다. 삶의 경계를 허물고 세계관을 바꾼 중요한 계기가 된 셈이다.

그렇게 지난 수십 년 동안 내 삶과 신학에 영향을 미친 두 중요한 '타자'가 있다. 하나는 종교적 타자고 다른 하나는 고통받는 타자다. 1980년대까지만 해도 내가 몸담은 사회와 신학적 삶의 가장 중요한 타자는 타전통에 속한 타신앙인이었다. 그들은 내 영성과 신학적 사고에 도전하며 혼란을 안겨 주었다. 내 삶에 끼어들어 머물려는 그들로 인해 충격을 받은 나는 연구에 몰두했고 『오직 예수 이름으로만?』에 그 결론을 피력해 놓았다. 그런데 1980년대에 이르러 또 다른 거대한 타자와 마주하게 된다. 불의와 억압을 피해 미국 남쪽 국경을 넘어온 중앙아메리카 난민이 바로 그들이다. 비록 불법 이민자였지만 이 새로운 타자는 내게 다가와 구원의 의미를 되새겨 주었다. 그들은 참혹하고 부당한 불의에 고통받는 전 세계 민중을 대표하고 있었다. 그리고 나는 최근에 이르러서야 인간뿐 아니라 어머니 지구를 포함한 모든 생명체가 고통에 빠져 있음을 깨닫게 되었다. 이 새로운 타자와 생태계의 고통은 종교적 타자 못지않게 내 마음을 아프게 한다.

다행히도 나는 이 다양한 타자와의 대화에 초대받았다. 그리고 인간으로서 또 그리스도인이자 신학자로서 대화에 임하려 한다. 그리스도인이자 신학자로서 나는 종교적 타자, 고통받는 타자와 대화가 필요함을 절감하고 있다. 타자와 대화하며 생명을 나누는 만남을 통해 그리스도인으로서의 신념을 깨닫지 못하고 신학 과제를 해결하지 못한다면, 내가 가진 신앙이란 거짓이며 한낱 유희에 불과하지 않겠는가.

여정 단계

타자와 함께 걸어온 수십 년간의 이정표를 되돌아보면, 타자에 개방하려 했던 그리스도 교회의 지난至難한 여정과 고투가 내 삶에서 작게나마 재현되었음을 깨닫게 된다. 내 여정의 이정표와 단계들은 종교신학과 대화를 발전시켜 온 그리스도교 모델들과 상당 부분 유사하다. 오늘날 많은 신학자와 사목자는 그리스도인이 타종교와 타종교인에게 배타적이거나 포괄적이거나 다원적으로 접근한다고 말한다(Race 1983).[1] 그런데 이런 모델이나 전문 용어로 모든 경우를 설명할 수는 없다. 물론 이 세 가지 관점은 타종교에 대한 그리스도인의 다양한 시각을 포괄적으로 반영한다. 하지만 내 삶을 돌아보건대 이 모델들은 지적 사고의 산물이거나 학문적 틀이라

---

[1] 나중에 더 설명하겠지만, '다원주의'라는 용어는 반작용과 성취를 잘 설명하지 못한다.

할 수 없다. 오히려 종교적 타자와 고통받는 타자가 삶에 들어와 신념과 습관을 뒤흔들어 놓은 후에 내가 개인적·영적으로 어떻게 투쟁해 왔는가를 앞의 모델들을 통해 밝힐 수 있겠다. '배타주의', '포괄주의', '다원주의'라는 용어를 알기 전부터 나는 이미 하나의 관점에서 다른 관점으로 옮아가게 하는 신학 여정을 통해, 이를 정의 내리고자 씨름해 왔다.

정처 없는 이 여정이 동료 그리스도인들의 여행에 길잡이가 될 수 있을지 모르겠지만, 나로 하여금 책을 쓰게 해 준 것만은 분명하다. 이 책이 나 자신과 타자를 더욱 또렷이 응시하게 해 주기를 바란다.

선교의 시작, 배타주의를 넘어

내 대화 여정은 독백으로 시작된다. 사실 나는 종교적 타자를 제대로 알지 못했다. 그들과 함께 회개하기를 원했다기보다는 그들을 회개시키려고만 했었다. 나는 선교사가 되고 싶었다. 대신학교 4년과 엄격한 수련기 2년을 마친 1958년 나는 신언회의 정회원이 되었다. 많은 고민이 있었지만, 그 결정은 내 삶의 가장 의미 있는 일 가운데 하나다. 종교적 타자를 향해 첫걸음을 내디딘 순간이기도 하다.

그러나 이 당시 타자에게 관심과 애정을 가진다는 것은, 친구 사이가 아닌 의사와 환자 사이의 그것에 불과했다. 우리는 신학교에서 매일 다섯 차례 기도 시간에 "죄인의 어둠과 이교도의 밤을 말씀의 빛과 성령의 은총으로 없애 주소서"라고 기도했다. 우리는 말씀과 성령을 가지고 있고 그들은 죄와 우상숭배에 빠져 있었다. 우리가 친절한 의사라면 그들은 고통받는 환자였던 것이다.

내가 신학교에 있던 1950년대 후반부터 1960년대 초반 무렵에는 '타협'이나 '선교적 적응'이라는 말이 흔했다. 이 말은 사실상 타종교 모두가 어둠에 싸여 있지는 않음을 간접으로나마 인정하는 것이었다. 당시 일부 독일 신학자는 타전통에도 그리스도교적 구원의 표현을 적용할 수 있는 접점이 있다고 주장했다. 실제로 '선교적 적응'이란 "문 안으로 들여보내 주는" 어떤 것, 타종교인이 그리스도인을 닮아 그리스도교로 개종하게 하는 통로라고 보았다. 타전통의 긍정적 가치를 인식하는, 작지만 의미 있는 한 걸음이라 할 수 있겠다.

이때 나는 기대 이상으로 많은 것을 발견했다. 종교적 타자가 내 삶에 들어오기 시작한 신학생 시절, 휴가차 돌아온 선교사들을 만났다. 각처의 신언회 공동체에서는 그들의 선교 체험과 향후 선교 전망에 관해 이야기하고들 했다. 힌두교도, 불자, 토착 신앙인과의 만남을 다룬 슬라이드 강의와 선교사들의 생생하고 다채로운 체험담을 접하면서, 나는 이들이 앞의 기도와는 전혀 다른 세상을 만나고 돌아왔음을 알 수 있었다. 이 선교사들은 '죄인의 어둠, 이교도의 밤'보다는 힌두교의 아름다움, 뉴기니 고산지대 원주민의 통찰력, 불교미술과 명상의 심원한 풍요에 대해 많은 이야기를 들려주었다.

특히 신언회 조지 프록시George Proksh 신부의 인도 춤 동아리에서 느낀 감동과 어리둥절함을 잊을 수가 없다. 그리스도교 교리를 힌두교 춤 형태로 표현함과 동시에 힌두교식 미감과 신비감으로 신을 표현했던 것이다. 내가 일본 연구회 회원으로 있을 때도 비슷한 체험을 한 적이 있다. 당시 우리 모두는 신언회 '선교국들' 가운데 한 곳으로 떠나기 위해 그 나라의 역사, 문화, 종교를 연구하고 있었다. 그때 나는 불교에 처음 맛을 들여 선禪의 역사, 엄격한 선 수행, 깨달음(悟, satori)의 체험이 주는 광명과 평화에 입문하게 되었다. 일찍이 그리스도교에서는 만날 수 없었던 체험에 나는 매혹되었다.

1962년 철학사 과정을 끝으로 대학을 졸업할 무렵, 그리스도교는 빛이고 타종교는 어둠이라는 오랜 배타주의가 사실과 맞지 않음을 어렵사리 식별하게 되었다. 로마에서 신학 공부를 마치고 나서는 더욱 확실해졌다.

제2차 바티칸 공의회와 칼 라너의 포괄주의

제2차 바티칸 공의회 개막(1962년 10월 11일) 2주 전, 나는 로마 교황청 그레고리오 대학교에 입학했다. 로마는 유쾌함과 희망이 넘쳐흐르고 있었다. 교황 요한 23세는 로마 교회의 문을 열었을 뿐 아니라 벽을 허물고 오랜 관습과 틀을 쇄신할 것을 암암리에 요청하고 있었다! 현대 세계에서 가톨릭교회를 개방하는 길은 타문화와 타종교를 인정하는 것이다. 나와 함께 지내면서 공의회에 참석한 신언회 주교 스물두 명이, 유다교를 비롯한 타종교와 교회의 관계를 다룬 선언을 접하고 열광하던 모습이 생생하다. 그들 가운데 뉴기니에 수십 년간 있던 한 주교가 '비그리스도교와 교회의 관계에 대한 선언'「우리 시대」*Nostra Aetate* (NA)를 읽을 수 있도록 도우면서, 나도 그 기쁨에 동참할 수 있었다. 이 문서는 기존 공식 교회 문헌에는 나오지 않는, 힌두교와 불교와 이슬람교의 진리와 가치를 긍정하고 있었다. 로마 가톨릭 종교신학이 바뀌고 있었다.

공의회 사제들과 만나면서, 가톨릭교회가 타신앙인에게 마음을 열도록 결정적으로 공헌한 신학자 칼 라너Karl Rahner에 대해서, 또 그레고리오 대학교에 대해서 이야기를 나누었다. 1965년 라너는 그레고리오 대학교에 초빙교수로 왔다. 교리에 대한 그의 정교한 견해를 들으면서, 그가 어떻게 제2차 바티칸 공의회에서 타종교를 위한 새롭고 긍정적인 신학의 기초를 놓았는지 분명히 알게 되었다. 세계종교들의 진리와 선을 긍정한 공의회 문헌보다 더 혁신적인 라너의 신학은 타종교를 '합법적 구원의 길'로 그리스도인에게 제시했다. 덕분에 나는 신선한 공기를 자유로이 호흡하게 되었다. 그리스도교 너머 종교 세계를 바라보는 통찰을 얻었으며, 그리스도교만 참된 종교라는 근거 없는 오만에서 벗어나게 된 것이다.

로마에서 석사과정을 끝내고 독일 뮌스터 대학교로 옮겨 칼 라너의 지도로 타종교에 대한 가톨릭의 입장을 연구하게 되었다. 그러나 불과 반 년 만에 나는 몹시 피폐해져 로마로 되돌아왔다. 또 누군가 이미 같은 주제로 학위논문을 냈다는 것도 알게 되었다. 로마에서 나는 교황청 비그리스도교 사무국의 피에로 로사노Piero Rossano 몬시뇰과 상담하며 돌파구를 찾으려 애썼다. 그는 가톨릭 신학 대신 현대 프로테스탄트 신학을 연구해 볼 것을 제안했다. 나는 새로운 전기를 맞게 되었다.

종교적 타자가 다시 내 문을 두드려, 나는 그들 속으로 들어갈 기회를 얻었다! 익숙한 로마와 뮌스터 대학교를 떠나 종교개혁가들이 설립한 마르부르크 대학교 프로테스탄트 신학과로 옮겼다. 여기서 칼 하인츠 라초브Carl Heinz Ratschow 교수의 지도하에 「프로테스탄트 종교신학을 향하여」라는 제목으로 학위논문을 썼다.

마르부르크 프로테스탄트 신학과 박사과정을 통과하는 첫 로마 가톨릭인으로서 나는 대담무쌍하게도 현대 프로테스탄트 사상가들과 심지어 내 논문 지도교수인 라초브까지도 비판했다. 그들의 연구는 타종교에 대한 칼 바르트Karl Barth 신정통주의의 배타적 태도를 극복하기에는 너무나 약했다. 타종교의 가치를 인정하려는 프로테스탄트 신학자들의 노력이, 종교개혁 때 주장한 '오직 그리스도를' 통한 '오직 신앙으로' 때문에 꺾이고 만다고 나는 주장했다(Knitter 1975). 프로테스탄트 신학자인 파울 알트하우스Paul Althaus, 에밀 브룬너Emil Brunner, 볼프하르트 판넨베르크Wolfhart Pannenberg는 타종교에 '계시'는 있지만 '구원'은 없다고 주장한다. 이것은 타신앙인과 만나려는 그들의 노력이 고작 절반 정도밖에 미치지 못하기 때문이라고 나는 결론 내렸다.

프로테스탄트 신학자들에 대한 내 비판은 철저히 라너의 가톨릭적 관점과 틀에 근거한 것이었다. 프로테스탄트 신학자들이 '익명의 그리스도인' 이론(비그리스도인이 그들 종교에서 익명으로 활동하시는 그리스도의 은총과 현존으로 '구원받는다'는 주장)으로 요약되는 라너의 새로운 종교신학에 도달하지 않았기 때문에 비판을 가한 것은 아니다. 그들은 모르는 타전통의 지혜와 은총을 알고 있었던 것은 아니지만, 예수 그리스도를 통해 육화한 온전한 진리와 은총의 '영향'을 나는 통찰할 수 있었다. 라너의 신학은 분명 나를 자유롭게 해 주었지만, 박사 논문을 완성시켜 주지는 못했다. 종교적 타자의 세계에 더욱 폭넓고 자유롭게 다가가는 첫 단계를 제시해 주었을 뿐이다.

타자를 찾아 나서는 다원주의

존 힉John Hick의 표현대로라면, 라너는 새로운 패러다임을 제시한 것이 아니라 다리가 되어 주었다(Hick 1980, 180-1). 독일에서 박사과정을 밟는 동안 만난 라힘Rahim을 통해 나는 비로소 라너의 다리에서 내려와 타자의 입장에 서기 시작했다. 파키스탄 출신의 라힘은 똑똑하고 다정하며 유쾌하고 사려 깊은 화학도였다. 그는 하루에 다섯 번 기도하고 우리가 맥주를 마실 때 주스를 주문하는 신실한 모슬렘이었다. 우리는 종교에 대해 자주 토론했는데 분명 라너만으로는 설명이 불가능한 구석이 있었다. 라힘은 이슬람 신앙에 대단히 만족해했고 내가 아는 어떤 그리스도인보다 도덕적인 사람이었다.

각자의 신앙을 도마 위에 올려놓고 토론하면서, 우리는 서로에게서 많은 것을 배웠다. 내가 라힘에게 그리스도교를 통해 '온전한' 존재가 되어야 한다고 말하는 것은, 나 또한 이슬람교를 통해 온전해질 필요가 있다는 말과 같았다. 신학적으로 나는 라힘이 구원받았다고 말할 수 있으나 그를 '익명의 그리스도인'이라 부를 수는 없었다. 라너의 다리는 불안했다.

내가 시카고로 돌아와 1972년 가톨릭 신학원Catholic Theological Union에서 교편을 잡기 시작했을 때, 라너의 다리는 다시 흔들렸다. 종교신학과 종교 간 대화 강좌를 진행하고, 특히 힌두교와 불교를 가르치며 타신앙을 진지하게 연구하기 시작했다. 존 던John Dunne의 『지상의 모든 길』The Way of All the Earth(1972)이 제시한 '건너감'passing over에서 깊은 영향을 받은 나는 숱한 한계와 실패 가운데서도 학생들을 이끌며 지성과 역사, 인격과 체험을 동원하여 타종교를 연구했다. 1975년 (신언회를 떠나) 하비에르 대학교Xavier University로 옮겨 와 같은 방법론으로 같은 과목을 계속 가르치면서 나도 모르는 사이에 라너의 다리를 떠나 새로운 종교 분야에 흥미를 품고 이해하려 하고 있음을 깨달았다. 나는 새로운 신학 지도map라 할 만한 새 분야를 자각하게 되었다.

이 분야에서는 라이몬 파니카Raimon Panikkar와 토마스 머튼Thomas Merton이 가장 미덥고 대담한 학자였다. 파니카는 『종교 내 대화』The IntraReligious Dialogue(1978)를 집필했고 『베다 체험』The Vedic Experience(1977)을 통해 힌두교를 깊이 통찰했다. 머튼은 선불교의 삶과 의미를 추구한 『선과 맹금』Zen and the Birds of Appetite(1968)을 펴냈다. 나는 힌두교도, 불자와의 대화에 특히 자주 참여했다. 그러면서 내가 오랫동안 명상을 게을리 해 왔음을 깨닫고는 좌선 형태의 명상을 시작하게 되었다. 이런 연구와 대화와 실천으로 내 안에서 이루어지는 대화와 신학적 통찰을 발견했는데, 그동안의 신학적 관점을 뒤흔들어 재조정하는 특별한 체험이자 통찰이었다. 힌두교가 주장하는 브라만과 아트만 사이의 불이론不二論이 단순히 둘이 닮았다는 뜻뿐 아니라 라너의 초자연적 실존[2] 개념과 일맥상통한다는 것을 알았을 때, 불교의 무아無我 개념을 체험하고 이해했을 때, "이제는 내가 사는 것이 아니라 그리스도께서 내 안에 사시는 것입니다"(갈라 2,20)라고 한 바오로 사도의 말을 더 잘 이해하고 살아갈 수 있게 되었다.

한스 큉Hans Küng의 『왜 그리스도인인가』*Die christliche Herausforderung*(1976)를 읽고 이 모든 연구의 신학적 결론이 비로소 명확해졌다. 큉은 '익명의 그리스도인' 이론을 비판하면서 라너의 다리를 벗어나는 또 다른 예언적 주장을 제시했다. 하지만 타종교와의 관계에서 큉이 기본으로 취하는 그리스도 사건의 '최종성'이 타신앙을 오도하고 심하게 종속시킨다는 것을 확인한 나는 즉시 큉보다 더 나아가야 했다(큉은 그리스도의 '최종성'을 계속 밀어붙였다)[Knitter 1978]. 더 큰 걸음을 내딛기 위해 인도의 아쉬람이나 일본의 선불교 사찰로 서둘러 찾아드는 대신, 나는 책을 쓰고 (남편과 아버지가 되는) 현실을 택했다. 더 깊은 대화로 들어가기 전에, 그리스도교 신학의 과거 노력과 종교다원주의라는 새로운 체험에 대한 해석을 명확히 구분하고 싶었다.

1985년에 펴낸 『오직 예수 이름으로만?』에는 '그리스도교 태도의 비판적 고찰'이라는 부제를 달았다. 이 책에서 나는 모든 신학적 입장을 열거하면서, 타종교에 대한 기존의 그리스도 중심적·신 중심적 접근을 (포기하라는 것이 아니라) 지양할 때, 그리스도교 성경과 전통에 대한 증언을 포기하지 않고도 더 깊이 이해하고 보존할 수 있다는 확신을 내 자신과 동료 그리스도인에게 심어 주고 싶었다. 그리스도인은 예수 그리스도야말로 자

---

[2] 브라만은 보편적 영혼(Universal Spirit)이나 궁극적 실재(Ultimate Reality)를 가리키는 힌두교의 상징이고, 아트만은 피조물의 개별 영혼에 깃들어 있는 보편적 영혼이다. 이것은 인간 존재나 인간의 실존 상황을 철저하게 초자연적으로 설명하려는 라너의 노력과 일맥상통한다. 라너는 인간 '본성'에 신적 생명의 '초자연적 본성'이 불어넣어져 있다고 주장했다.

신과 타자를 이해하기 위해 필요하고 당연한 출발점이자 핵심이라고 주장함과 동시에, 예수라는 실체와 메시지보다 더 위대한 하느님을 인식하며 예수를 통해 드러난 신적 신비를 기억해야 한다. 또한 우리는 타종교가 이 신비에 합당한 관점을 가지고 응답할 수 있음을 인정하고 이에 열려 있어야 하겠다(이것이 『오직 예수 이름으로만?』의 주장이다). 타종교는 그리스도교에 일방적으로 '속한' 것이 아니다. 모든 종교는 끊임없이 무한한 신비와 진리를 발견하고 그에 충실하고자 노력한다는 점에서 서로 관계 맺어야 한다. 이렇게 나는 포괄주의에서 다원주의로 나아갔고 여전히 '타자'를 찾아 나서고 있다. 『오직 예수 이름으로만?』(과 이 책에 나오는) 주장을 명확히 하면서 타자를 향해 계속 움직이고 있는 것이다.

다원주의와 해방

1986년 그리스도교 신학자들이 다원주의를 얼마나 알며 어떻게 비판하는지 확인하기 위해, 힉과 나는 다원주의에 저마다의 방식으로 접근하는 신학자들을 정리해 보았다. 결과는 『그리스도교 유일성의 신화: 종교다원신학을 향하여』의 폭넓은 그리스도교 신학 공동체 논의로 드러났다. 이 책을 쓰면서 내 다원주의적 전환은 새로운 국면을 맞이했다. 다시금 삶을 따라 신학이 전개되고 있었다. 새로운 사건과 사람이 내 삶에 등장했다. 1970년대 초 나는 라틴아메리카에서 발흥한 새로운 해방신학의 발전을 이해하고자 연구를 시작했다. 본디 관심은 최신 방법론을 얻으려는 데 있었다.

   1983년 신시내티에서 엘살바도르 망명자인 학생 둘을 만났다. 미국 정부의 지원을 받는 엘살바도르 정부에 저항하여 인권을 주장하다가 쫓기는 신세가 된 사람들이었다. 이 우연찮은 만남으로 인해 내 삶은 그들 말마따나 엉뚱한 길로 접어들게 된다.

이듬해 아내 캐시와 나는, 지역의 교회와 회당들이 교회일치를 위해 모인 '지역교회운동'The Local Sanctuary Movement의 회원이 되었다. 우리는 정부 정책에 저항함과 동시에, 미국이 지원한 전쟁으로 피폐해지고 위험에 처한 모국에서 도망쳐 나오는 중앙아메리카 난민에게 쉼터를 제공하고 지원하는 활동을 했다. 그로 인해 5년간 여름마다 엘살바도르와 니카라과를 방문했다. 이런 활동과 신시네티의 망명자 가족을 돕는 일을 통해 엘살바도르의 존 소브리노Jon Sobrino와 루터교 주교 메다르도 고메즈Medardo Gomez가 공동 설립한 '중앙아메리카 그리스도교 기초 공동체'를 방문했고, 정부 보안 기관에서 고문당한 엘살바도르인들의 고통을 알게 되었다. 나는 해방신학이 단순히 '새로운 방법'일 뿐 아니라 예수의 참된 제자가 되는 길과 참된 종교의 의미를 묻고 있음을 확인했고, 억압받는 이들에 대한 관심이 비단 선택에 그치는 것이 아니라 명령임을 깨달았다. 해방신학과 무관한 종교신학은 더 이상 내게 의미가 없었다. 그리하여 『그리스도교 유일성의 신화: 종교다원신학을 향하여』에 '종교해방신학을 향하여'라는 새로운 제목의 글을 싣게 된 것이다.

이때부터 고통받는 타자는 내 영적 여정과 신학 여정의 동반자가 되어 나를 일깨우고 있다. 정의를 향한 그들의 외침에 응답하고자 나는 '엘살바도르의 평화를 위한 그리스도교'CRISPAZ(Christians for Peace in El Salvador) 이사회 회원이 되어 엘살바도르인들 및 그들 교회와 지속적으로 접촉한다. 또 신시네티에 있는 '평화와 정의를 위한 지역 모임'Local Peace and Justice Group과 특히 하비에르 대학교 벨라민 본당의 '신앙과 정의 기초 공동체' Faith and Justice Base Community에 참여하고 있다.

1991년 7월부터 12월까지 인도에서 안식년을 보내는 동안, 종교적 타자·고통받는 타자와의 대화가 필요함을 더욱 생생히 절감하게 되었다.

우리 가족은 상상을 뛰어넘는 종교적 풍요로 가득한 인도에 빠져 들었다. 그 땅의 종교들은 현실에서 함께 살아가며 대화하고 있었다. 인도는 믿기 어려울 만큼 늘 가난에 허덕여 왔다. '무수한 종교'와 '무수한 가난한 이'가 뒤섞여 있는 나라가 바로 인도다. 그곳에 머무는 동안 종교적 타자와 고통받는 타자의 목소리는 각기 다르면서도 때로 기묘하게 어우러져 새로운 긴장과 희망을 내게 불러일으켰다.

오랫동안 힌두교인과 그리스도인 간의 대화를 지속해 온 비드 그리피스Bede Griffiths, 이그나티우스 히루다암Ignatius Hirudayam, 이그나티우스 푸티아담Ignatius Puthiadam, 달리트Dalit나 카스트 제도 해방에 헌신해 온 스와미 아그니 비시Swami Agni Veesh, 사무엘 라얀Samuel Rayan, 에이브러햄스K.C. Abrahams의 도움이 컸다. 그들이 전개한 운동 과정과 방식은 각기 다르지만 나는 그들을 통해 인도에서 '대화'와 '해방'은 동일한 활동의 두 측면임을 배웠다. 둘 중 하나를 빼놓고는 인도의 현실을 제대로 볼 수 없다. 종교가 '자기 공동체 중심주의'나 당파주의를 조장하도록 악용되는 나라에서 '해방적 대화'를 하기란 쉽지 않지만, 나는 힌두교인, 그리스도인, 모슬렘이 연대하여 억압과 당파주의에 맞서 함께 투쟁하는 사례를 통해 희망을 보았다(1995년 『하나의 지구, 많은 종교』 마지막 장에서 그 사례를 분석했다).

1980년대 후반에 이르러 나는 인간뿐 아니라 지구 생태계까지 고통받는 타자로 전락했음을 깨달았다. 그 고통을 없애려면 공통의 해결책이 필요했다. 따라서 정의와 해방을 말하려면 인간과 생태계의 정의와 해방을 추구해야 한다. 10여 년 전부터 서점에 쌓이기 시작한 관련 서적과 환경 위기에 관한 거듭되는 연구는, 지적이고 분명한 논리로 앞의 주장을 뒷받침하고 있다. 나는 특별한 종교적 타자인 아메리카 토착민들과의 만남을 통해 지구에 더욱 애정과 관심을 갖게 되었다. 1993년 6월 부크넬Bucknell

대학교에서 개최한 '땅과 인간 실존' 회의에서 만난 북아메리카 여러 부족 원로들과 발표자들이 기억에 생생하다. 나무나 모닥불 주위에 둘러앉아 그들과 이야기 나누고 특별한 의례를 거행하곤 했는데, 그들은 이 지구와 모든 생명에 깃든 신성을 존중하고 있었다. '대화'와 '해방'에는 지구도 포함되어 있다는 내 생각이 더욱 분명해지는 순간이었다. 지구에 대해 말하지 않고는 신성을 말할 수 없고, 자연과 동물의 고통을 말하지 않고는 인간의 고통에 대해 말할 수 없다. 나는 이것을 모든 종교 간 만남을 위한 패러다임으로 받아들였다.

내 동료인 한스 큉과의 대화 후에 이에 대한 확신은 더욱 강고해졌다. 그리스도인과 타신앙인의 대화가 지닌 신학적 의미를 우리는 서로 다르게 이해하지만, 최근 그가 주장하는 지구 윤리는 대화가 정의와 결합되어야 한다는 내 견해와 일맥상통하면서 오히려 나를 고무한다. 큉과 그의 지지자들은, 경제 불의와 환경 파괴, 군사력 증강이 야기하는 위험 등은 전 세계가 윤리적 확신과 규범을 공유하지 않는 한 잠재울 수 없다고 주장한다. 그렇다면 이를 위해 세계종교들이 대화로써 힘을 모으지 않으면 안 된다. 종교 간 대화야말로 인간과 지구의 고통 뒤에 숨어 있는 윤리 문제들을 해결하는 데 적절한 도움을 줄 수 있는 통로다. 1993년 9월 세계종교회의 World Parliament of Religions에서 국제적 승인을 받은 큉의 제안은 '시대의 징표'가 되었다. 큉은 자신의 제안을 실행하는 방법에 대해 일정한 조건을 달지만, 그보다도 나는 모든 종교인이 인간의 생태 정의와 참살이를 도모하는 데 협력하도록 그가 목소리를 내 주기를 바란다. 그런 의미에서 이 책 부제를 큉의 책 제목에서 따왔다. 그는 자신이 제안한 '지구적 책임감'이 모든 종교 간 대화와 그리스도교 선교의 한 부분을 차지해야 한다고 선언했다(Küng 1991).

절박한 요구가 좋은 기회로

내 삶을 이끌며 매혹한 사람과 사건들은 '다원주의와 해방' 또는 '대화와 지구적 책임감'을 연결시켜야 한다는 도덕적 책임을 강조했다. 그것들은 모두 함께 가야 한다. 종교적 타자와 고통받는 타자 모두의 목소리에 귀 기울이고 응답해야 한다. 그럴 수 없거나 종교 간 대화를 인간의 생태 정의와 연결시키지 못한다면 결국 선택을 해야 한다. 이럴 경우, 나는 대화를 포기하고 정의를 선택하여 당장의 고통을 경감시키려 할 것이다. 하지만 다행히도 (인도, 스리랑카, 태국에서의) 대화 모임은 내게 하나를 선택할 필요가 없음을 일깨워 주었다.

그곳에서의 체험과, 내 현명한 조언자인 알로이시우스 피어리스Aloysius Pieris의 체험과 숙고를 통해, 종교 간 대화를 지구적 책임감과 연결하라는 요구가, 다양하고 유익한 대화의 기회를 제공할 것임을 확신하게 되었다 (『하나의 지구, 많은 종교』 9장에서 피어리스가 스리랑카에서 대화와 해방을 창조적으로 결합시키는 법을 살펴보았다). 고통받는 타자의 목소리는 종교적 타자의 목소리를 더 잘 듣고 이해하게 한다. 고통받는 타자 옆에서 절박하게 외치는 종교적 타자의 신비적 심연 속으로 들어가 그 깊이를 감지하게 되는 것이다.

종교 간 대화에 참여하고자 열망할수록 나는 어려움을 절감하게 되었다. 타종교 전통 세계에 들어갈수록 차이의 벽 앞에 무릎 꿇을 수밖에 없음을 받아들이기가 힘들었다. 풍부한 종교적 체험과 유사한 표현 이면에는 무한한 차이가 존재했고 전혀 다른 점도 많았다. 내게 있어 종교적 타자의 영향력을 표현하자면, 루돌프 오토Rudolf Otto의 말대로 신비가 지닌 두려움과 매력mysterium tremendum et fascinosum이 가장 적절한 표현이 되겠다. 종교적 타자로 인해 흔들리고 혼란에 빠져 때로는 이질감을 갖게 되거나, 다시금 그 새로움과 놀라움에 빠져 매혹되곤 했던 것이다.

오랫동안 만나 온 불자들, 인도 여행 도중 만난 힌두교인들을 통해서도 나의 타자 체험을 되짚어 볼 수 있다. 최근에 유다인, 모슬렘, 그리스도인 간의 삼자 대화에서 체험한 바는 더욱 놀랍다. 불교의 공空 체험과 신에게조차 집착하지 않는 선불교의 경지, 할라카(Halakhah, 유다교 율법)의 핵심과 유일성 개념 및 신중한 대화법을 이해하고 식별하려 노력하면서, 나는 각 종교의 신비가 지닌 절대성과 '경이로움'에 전율했다. 그것은, 이해할 수 없지만 때때로 위협적이며 내 생각을 꾸짖고 비웃기도 하는 각 종교 간 차이에서 비롯된 것이리라. '공통 본질'이나 '공통 체험'을 쉽게 말하는 것은, 말을 잃을 만큼 강렬한 타자성을 결코 느껴 보지 못한 지식인들이 퍼뜨린 얄팍한 이론에 불과하다는 것을 체험으로 확신하게 되었다. 절대 타자나 압도적 신비로 다가오는 종교적 타자를 만나면 침묵할 수밖에 없다.

형언할 수 없는 압도적 신비로 현존하는 종교적 타자는 더할 나위 없는 '매력'을 간직한 채 나를 신비에로 초대한다. 포착할 수 없는 절대 타자는 나를 손짓해 부르며 풍요를 약속한다. 증명이나 분석이 불가능한, 오로지 체험을 통해 알 수밖에 없는 과정이다. 상호 현존과 말하기와 듣기를 통해 타자의 헌신과 가치와 의례를 목격하면서, 너무도 다르고 불가사의한 절대 타자는 매력 충만한 존재가 된다.

타신앙인에 대한 존경심을 속으로 침묵하고 있을 수만은 없었다. 배우고 대화하면서 그들 안에 있는 나를 발견하고 싶었다. 침묵의 고치는 호기심 많은 나비가 대화를 시작하는 장場이 되기도 한다. 신비적 타자를 체험한 나는 타자와의 관계를 설명하거나 그 관계가 나를 어디로 데려갈지 알 수는 없어도 여전히 관계 안에 있는 나를 발견한다. 여기서 파니카가 말한 '우주적 신뢰'cosmic trust 개념이 드러난다. 제각기 다름에도 불구하고 아니, 다르기 때문에 우리는 서로 대화하고 배우며 변화해야 하는 것이다.

고통받는 타자는 대화 상대자의 낯선 타자성을 느끼도록 도와주고 이끌어 주어 나로 하여금 타자를 환대하도록 한다. 고통당하고 억압받는 이들의 목소리에 종교인들이 함께 귀 기울이고 응답하려 할 때, 그 안에서 신뢰가 싹트고 서로의 낯섦 안에서 진리와 힘을 느끼게 된다는 것을 나는 확인했다. 고통받는 타자는 다양한 종교 세계 사이에 진실과 이해의 다리를 놓는 중재자가 된다. 교회 운동 단체에서 유다인이나 불자들과 함께 일할 때, 엘살바도르 군대를 원조하는 미국에 항의하기 위해 신시네티 연방 청사 앞에서 사람들과 함께 기도할 때, 종교인이 활동가의 시위에 연대할 때, 그 낯섦을 통해 나는 그들의 가르침을 받아들이고 인정하게 되었다.

어느덧 종교적 타자는 낯설고 매력적인 신비의 대상이 아닌, 여행의 동반자가 되어 있었다. 특정 진리를 종말론적으로 또는 내세에서 실현하기 위해 여행하고 있는 것이 아니다. 다만 체험과 믿음을 바탕으로 다양한 종교의 길을 따라 여행하고 있을 뿐이다. 종교인으로서 우리는 인간과 생태계의 고통과 불의에 응답하기 위해 공통 관심사와 공통 책임을 공유하며 체험한다. 모든 종교인이 세상의 고통과 위기에 관심을 가지고 있다는 뜻은 아니다. 다만 나와 동료들의 체험을 보면서, 점점 많은 신앙인이 자발적으로 타신앙인과 여행의 동반자 관계를 맺으면서 서로를 체험해 가고 있다고 말할 수 있을 따름이다.

이 책은 여정의 연장이다

이 책과 『하나의 지구, 많은 종교』는 지금까지 말한 대화 여정의 결과물이자 그 연장이다. 『하나의 지구, 많은 종교』에서 대화 여정의 필요성과 방법론을 밝혔다면, 이 책에서는 그리스도 교회의 정체성과 선교를 통해 이 대화 여정의 튼튼한 신학적 기초를 다져 보려 한다. 타자와 대화하며 진리와 가치를 찾고 있는 그리스도인을 비롯한 타종교 형제자매들과 함께, 나는 무엇이 각자의 여정을 비추며 안내해 줄 것인지 대화를 통해 탐색했다. 오늘날 다양한 종교 전통에 속한 이들이 저마다의 신앙생활을 잘 이해하며 살아가는지 의심스럽다. 그들은 지구의 다른 신앙인들과는 물론이고 고통받는 이들과도 대화해야 한다.

나는 종교신학과 해방신학의 관심사인 '여러 종교와의 대화'와 '해방을 위한 대화'를 동료 그리스도인에게 제시하고자 한다. 에드바르트 스힐레벡스Edward Schillebeeckx는 모든 그리스도인이(내 입장에서는 모든 종교인이) 중대한 도전에 직면해 있다고 말한다. "우리 그리스도인은 세계종교의 협력과 인류의 협력 … 고통받는 이들과의 협력을 생각의 출발점으로 삼아야 한다"(Schillebeeckx 1990, 189). 이 말은 나의 대화 여정을 한마디로 요약한다. 종교적 타자와 고통받는 타자를 내 삶에 받아들이지 못한다면 나는 참된 인간도, 참된 신앙인도, 참된 그리스도인도 되지 못할 것이다.

이와 같은 도전을 느끼는 그리스도인은, 지난 반세기 남짓한 동안 그리스도교 신학의 가장 중요한 두 가지 발전으로 해방신학과 종교신학을 꼽는다. 두 신학은 제각기 타자에 응답했다. 각각의 타자는 모두 그리스도교의 벽을 부수고 들어와 평온을 뒤흔들어 놓았다. 해방신학과 종교신학은 복음에 기초한 그리스도교 가르침과 확신을 파괴하고 재창조하는 역할을 하면서도 서로에게 별 관심을 보이지 않았다. 해방신학자와, 종교 간 대화를 강조하는 종교신학자는 그리스도교 안에서 따로따로 활동해 왔다.

나는 이 책과 『하나의 지구, 많은 종교』에서 지난 10여 년간 종교적 타자와 고통받는 타자에게 응답하려 애쓴 그리스도인들 사이에 다리를 놓는 신학 작업을 발전시키려 했다. 고통받는 타자는 그리스도인에게 고통을 없애는 것이 대화를 촉진하는 것보다 우선한다고 급박하게 요청하지만, 세상의 고통을 혁신하려는 유익하고 인내심 있는 대화에는 타종교인과의 대화가 포함되리라는 것을 나는 분명히 확신한다. 인간과 지구의 고통을 제거하려면 종교가 연대 협력하여 대화로 풀어 나가야 한다. 해방신학이 효력을 발휘하려면 종교대화신학이 되어야 하고, 종교대화신학이 의미를 지니려면 해방신학을 끌어안아야 한다.

이 책에서 나는 종교신학의 그리스도론적·교회론적·선교론적 토대를 세워, 고통받는 이들과 지구를 살리고 구원할 해방신학이 되는 길을 탐색함과 동시에, 해방신학은 인간과 우주의 생명을 고양시키는 다양한 종교의 잠재력을 수용하여 배워 나가는 대화신학이 되는 길을 모색할 것이다.

지구적 책임감을 지닌 종교의 상호 대화

이 책의 분명한 목적은 『하나의 지구, 많은 종교』에서 제안한 종교다원적 해방신학의 신학적 전제와 도전을 탐구하는 것이다. 그런데 일부 학자와 정치가들이 '해방'이나 '다원주의' 같은 말을 훼손하고 왜곡시켜 왔기 때문에 이 말들을 사용하기가 주저된다. 특정 경제 이론(마르크스주의)과 한정된 사회·정치 개혁에 기반을 둔 라틴아메리카 신학에 국한시키지 않는다면 '해방'이란 말은 많은 뜻을 담고 있다. '다원주의'는 종교에 대한 접근 방식 중 하나다. 그에 따르면 모든 종교는 동등하며, 다만 같은 신비 체험을 다양한 그릇에 담고 있을 뿐이다. 다원주의 신학자들은 모든 종교를 유쾌한 합주단처럼 모아 놓으려 한다. '해방'신학자와 '다원주의' 신학자는 서로 다르고 때로 상반되지만 같은 범주 안의 차이일 뿐이다. 신학적 논의를 위해 '해방적'이나 '해방', '다원주의자'나 '다원주의'라는 용어를 사용하겠지만 때로는 달리 표현하기도 할 것이다.

나는 이 책에서 지구적 책임감과 종교의 상호 대화라는 접근 방식을 제안한다. 이 방식으로 대화하는 것이 어떤 본질을 지니며 왜 필요한지 설명할 것이다. 나는 종교인들이 인간과 생태계의 참살이라는 공통 관심사에 기초하여 서로를 이해하고 대화하는 길을 찾아야 한다고 굳게 믿는다. 따라서 지구적 책임감은 전통적 해방신학자들이 주장하는 해방 개념을 포함할 뿐 아니라 사회 정의와 함께 인간의 생태 정의와 참살이를 추구한다. 지구의 모든 생명체에 주목하는 이 기획에는 전 세계 모든 나라와 종교의 협력과 노력이 필요하다. 어떤 신앙 간 만남이라도 지구상에 만연한 인간의 고통과 생태계의 고통을 해소하는 데 관심과 노력을 기울이지 않는 한, 지구적 책임감을 지닌 대화는 불완전하고 위험할 수 있다.

종교의 '상호' 대화는 종교의 다양성을 긍정한다. 다양성 자체가 좋은 것일뿐더러 생명과 관계를 구성하기 때문이다. 상호 모델은 세계종교 공동체들이 진정 서로를 위하며 대화를 추구하는 길을 찾는다. 우리가 친구나 동료 사이에서 꾀하는 인간관계와 유사하다. 서로 정직하게 말하고 진심으로 듣는 관계를 뜻한다. 모두가 동일해지는 것과는 분명 거리가 먼 상호 대화는 각 종교의 다양성을 전제로 한다. 참된 다원성을 인정하지 않는 대화는 혼자 거울을 보고 이야기하는 것이다. 대화 참여자들은 자기 전통의 가치를 타자에게 보여 주기 위해 저마다의 고유함을 드러낼 것이다. 동시에 타자의 진리 증언에 진심으로 용기 있게 개방할 것이다. 이것이야말로 서로 자유롭게 말하며 듣고, 가르치고 배우며, 자신의 진리를 증언하고 타자의 증언을 받아들이는 상호 관계다.

상호 대화를 위한 만남은 위계 공동체가 아닌 평등 공동체에서 이루어져야 할 것이다. 대화에 참여한 모든 종교인이 각자 자기 종교의 진리를 주장하면서도, 자신의 종교가 다른 모든 종교를 지배하거나 포괄하거나 능가한다고 주장해서는 안 될 것이다. 어떤 종교가 모든 장점을 다 가지고 있고 다른 종교보다 우월하며 다른 모든 규범을 배척하거나 흡수하는 최종 규범을 가지고 있다고 주장한다면, 상호 대화를 시작할 수 없다. 두 사람이 인연을 맺기 시작할 때 어느 한쪽이 우월함을 내세우려고만 한다면 그 관계는 깨지기 쉽다. 마찬가지로 어느 한 종교가 다른 모든 종교보다 우월하다고 주장하며 그들에게서 배우려 하지 않는다면 그 관계는 실패로 끝난다.

  서로가 생명을 주는 관계의 정당성을 여성이 남성에게 주장할 때, 남성이 여성을 억누르는 가부장제의 부당성을 밝힐 수 있듯이, 종교 간 대화 관계가 참된 것일 때, 특정 종교가 다른 모든 종교를 완성시키고 종속시킨다는 종교 간 위계성 주장은 거짓이 된다. 타종교와 대화하여 특정 종교의 신념이나 실천을 수정하거나 완성한다면 이는 단지 대화 결과에 따른 것일 뿐 본디 기조가 그런 것이 아니다.

  종교적 타자와 고통받는 타자의 목소리를 동시에 듣고 종교다원주의와 지구적 책임감을 연결시켜 종교신학의 미래를 전망하면서, 1985년에 펴낸 『오직 예수 이름으로만?』의 제안을 심화시키고자 한다. 다원주의라는 용어가 탐탁지 않지만 나는 다원주의자로 자처한다. 『그리스도교 유일성의 신화』를 출판한 후에도 종교다원신학(나는 '상호다원신학'이란 용어를 선호한다)의 제안에 부정적이고 격렬한 비판이 따라붙었다. 나는 여기서 종교신학의 제안을 위협하며 없애려는 비판들을 진지하게 다루어 보고자 한다. 종교인들을 상호 대화에 참여시키려는 방식에 쏟아지는 비판들에 최선을 다해 응답함으로써 또한 고통받는 이들과 고통받는 지구를 대화에 포함시킬 수 있으리라. 『하나의 지구, 많은 종교』에서 말한 것처럼, 종교 사이의 상호 대화를 가장 효과적으로 수행하는 길은 지구적 책임감을 지니는 데 있다.

대화 여정을 위한 신학 지도map를 제시하는 이 책은 여전히 『오직 예수 이름으로만?』이 갔던 길을 따른다. 『오직 예수 이름으로만?』에서는 종교 체험의 공통 토대에 기초하여 대화의 '무규범적·신 중심적' 접근을 제안했다. 신학적 언어를 분명히 하려면 교회나 예수가 아닌 하느님을 중심으로 삼아야 하고, 그리스도인은 더 이상 예수에게만 모든 종교 진리의 유일하고 최종적인 규범이 있다고 주장해서는 안 된다. 그리하여 모든 종교인은 하나의 궁극적 실재나 하느님을 각기 다르게 체험한다고 보고 여기에 기초하여 그들을 한데 모으려 했다. 나는 그리스도교 공동체에서 고통받는 이들의 목소리와 그리스도교 신학자들의 신학적 위기에 대한 우려를 귀담아들었다.

이 책에서는 『하나의 지구, 많은 종교』에서 제시한 신학적 방향을 모색하고자 한다. 구원 중심적 접근 방식에 따라, 인간의 생태적 참살이를 위해 지구적 책임감을 지니는 공통 기반이 대화의 주춧돌이 될 것이다.

다양한 종교 공동체에 머무시는 공통의 하느님을 찾기보다는('머무시는 분'은 내 하느님이기 때문에), 우리 모두의 개인적 종교 체험을 포장하고 있는 공통 요소를 전제하기보다는(우리는 그 포장을 결코 벗길 수 없기 때문에), 인간과 지구의 '구원'과 '참살이'를 주장하는 이들과 동행하고자 한다. 구원과 참살이야말로 우리의 종교 체험과 개념을 공유하고 이해하기 위한 출발점이자 공통 근거다. 대화가 특별히 고통과 치유를 문제 삼고 구체적 결정과 행동을 필요로 할 때는 규범이 필요하다. 고통을 없애고 생명을 도모하기 위해 종교인들이 무엇을 해야 하는지에 대한 확신과 주장을 밝힐 것이다. 규범들은 다양하고 정당하고 발전적이며 항상 대화를 통해 수립될 것이다. 이것의 의미와 작용에 대해서는 『하나의 지구, 많은 종교』에서 고찰했다. 이 책에서는 종교신학을 위한 구원 중심적이고 지구적 책임감을 지닌 모델이 그리스도 신앙을 살고 고백하는 데 본질을 이루는 '신 중심성'과 '그리스도 중심성'을 거부하는 것이 아니라 수정하고 재긍정하는 것임을 밝히고자 한다.

나는 아직 선교사다

나는 아직 선교사다. 이 책에서 제시하는 신학으로 종종 '설교'하고 설득하여 회개시키려 할 것이다. 지적으로나 도덕적으로나 우리는 지구에서 살아가는 많은 종교적 타자와 고통받는 타자에게 자신의 영혼과 마음을 열어야 한다. 이것을 깊이 확신하므로 남들도 그래 주기를 바란다. 그렇기 때문에 이 책에서는 변론과 자기주장과 제안에 몰두했다. 전통을 고수하는 학자들에게는 이 점이 학자로서 적절치 못한 태도라고 여겨질 수 있지만, 나는 우리의 연구와 출판이 객관적이고 주도면밀하게 중립을 지키며 가치를 자유롭게 전개하는 것이라고 생각해 왔다. "사실! 오직 사실만 말하라." 그러나 오늘날에는 가치중립적 객관성이나 자기주장 없는 사실을 인식하기란 불가능하다. 나는 가치와 확신에 있어 솔직하고 싶다.

나는 선교사이자 신학자다. 종교 공동체의 전통, 현대적 통찰, 합리적이고 식견 있는 논거를 언제나 선교 열정과 조화시키려 했다. 상호 관계적이며 지구적 책임감을 지닌 종교신학에 열정을 품은 것은 물론이고 합리성과 일관성, 학문 공동체의 지식이 이를 뒷받침해 주었을 것이다. 신학과 철학의 내 동학同學들은 다원주의와 아울러 화세火洗(가톨릭에서 영세 입교하지 않은 사람도 하느님을 향한 깊은 믿음과 소망을 가지고 세례 받기를 원할 때 세례 받는 것과 같은 은총을 받게 해 주는 성령의 세례, 불 세례 — 옮긴이 주)를 인정하며, 그들이 생각하는 성경, 교리, 문화, 철학, 정치의 약점과 위험을 밝힌다. 이들의 경고와 비판을 진지하게 다루지 않고 적절히 응답하지 못한다면, 이들의 관심과 재능을 적절히 활용했다거나 신학의 공통 과제를 제대로 수행했다고 말할 수 없다. 따라서 나는 이 책에서 분명하고 강력한 주장을 펴면서도 동료들의 신중한 논증에 귀 기울일 것이다.

또한 이 책에서는, 자기 전통을 이해하려 애쓰는 만큼 타종교 전통과 사람들, 생태계 문제들을 이해하고자 노력하는 그리스도인들에 대해 강조하고자 한다. 그들은 교회와 교구에서 접하는 바와 세상에서 보고 느끼는 바를 통합시키고자 애쓰면서 갈등을 겪기도 할 것이다. 그들을 가장 혼란에 빠뜨리는 질문은, 오직 하나의 참된 (최고) 종교만 존재한다는 그리스도교의 전통적 주장과 타신앙의 명백한 진리를 어떻게 동시에 수용할 것인가, 또 빈곤이나 생태계 파괴 같은 사회·정치적 문제를 자신의 종교적 가치와 어떻게 연관 지을 것인가 하는 점이다.

그리스도인들이 내 말을 귀담아듣지 않고 또 내가 그들에게 긍정적 답변을 하지 못한다면, 내 신학 여정에는 분명 오류가 있는 것이다. 신학자들은 공동체와 의미 있는 대화를 나눔으로써 '충실한 신앙' 그 너머까지도 함께 나누어야 한다. 그런 까닭에 나는 이 책으로 시카고 대학교에서 진지하게 연구할 것이다. 내가 속한 성 로버트 벨라민 본당과 그리스도교 기초 공동체, 하비에르 대학교 학생들과의 대화를 통해 내 신앙을 넘어 폭넓은 도움을 받기도 할 것이다.

다양한 독자를 위해 '신학들'theolog-ese을 말할 것이다. 어쩔 수 없이 특정 전문 용어를 사용하겠지만 최소한으로 줄이겠다. 독자들이 신학적 관심을 가지고 있다고 전제하겠으나 전문 신학자로 한정 짓지는 않겠다. 그러므로 명쾌하고 친근한 언어를 사용하려 한다. 신학 공동체 안의 다른 의견을 존중하여, 차이와 비판을 다룸으로써 비전문 독자들도 기꺼이 신학 논쟁에 초대할 것이다. 논쟁이 미묘하거나 명백한 학문상 다툼일 경우, 이를 피하거나 각주에 달겠다. 몇 년 후 대다수 사람이 낯설어할 내용을 가지고 신학자끼리 너무 많은 시간을 허비하지 말아야 할 것이다. 정말 중요한 토론은 신학자 아닌 이들이 이해하는 언어와 그들의 말을 듣는 방식으로 이루어져야 한다. 이 책에서 최선을 다해 이를 실천할 것이다.

책 내용 개요

지구적 책임감을 지닌 참된 대화에 몰두하는 그리스도인은 예수의 고유성, 교회, 선교에 관한 이해를 수정하고 재조정하게 될 것이다.

2장에서는 그리스도인이 지구적 책임감과 상호 관계성을 근거로 타종교에 접근하여 관계 맺는 주된 이유를 요약할 것이다.

3장에서는 '다원적' 대화나 '상호' 대화가 그리스도교 교리를 흐지부지하게 만들고 예수를 향한 헌신을 저해하며 선교의 비전과 열의를 좀먹을 것이라고 두려워하는 그리스도인들과 신학자들의 주장에 진지하게 귀 기울이려 한다. 비판에 신중히 임하고 대화할 것이다.

4장은 그리스도인의 종교다원주의 논의 중 가장 예민한 부분을 다루며 시작한다. 수정된 그리스도론을 제시하고 이 그리스도론이 두 가지 주요 요소를 포함한다고 밝힐 것이다. 이 그리스도론은 신약성경이 증언하는 언어에 매달리기보다는 언어가 가리키는 실천에 충실하려 하면서, 예수는 하느님의 유일한 구원 계시가 아니라 참된 구원 계시임을 제시하고 있다.

5장에서는 4장의 그리스도론을 이어서 탐구하는데, 이렇게 예수를 달리 이해하는 것이 예수의 고유성을 재긍정한다고 주장한다. 그리고 우리가 이해하는 역사적 예수가 어떤 특성을 지니며 어떤 결과를 낳는지 다룰 것이다. 현대 세계에서 예수의 고유성은 하느님 나라라는 예수 메시지의 주요 상징을 통해 자리매김할 수 있음을 보여 주고자 한다.

6장에서는 4-5장에서 제시한 그리스도론을 교회론과 선교론에 적용한다. 내가 제시한 그리스도론이 그리스도교 신앙과 제자의 도리를 어떻게 뒷받침할 수 있는지 밝힌 다음, 그리스도교 선교를 교회 중심에서 하느님 나라 중심으로 전환하여 이해하는 선교신학의 근황을 요약하고 전망한다.

  책을 마감하는 8장은 그리스도교 선교사로서의 투신을 명백히 하며 강화할 방법을 제시할 것이다. 현대 신학뿐 아니라 최근 바티칸 문서에서 밝힌 대화 방식을 진지하게 받아들인다면, 교회의 선교는 대화를 포괄할 뿐 아니라 대화로 이루어져 있음을 발견할 것이다. 선교는 대화다. 이런 이해에 도달할 때 서구 그리스도 교회는 진정 세계교회가 될 수 있고, 유럽 너머의 종교들 안에서 참으로 육화하게 될 것이다.

● ● ● 제2장

다른 이름들에 말 걸기
상호 관계적이며 지구적 책임감을 지닌 종교신학

앞에서는 종교 간 대화를 위한, 상호 관계적이며 지구적 책임감을 지닌 모델의 기본 틀을 살펴보았다. 본론에 들어가기 전에 이 모델에 관한 간단한 밑그림을 그려 보겠다. 밑그림은 이 모델이 1) 대화 2) 종교 3) 세계를 어떻게 보는지[1] 알려 준다.

간단한 밑그림

1) 대화: 상호 관계 모델은 다양한 종교 공동체의 대화가 필수 불가결하지는 않더라도 가능한 것이며 최소한 도움이 된다고 전제한다. 교회 안의 충실한 근본주의자와 대학에 몸담은 탈근대적 근본주의자[2*]의 주장과 달리, 이 관점은 전혀 다른 종교와 '문화·언어적' 배경을 가진 사람들이 서로 이

---

[1] 대화의 상호성과 지구적 책임감을 지닌 접근 방식은 『하나의 지구, 많은 종교』 2장에서 상세히 다루었다.

야기 나누고 이해하는 가운데, 대화를 가치 있고 풍요롭게 만들 수 있으며 변혁을 꾀할 수 있음을 확신한다. 타종교인의 이야기를 중시하며 운명의 변화에 개방하는 종교인들은 이 상호 관계 모델을 쉽게 받아들일 것이다.

유익한 대화를 위해서는 참으로 상호 관계를 중시해야 한다. 대화는 평등과 존경에 기반한 참된 관계에서 싹튼다. 대화 참여자들이 똑같이 참되고 타당한 것을 말한다는 뜻이 아니라, 모두가 같은 권리를 누리며 평등하게 대접받는다는 뜻이다. 대화는 동등한 장에서 이루어진다. 어느 누구도 여벌의 카드나 장전한 총을 탁자 밑에 숨긴 채 앉아 있을 수 없다. 하느님이 타진리의 타당성을 심판하거나 흡수해 버리는 절대 진리를 지녔다는 전제 없이 대화해야 한다는 뜻이다. 대화를 하다 보면 어떤 이는 타자를 배척해야 한다고 주장하기도 하는데, 이는 대화 중에 제기되거나 도출될 수 있는 주장일 뿐이다. 어느 한쪽이 근본적으로 우월하거나 지배적이라고 고집한다면 제대로 관계가 맺어질 수 없다.

종교 간 참된 상호 관계에서 대화 참여자들은 자기 견해를 말할 수 있다. 생산적이면서 서로 공감하는 관계를 맺기 위해 그들은 스스로 참되고 선하다고 여기는 바를 확신하며 거기에 헌신해야 한다. 타신앙인과의 대화에서 분명히 말하고 열렬히 증언하되 흥분하며 싸워서는 안 된다. 말할 때의 열정을 들을 때의 겸손함과 조화시켜야 한다. 상호 대화에서는 공손한 발언과 진지한 경청이 서로 순환하므로, 타자의 진리를 온전히 수용하는 만큼 자신의 진리를 전해 주어야 한다. 타종교인을 설득하는 만큼 자신이 설득당할 준비를 하는 것이야말로 참된 상호 대화의 어려움이자 풍요로움이다.

◁2 『하나의 지구, 많은 종교』 3-5장에서, 나는 종교가 진실로 서로를 이해하고 판단할 수 없다는 탈근대주의 주장에 주목했다.

2) 종교: 상호 대화가 제 기능을 하려면 참된 종교들의 다양성을 전제해야 한다. 참된 종교가 단 하나뿐이라면 종교 간 상호 대화는 불가능하기에 시간과 정력을 쏟을 필요가 없다. 상호 관계 대신에, 잘못된 종교를 없애자는 '배척'이나 참된 종교 안으로 불완전한 종교를 흡수해 버리는 '포괄'을 말하면 그뿐이다. 일방적이거나 상명 하달식의 관계가 아닌, 쌍방향 상호 관계 속에서 대화하려면, 타종교의 진리를 인정하고 서로 배울 수 있음을 확신해야 한다. 타진리의 존재 여부나 무엇을 배울지 따위는 대화를 통해서만 알 수 있다.

참된 타종교의 존재를 확신하는 상호 관계 모델은, 다양한 종교가 아주 색다른 방식으로 진리를 공유할 수 있다는 중요한 사실을 전제한다. 상호 대화는 여러 종교를 모아들이면서도 차이를 인정하며 중시한다. 개별성을 무시한 '잡탕 찌개'가 되어서는 안 된다. 종교 간 차이를 인정하고 존중하는 것은 이 차이가 곧 대화 재료이기 때문이다. 종교 간 차이를 공통 본질이나 공통 신비 체험이라는 깊은 우물에 가둬 버린다면, 대화 참여자 그 누구도 결코 우물 밖으로 빠져나오지 못할 것이다.

차이를 인정하는 상호 관계주의자는, 차이가 논쟁을 낳기도 하지만 대개 서로를 보완한다고 믿는다. 차이가 보완성 밑에 파묻히는 것이 결코 아니다. 오히려 참된 보완성은 참된 차이로 말미암아 생겨난다. 차이 사이에 존재하는 타자성은 소통하는 타자성, 곧 차이를 말하는 차이, 타자를 말하는 타자로 체험될 수 있다! 상호 관계주의는 종교들 사이에 명백한 차이가 존재하기에 각 종교를 변화시키며 활기를 불어넣어 주는데, 그렇다고 서로 완전히 다른 것은 아니라고 본다. 불자가 무아無我 개념을 통해 평화에 머무는 순간 깊은 인격 변화를 체험하고, 그리스도인이 예수 그리스도로 인해 새로운 자아를 체험할 때 참된 변혁을 이루듯이, 무아와 새로운 자아

사이의 명백한 모순은 어떤 면에서 서로를 보완한다. 불자와 그리스도인은 서로 대화하고 공유하면서 더 나은 실천으로 나아갈 수 있다.

　종교 사이에 존재하는 분명한 차이를 인정하는 상호 관계 모델은, 타종교를 밖에서 내려다보고 판단하는 보편적이고 '초종교적인' 기준이 없다는 탈근대주의 주장에 동의한다. 수많은 학자가 종교라는 '산'은 하나라고 주장하지만, 이와는 별도로 산꼭대기에서 여러 종교를 아우르는 것이 현실적으로 불가능하다. 특정한 산길이나 출발점에서 우리 종교의 계곡을 굽어보기 마련이다. 궁극적 보편성에서 보면 이 특수성이 우리 시각을 한계 짓고 유지시켜 줄 것이다. 그런데 상호 관계 모델이 여러 탈근대적 입장과 다른 점은 특정 출발점을 이해하는 데 있다. 출발점들은 서로 동떨어져 있지 않으며, 우리는 문화·언어적 감옥에 갇혀 있지 않다. 대화로 신뢰를 쌓은 상호 관계주의자가 보기에 특정 출발점은 우리에게 침묵을 강요한다기보다 다른 출발점에 선 이들과의 대화를 권한다. 특수성은 보편성을 배척하지 않는다. 우리는 특수성을 넘어 타자와 관계 맺을 수 있는 가능성을 부정해서는 안 된다.

　하지만 이렇게 특수성에서 보편성으로, 더 깊은 연대로 나아가는 대화는 완성되지 못할 것이다. 우리는 결코 자신의 특수성을 떨쳐 낼 수 없다. 대화를 통해 우리가 타자를 많이 만나고 연대할 수 있을지라도 결코 모든 것을 알고 말할 수는 없을 것이다. 새로운 통찰이나 새로운 '보편적' 연대는 여전히 특수성이라는 옷을 걸치고 있는 것이다. 앨프리드 노스 화이트헤드Alfred North Whitehead가 밝힌 대로 "많음(多)은 하나(一)가 되고 하나에 의해 증가한다"(Whitehead 1957, 26). 결코 도달할 수 없을 보편성을 실제 대화와 관계에서 이루고 그로 인해 기뻐한다는 뜻이다. 자신의 '진리'를 확신하고 만족하며 변혁시킨다 하더라도 더 배울 점은 있기 마련이다. 이것이 종교 간 상호 대화가 지닌 '가능 조건'이다. 모든 대화 참여자는 이 조건을 통해 자신이 무엇을 알고 있는지 확인하며, 언제나 알아야 할 것이 더 있음을 스스로 인정하고 상대편도 그러하리라 믿는다. 타자와 대화하면서 새로운 무언가를 배울 가능성은 언제나 존재한다. 특수성을 부정하는 것은 곤란하다.

3) 세계: 상호 관계 모델은 특수한 종교 이해와 세계 이해를 연결시킨다. 이 세계관은 앞으로 더 자세히 다룰 것이므로 여기서는 간단히 언급하겠다. 세상의 절박한 요청 앞에 종교는 책임감 있게 응답한다. 인간과 생태계를 억압하는 끔찍하고 무자비한 고통 앞에 요청이 빗발친다. 이 고통이 모든 생명체와 생태계 전체를 위협하고 있다. '구원'과 '깨달음'과 '바른 길'이 종교 전통을 아우르는 한, 고통은 분명 치유될 수 있다. 경전 대부분은 구원과 깨달음을 말하고 있다. 종교는 지구가 요청하는 바에 역점을 두고 지구적 책임감을 다해야 한다.[3]

종교 간 대화를 발전시키려는 모델은 종교인 간의 참된 대화를 도와줄 뿐 아니라 지구적 책임감을 느끼도록 해야 한다. 대화 내용에 세상의 고통과 요청을 포함시켜야 할 것이다. 다시 말하지만 상호 관계 모델은 지구적 책임감을 가지는 데 그 의미가 있다.

종교신학 세우기

타종교를 이해하게끔 도와주는 상호 관계 모델이 나를 비롯한 그리스도인에게 생동감과 책임감을 안겨 주는 까닭을 밝혀 보겠다. 나는 그리스도인이 타종교 공동체와 상호 관계를 맺고 지구적 책임감을 갖는 대화를 나

---

3 『하나의 지구, 많은 종교』 4장에서는 고통의 실제와 도덕적 도전을 다루고, 5장에서는 종교가 지구의 고통에 '구원의 말'을 건넬 수 있음을 주장하고 사례를 제시했다.

누기 위해 어떤 신학적 기초를 세워야 하는지 정리할 것이다. 이 대화가 견고한 신학적 지지 기반 위에 서 있음을 보여 주어야 한다. 이를 위해 신학적 지지 기반을 어디서 찾을 수 있는지 먼저 물어야겠다. 모든 그리스도교 신학의 원천은 무엇인가?

현대 신학자들은 신학의 원천으로 두 가지를 꼽는다. 역사적 맥락과 문화를 통해 드러난 당대의 인간 체험과, 신약성경에서 비롯되어 교회의 가르침과 실천을 통해 전해진 그리스도교 전통이 그것이다(Tracy 1975). 체험과 그리스도교 전통이라는 두 원천에 힘입어, 종교신학의 상호 관계적이며 지구적 책임감을 갖는 모델이 어떻게 현대의 도전에 적합한 응답을 제시하는지, 또 그리스도교의 신앙고백을 인정하고 그 고백과 일치하는지 확인할 것이다(Ogden 1972). 4장에서는 체험과 전통의 상호 작용이 그리스도론에서 어떻게 전개되는지를 다루겠다.

데이비드 트레이시 말대로, 문화적 근거와 그리스도교적 근거에 힘입은 수많은 그리스도인은 "종교다원주의를 지향하는 것이 … 유익한 선택"(Tracy 1986)임을 인식한다. 또, "참된 대화를 통해 종교다원주의를 지지하면서 … 갖가지 상황에 처해 있는 종교들에 영향을 미칠 지구적 책임감을 더 이상 외면할 수 없음"(Tracy 1987b, 145)을 점차 인식하게 된다. 그리스도인은 세상에서 본 것과 복음에서 들은 것을 통해 타신앙인과 연대하여 지구에 책임을 다하는 길을 찾고 있다.

상호 관계적이며 지구적 책임감을 지닌 모델의 문화적 기반

현대 세계에서의 내 체험은 서구 문화에 몸담고 사는 이들의 체험을 반영한다. 그리스도인이 자신을 둘러싼 세상을 보고 느끼는 방식과 마찬가지

로, 상호 관계적이며 지구적 책임감을 지닌 종교신학은 중요한 관점이 된다. 이 '공통 체험'에 관한 내 입장을 공통 의식이라는 틀에서 살펴보겠다.

타자 의식하기

인격과 체험을 통한 타자 의식에 대해 서술하려 한다. 여기서 말하는 '실존적' 체험이란 우리의 느낌과 마음과 감성에 이미 존재하는 것으로, 이성을 벗어나 행위하고 통찰하는 까닭을 밝히는 체험이다. 독자들은 이 말을 삶에서 확인할 수 있으리라. 책이나 영화가 아니라 친구나 동료의 인격에 구현된 타종교 전통의 아름다움, 진정성, 힘, 영감, 진리를 느낌으로써 우리 자신의 종교적 정체성을 되짚어 볼 수 있다. 이런 만남을 통해 우리 그리스도인은 심연에 도달하고 자극을 받는다.

타종교의 힘과 아름다움에 직면한다고 해서 내 종교의 진리를 의심하는 것은 아니지만 어떤 한계에 부닥치기도 한다. 사무실, 저녁 식사 자리, 학교, 심지어 부부 침실에서조차 타종교에 헌신하는 타신앙인을 만날 수 있다. 그렇게 서로의 삶을 풍요롭게 변화시키는 실존적 관계를 통해, 그리스도교만 참된 종교라는 전통적 주장을 되뇌고만 있을 수 없음을 깨닫게 된다. 그리스도교가 타종교를 완성시켜 주는 최종 말씀을 간직하고 있다는 주장도 삼가야 한다. 이 전통적 주장의 신학적 기초나 성경의 기초가 무엇이든 간에 반드시 옳지는 않다. 그 기초들도 인간이 세운 것이기에, 우리 동료와 배우자의 고유한 인간성과 신심을 모욕하게 내버려 둘 수는 없다.

이런 식으로 우리 삶의 일부인 종교적 타자를 통해 만나는 다채로운 종교 세계가 침해당하거나 파괴되고 변형되어 왔다. 서구 그리스도인으로서 나는 이런 현실을 줄곧 지적해 왔다. 인도와 스리랑카 같은 나라에서는 새로운 타자를 체험하는 일이 자연스럽다. 인도에서는 자기 공동체 중심주의나 파벌주의를 조장하기 위해 종교를 이용하는 정치가들이 등장하기 전까지 그리스도인, 힌두교도, 모슬렘이 함께 어울려 살았고 그러면서도 자기 종교를 의식하며 지켜 왔다. 인도인의 오랜 종교적 정신세계에서는 '내 진리'만 '유일한 진리'일 수가 없다.

인격과 인격의 실존적 만남을 통해 종교다원주의에 대한 의식이 확장됨으로써, 자기 종교와 타종교의 어두운 면(부패, 착취 따위) 또한 경계하게 된다. 에드바르트 스힐레벡스는 다원주의를, 우리가 세계를 체험하는 방식이라고 결론 내렸다. 이는 오늘날 우리 자신과 우리가 사는 세계를 이해하는 '인식적 현실'이기도 하다. 인간은 "다양한 가능성을 지닌 존재다"(Schillebeeckx 1990, 50). 스힐레벡스에 따르면, 오직 자신의 종교만 진리를 말한다고 주장하는 것은 "시간을 거슬러"(같은 책 51) 사는 꼴이다. "우리만 진리를 말하고 있고 타자는 오류에 빠져 있다고 단정 짓는 것은 허무맹랑하다. 다원주의는 학회의 토론거리에 그치지 않고 우리 삶에 실제적으로 다가온다"(같은 곳).

따라서 다원주의는 이제 '실제 문제'를 넘어, 사물의 존재에 관한 '원리 문제'로 받아들여진다. "논리적·실제적 측면에서 이제 다양성은 일치에 앞선다. … 다양성은 뿌리 뽑아야 할 악이 아니라 오히려 환영하고 즐겨야 할 자산이다"(같은 책 163, 167). 이 실존적 통찰과 관련지어 클라우스 클로스터마이어Klaus Klostermaier는 이렇게 결론 내린다: "종교 간 차이는 상호 선mutual good을 위해 필요하다. 몇몇 생물 종만 존재하는 환경은 생태학적으로 불완전하다. 생물 종의 진화에는 외부 압력이 필요하다. 그렇지 않으면 퇴화되고 내부 경쟁으로 자멸한다. 종교도 살아남으려면 이런 유기체의 법칙을 따를 일이다"(Klostermaier 1991, 60-1). 종교는 서로 어울리고 관심을 보이며 서로에게서 배워야 한다.

수년간의 진지하고 사려 깊은 신학 여정 끝에 스힐레벡스는 (많은 그리스도인이 알면서도 꺼리는) 결론에 조심스럽게 도달할 수 있었다. "모든 종교가 어울리는 가운데 보다 올바른 진리를 발견할 수 있다. … 그리스도교도 예외가 아니다"(Schillebeeckx 1990, 166). 많은 그리스도인이 그랬듯이 스힐레벡스도 다원주의의 선택을 인정한다.

역사 의식하기

여러 종교를 통제해 온 역사의식은 종교에 대한 실존 의식을 통해 드러난다. 이것이 타종교를 상호 관계적/다원적 관점으로 보게 하는 명백한 이유 중 하나다. 역사의식은 존재하는 모든 실체가 역사적인 한, 한계가 있다고 여긴다. 역사적 맥락에 붙잡힌다는 말은, 이 맥락에 갇힌다는 의미라기보다는 영향력의 한계를 벗어나지 못한다는 의미에 가깝다.

왜 그럴까? 우리가 습득한 온갖 지식과 진리는 어차피 해석된 것일 수밖에 없기 때문이다. 현대에 와서 우리는 지식이 순수한 사실일 수만은 없음을 깨닫게 되었다. 우리는 해석된 지식만을 접하고 있다. 사실 자체는 존재하지 않는다. 사실의 해석만 존재할 뿐이다. 해석은 반드시 우리가 속한 특정한 역사적 상황에서 이루어진다. 우리는 역사라는 안경을 끼고 세상을 읽는다.

랭던 길키Langdon Gilkey는 그리스도교의 통합을 유지하기 위해 오랜 세월 우리가 문화적으로 수용해 온 것을 신학적으로 받아들여야 한다는 점을 지적한다. 진리에 대한 온갖 이해와 주장을 만들어 낸 조건과 상황과 '이론들', 끊임없이 변하면서도 항상 틀 지어진 역사의 흐름과 해석의 한계 속에서, 그리스도인과 여러 종교인은 본인이 인간 조건에 놓여 있음을 정직하게 인정해야 하고, 모든 시대 모든 이에게 타당한 진리를 알려 주는 최종의 유일한 방식은 없음을 인정해야 한다. 길키는 이렇게 고백한다: "어떤 문화적 이법理法도 궁극적으로 보편적인 것은 아니다(설령 과학에 기초하고 있다 해도). 그 어떤 계시도 다른 모든 것에 대한 보편적 준거가 될 수 없다(설령 그리스도교 계시에 토대를 두었다 해도)"(Gilkey 1987, 48).

서구 정신세계 전반에 영향을 미친 니체Nietzsche, 하이데거Heidegger, 트뢸치Troeltsch 같은 철학자들은 처음으로 역사의식의 진지한 적용을 시도했다. 문화인류학자들은 역사의식을 열렬히 옹호하는 가운데, 문화 체계란 보편 원리의 기초가 아니며 해당 장소에 생기를 불어넣어 주는 한에서만 제대로 판단될 수 있다고 보았다. 현대 철학자들에게 역사의식은 '반근본주의'antifoundationalism 학파를 포괄하고 확장한다. 리처드 로티Richard Rorty와 리처드 번스타인Richard Bernstein 같은 철학자는, 그 누구도 삶을 정립하고 결론짓는 불변의 토대 위에 설 수 없음을 직시하라고 우리를 일깨운다.

신학이 멀리까지 뻗어 나가려면 역사의식을 수용하고 흡수해야 한다. 1980년대에 영향력을 크게 떨친 두 신학자는 모든 진리와 문화 체계가 본디 한계를 지닌다는 역사의식을 명시했다(그러나 이 역사의식에 대한 두 사람의 대응은 크게 다르다!). 조지 린드벡George Lindbeck은 『교리의 본성』*The Nature of Doctrine*(1984)에서, 데이비드 트레이시는 『유비적 상상』*The Analogical Imagination*(1981)과 『다원성과 모호성』*Plurality and Ambiguity*(1987a)에서 다음과 같이 밝히고 있다: 그리스도교가 진리의 고정된 원천을 말하고 참이나 선을 판단하기 위해 모든 문화에 불변하는 표준을 들이대며, 역사의 다원성을 초월한 틀을 제시한다고 착각한다면, 이는 현실을 외면하는 것에 지나지 않는다. 역사와 부단히 대화하지 않는 진리는 위상을 제대로 정립할 수 없다. 그리스도교는 무수하고 유한한 세계종교 가운데 하나다.[4]

도덕적 명령으로서의 대화 의식하기

타종교인을 이해하고 그들에게 다가가라는 다원적 상호 관계 모델은 그리스도인의 실존 체험에 저항하라는 도전도, 그리스도인의 역사의식에서 나온 지적 결론도 아니다. 이 모델은 그리스도인의 윤리·도덕적 책임감을 일깨운다. 즉, 양심의 문제다. 양심은 그들이 예민하게 느끼는 두 가지 현실을 확인시켜 준다. 종교 간 대화 자체가 도덕적 명령이며, 과거 그리스도교가 종교 간 대화를 방해했다면 상호 관계 모델은 종교 간 대화를 고무한다는 점이다.

데이비드 로체드David Lochhead는 '대화 명령'the dialogical imperative(1988)에 대해 말한다. 이 용어는 우리가 타인과 참된 대화를 하지 않으면 개인적 자아와 사회적 자아를 잃고 만다는 대중의식과 철학적 인식 모두를 반영한다. 이런 의식의 기초는 이미 앞에서 말한 인간 의식과 역사의식에서 발견된다. 진리는 하나가 아니라 여러 가지로 표현된다는 점을 우리는 알고 있다. 스힐레벡스가 밝힌 대로, 점차 우리는 자기 집을 '안전하게' 잠그는 진리가 아니라 다른 이들에게 자신을 열어 보이는 진리를 발견하게 될 것이다. 다른 시각에서 보면, 타종교의 수많은 진리 표현은 유한하고 불완전한 것이 아니라 가치롭고 선하며 우리에게 필요한 것임을 알게 된다. 진리

---

4 역사의식에 대한 이 포괄적 관계를 두고 철학적 반론이 분분하다. 모든 종교가 유한하며 서로 관계 맺고 있음을 인정한다면 '평등한 종교 사이의 으뜸 종교'나 '유한한 종교 사이의 으뜸 종교' 같은 것은 존재하지 않는다는 뜻인가? 역사적 우연성이라는 토양에 뿌리내리고 있기에, 그 어떤 종교도 다른 종교들보다 더 완전한 신적 진리에 근접할 수 없다는 말인가? "하지만 어떻게 알 수 있는가?"라고 힉은 묻는다. 유한한 종교 사이에 최고가 있다는 주장은 유일한 '최고' 종교에 대한 선험적 가정이나 신적 계시를 토대로 삼을 수 없다. 이 주장은 모든 종교에 유효한 자료인 '검증된 사실'에 기대야 한다. 특정 종교가 타종교에 비해 인간 복지를 위한 폭넓은 기초를 지니기에 상대적 우위에 있다고 평가하려 해도, "그 종교 전통이 타종교에 비해 선한지, 악한지, 선악이 균형을 이루고 있는지 따위를 보편적 시선으로 판단하기란 불가능해 보인다. … 광대하고도 복잡한 전체로 보면, 세계 전통들은 거의 동등해 보여 유독 뛰어난 하나를 뽑아낼 수가 없다"(Hick 1987, 30).

에 대한 각종 역사적 표현은 아쉽게도 유한하지만 다행히도 연관되어 있다. 관계를 통해서 한계를 극복할 수 있다. 우리 자신을 열고 다른 이들과 대화함으로써 가능한 일이다. 진지하게 진리를 추구하기 위해서는 타자와 이야기 나누는 것이 선행되어야 한다. 대화는 도덕적 명령이 되고 있다. "종교 간 대화는 더 이상 사치가 아닌 신학적 숙명이다"(Tracy 1990, 95).

이는 진리의 대화하려는 본성을 가리킨다. 진리는 의사소통의 결과다 (Habermas 1979; 1984; Tracy 1987a). 타자에게 말하기만 할 뿐 그의 말을 듣지 않는다면 아무것도 배울 수 없다. 대화는 우리 입장의 본질적 한계를 벗어나게 해 준다. 우리는 타자와의 참된 대화를 통해 자신의 진리를 확장·수정할 수 있다. 따라서 진리를 좇는 이는 비판과 협력을 수용해야 한다. 버나드 로너간Bernard Lonergan은 비판적 의식(Lonergan 1973, 3-25)을 제안하면서, 진리를 체험하고 이해하며 판단하려는 비판과 타자와의 협력(Smith 1981, 94ff)을 강조한다.

공동 협력과 대화에서 진리를 찾을 수 있기에, 한 사람이 소유하기보다는 많은 이가 공유하는 탐구와 여행이 필요하겠다. 좋고 참되고 아름다운 것은 한 번만에 발견되어 모두를 만족시키는 것이 아닐뿐더러 우리만의 체험도 아니다. 찰스 샌더스 퍼스Charles Sanders Peirce는 "모든 이의 종착역이기보다는 다채로운 논의를 신뢰하고 전진시키는 데"(Bernstein 1983, 224) 이 여정의 의미가 있다고 밝힌다.

따라서 나의 진리를 찾기 위해서 다른 진리를 믿는 타자와 대화해야 한다. 나의 진리를 지키기 위해서라고 말할 수도 있겠다. '의심의 달인들'(니체, 프로이트, 마르크스) 덕분에, 또 여성과 억압받는 이들의 외침이 들려주는 종교적·문화적 비판 덕분에, 오늘날 얼마나 많은 이데올로기의 기생충이 문화와 종교 유산에 담긴 아름다운 진리의 열매를 갉아먹고 있는지 확연히 깨닫게 되었다. 이데올로기란 타자의 (경제적·사회적) 희생을 감수한 채 자신의 안녕을 도모하는 수단으로 '진리'를 이용하거나, 잠재의식적 잣대로 진리를 단정하여 자기 이익과 명성을 가늠하는 뻔뻔한 성향이다.

현세의 고통이 클수록 하늘에서 차지하는 지위가 높을 것이라고 설교하는 사람은 과연 성경에서 그 메시지를 찾은 것일까, 아니면 억압받는 백성을 그 메시지로 달래고 나서 자신은 왕이나 주인에게서 보상받기 때문일까? 예수가 남자만 자신의 대리자로 삼기를 원했다고 주장하는 신학자나 주교들은 과연 신약성경을 제대로 연구한 것일까, 아니면 권력을 유지하려는 잠재의식적 욕망의 표현일까? 원죄 또는 어리석음 때문에 우리에게는 자기가 믿는 진리로 스스로를 합리화하거나 타인을 속이는 못 말리는 기질이 있다. 그래서 발터 벤야민Walter Benjamin은 "문명의 온갖 치적(종교의 모든 축적)은 한편으로 야만의 업적"(Tracy 1987a, 69)이라고 말했다.

우리는 이처럼 자신이 믿는 진리를 야만적으로 제멋대로 남용하려는 유혹에서 벗어나기 힘들다. 위급한 순간에는 누군가에게 반드시 도움을 요청해야 하듯이, 나의 종교 진리가 남용되는 때에 이른다면 우리는 타자에게 대화를 요청해야 한다. 타자와 대화함으로써 세상을 보는 그들의 색다른 시선에 우리 자신을 개방해야 한다. 그들은 나의 진리를 다른 각도에서 볼 수 있으며, 그것이 보이는 바와 그들에게 미치는 영향을 말해 줄 수 있다. 나의 진리가 그들을 어떻게 배척하고 천시하며 악용하는지 알려 줄지도 모른다. 자기 집 뒤뜰에 홀로 서 있으면 진리가 왜곡된 것을 알아챌 수가 없다. 한 종교만 아는 것은 아무것도 모르는 것이라고 막스 뮐러Max Müller는 말했다. 그의 경구를 발터 벤야민의 통찰과 합해서 읽으려 한다. "종교를 오직 하나만 아는 것은 야만적 업적으로 드러난다." 그리하여 다시 한 번, 대화는 도덕적 명령이 된다.

이 명령은 무엇을 요청하는가? 타종교와의 참된 대화를 위해 무엇을 해야 하는가? 많은 이가 대화의 본성·방법·선행 조건에 관해 지적해 놓았다(Swidler 1990, 42-6; Knitter 1985, 207-13; 1990a, 19-25). 데이비드 트레이시는 효과적 대화 규칙을 가장 명쾌하게 주장한 사람 가운데 한 사람이다.

> 대화라는 게임에는 몇 가지 규칙이 있다. 중요한 것만 말하라. 정확하게 말하라. 남의 말을 잘 듣고 존중하라. 그러면서도 차이를 간직하고 타자로 남아라. 상대가 도전해 오면 제 의견을 바로잡거나 변호하라. 필요하다면 화내고 맞서되, 당연한 갈등과 타당한 제안에는 자기 마음을 변화시켜라(Tracy 1987a, 19).

이 규칙들을 따르려 할 때 그리스도교의 전통적 타종교 접근법인 배타주의·포괄주의와 대화를 강조하는 입장이 충돌하고 있음을 감지할 수 있다. 어떻게 하면 다른 진리를 참으로 '존중'할 수 있을까? 어떻게 하면 우리 의견을 '바로잡고' 우리 마음을 '바꿀' 수 있을까? 하느님의 배타적 진리와 최종 말씀을 확신하는 상태로 대화하면서 어떻게 상대의 말을 진심으로 듣고 배울 수 있을까?(힌두교도, 불자, 그리스도인에게 다 같이 적용된다).

상대의 장점을 배우려 하면서도, 그의 진리가 내 진리에 속하고 내 진리에 의해 완성될 때만 가치 있음을 전제한다면, 결국 "쥐와 고양이의 대화"(Maurier 1976, 69-70)에 불과하다. 교묘하게 가린다 해도, 나의 '최종 말씀'은 상대 종교의 말씀을 부정하거나 종속시키려는 속셈을 드러내기 마련이다. 쥐가 고양이에게 '포섭됨으로써 완성된다'는 식이다. 절대 계시와 최종 규범은 도덕적 명령인 대화를 방해한다. 도덕적 행위를 지키기 위해서는 절대 계시와 최종 규범 자체가 비도덕적이지는 않은지 의심해 보아야 한다.

대화 참여자가 특정 문제를 바라볼 때 확고한 입장과 보편적 시각, 깊은 확신을 가지고 대화에 임해야 한다는 사실의 중요성을 부정하지는 않는다. 그것이야말로 대화가 수다나 단순 정보 교환과 다른 점이다. 그러나 깊은 깨달음이나 종교적 확신을 주장하는 것과 신으로부터의 최종 계시를 선언하는 것 사이에는 결정적 차이가 존재한다. 앞의 주장의 경우는 최소한 이론상으로 비판과 변화에 개방하는 일이 가능하지만, 뒤의 선언의 경우 생각을 바꾼다면 신을 저버리는 것이 되는 셈이다. '특권을 지닌' 하느님의 계시만이 최종·최고 계시라고 주장하는 그리스도인은 요지부동할 것이다.

그리스도인은 완고했다. 그들은 하느님의 최종 말씀을 무기로 대화를 거부해 왔고, 의식적이든 무의식적이든 타종교 가르침을 짓밟거나 악용할 권리를 가지고 있는 듯 생각하며 행동해 왔다. 하느님이 부여한 우위성에 입각하여 그리스도인들은 타문화와 타종교를 착취하는 제국주의와 자기중심주의에 빠져 있었던 것이다. 서구 그리스도교의 전통적 종교신학이 저지른 온갖 식민제국주의적 범죄를 부정할 수는 없다(Hick 1987; Ruether 1987, 141). 몇몇 여성주의자는 대부분의 사회가 남성의 체험을 보편적이고 중요한 규범으로 삼아 여성을 가부장적으로 종속시켜 왔듯이, 그리스도교를 보편적 최종 규범으로 삼아 타종교를 제국주의적으로 종속시켜 왔다고 지적한다(Suchocki 1987, 149-51).

이런 이유로 그리스도교 선교사는 현대의 포괄주의적 종교신학이 지향하는 '제국주의의 비밀요원'이라는 비난을 받는다. 타종교를 향한 포괄적이고 관대한 개방은 '내가 너보다 낫다'는 태도를 내밀하게 감추고 있기에 선교를 실패로 이끄는 주된 이유 중 하나가 된다. 알로이시우스 피어리스는 그리스도교의 "타종교에 대한 은밀한 식민주의 이론은 … 제3세계 주류 비그리스도인들 마음속에 그리스도교의 혁명적 가르침이 다다르지 못하게 가로막는다"(Pieris 1988a, 88; Puthiadam 1980, 103-5)고 말한다. 진심으로 대화하지 못하기에 참으로 고백하지도 못하는 것이다.

상호 관계 모델은 타종교 문화의 진리에 개방적이고, 타종교와의 관계가 서로에게 필요하며, 진리가 수많은 양상으로 드러난다고 이해한다. 기존의 배타적/포괄적 관점이 지닌 윤리적 약점의 대안이 되는 모델이다.

세상을 향한 책임감 의식하기

해방을 지향하고 지구적 책임감을 지닌 다원주의 모델은 오늘날 그리스도인을 비롯한 종교인들이 의식하는 최종 목적을 제시하고 있다. 이 의식을 적절하게 표현하는 데는 '정치적'이라는 형용사보다 '우주적'이라는 형용사가 더 적합하다. 계몽주의, 현대 과학과 기술 문명, 종교의 위선에 대한 비판 덕분에 사람들 사이에서는 더욱 분명한 깨달음이 일어나고 있다. 첫째, 이 세상의 안녕을 위한 결정적 책임을 우리 스스로 져야 한다. 둘째, 인간과 지구의 생명을 위협하는 위기를 우리가 직접 해결해야 한다.

생명을 위협하는 빈곤, 환경 파괴, 비인간적 생존 조건, 그리고 이 모든 괴물들을 살찌우는 불의를 극복하기 위해 일해야 한다. 삶을 위협하는 다양한 상황에 적절한 방식으로 대처하지 못하면 가정, 학교, 학문, 오락, 여행 같은 것들을 편안히 누릴 수 없게 된다. 적당한 타협과 균형이 필요할 때도 있겠지만, 세상에 대한 책임감에서 등을 돌리게 하는 균형과 타협이라면 결코 그것들에 안주해서는 안 된다.

후안 세군도는 '인류적 신앙'anthropological faith이 인간 조건과 의식에 이미 존재하며, 우리의 종교 신앙보다 앞서고 더욱 본질적인 것이라고 보았다(Segundo 1984, 60-6). 나는 이것을 '우주적 신앙'이라 부르고 싶다. 인간과 생태계의 참살이에 대한 모든 위협을 극복하려는 우리의 근본적 투신은 불가해한 희망에서 힘을 얻곤 한다. 이 우주적 신앙은 세세한 종교적 원칙에 얽매일 필요가 없다. 인간은 자신이 주요 역할을 담당해야 할 진화 시점에 도달했음을 인식하는 순간, 그 소명과 책임을 우주적 신앙으로 체험할 것이다. 인간이 도덕적 책임감을 가지고 지성과 자유를 사용하지 않는다면, 지구의 온전한 진화 과정은 방해받거나 퇴행하고 말 것이다. 우리 때문에 진화가 이루어지는 것은 아니지만, 우리를 배제한 채 진행되는 것 또한 물론 아니다.

하느님은 우주적 신앙에 협력하도록 인간을 부르신다. 생명의 신적 원천은 우리가 속한 우주의 발생 '이전'과 그 '한가운데' 존재한다. 우리를 양육하고 우리에게 희망을 주는 신의 현존 체험을 요청하면 할수록, 신적 존재가 분명히 '도와주고 있다'는 참된 깨달음을 얻기에 이른다. 라이몬 파니카는 이 체험과 의식을 '신인우주론적'theanthropocosmic 신비라고 불렀다. 신*theos*과 인간*anthropos*과 우주*cosmos* 사이의, 생명을 주고 양육하며 상호 의존하고 돌보아 주는 일치를 뜻한다(Panikkar 1993).

우주적 의식이나 신앙은 사람들을 종교 간 대화로 이끌며 이 대화를 비판하게도 한다. 이 신앙은 종교를 위한 근본 준거가 된다. 간단히 말해 이 신앙은 참된 종교, 곧 신적 존재나 초월적 원천에서 비롯된 종교는 인간과 지구의 참살이를 도모한다는 점을 일깨워 준다. 이 점에 대해 우리는 신앙으로 응답해야겠다. 나 역시 깨달아 느낀 바가 크기에 달리 행하거나 말할 수 없다.[5] 물론 이런 신앙이나 의식은 문화 조건, 중산층 백인 남성이라는

---

5 나의 과거 체험과 세상 · 그리스도교 · 종교의 본성을 이해하면서 느낀 바가 크다. 또 다른 체험과 통찰과 발견을 통해 지금의 확신과 신앙은 바뀔지 모르지만, 그 순간은 상상이 안 된다.

사회적 지위, 교육, 경험의 산물이자, 예수 그리스도에 대한 헌신에서 유래한다. 이 모두가 함께 작용한 결과인 셈이다.

우주적 신앙은 이 세상에서 인간으로서 살기 위해 노력하여 발견한 것이다. 위험에 처한 지구에 사는 종교인으로서 사람들 안에 존재하는 성령으로부터 찾아낸 것이기도 하다. 이는 역사·문화·종교적 맥락을 통해 전달되고 구체화된 신앙이자 인간에 뿌리박고 있는 신앙이다. 따라서 그것은 모든 타자와 공유할 수 있다.

우주적 신앙은 (이 책에서 연구하는) 대화와 신학의 상호 관계적이며 지구적 책임감을 지닌 접근 방식에 기초한다. 이 접근 방식은 우주적 신앙 의식이라는 표준을 가지고 종교와 대화를 이해하고 평가한다. 이 표준에 준하여 나는 생태계의 참살이를 도모하지 않거나 방해하는 종교를 하느님에게서 온 것이 아니라고 주장하면서, 생태계와 인간의 고통에 무심한 대화 역시 하느님에게서 온 것이 아님을 밝힌다.

모든 종교 활동이나 대화의 맥락과 동기, 궁극 목표에는 이런 생각들이 자리 잡고 있어야 한다. 그렇지 않으면, 우주적 신앙을 주장하는 사람들은 그 대화에 참여하기를 정중히 사양하거나 참여하더라도 극히 말을 삼갈 것이다.

상호 관계적이며 지구적 책임감을 지닌 모델의 그리스도교적 기반

그리스도인의 공통 체험을 찾아내는 일이 결코 쉽지는 않겠지만 나는 시도하려 한다. 신학자로서 마땅히 해야 할 작업이다. 또한 복음으로 사는 그리스도인의 여정에는 많은 공통점이 있고, 이 공통점은 상호 관계적 종교신학을 향하도록 자극하며 이끈다고 생각한다.

교리적 측면: 하느님의 본성

나는 예수 그리스도를 통해 종교다원신학 안에서 하느님을 체험하고 인식하고자 한다. 그리스도교의 하느님이 지닌 두 가지 본질적 특성인 신비와 삼위일체를 그 핵심으로 삼는다.

인간의 모든 지식이 유한하다고 경고하는 역사의식은 신적 실재의 무한성을 일깨우는 종교의식과 대척을 이룬다. 다른 말로, 인간이 포착한 온갖 진리가 본디 유한하고 조건 지어진 것임을 역사의식이 말해 준다면, 종교 체험의 열매인 종교의식은, 신적 실재와 진리는 인간이 포착하고 종교가 표현할 수 있는 것을 언제나 능가한다고 분명히 알려 준다. 특수하고 역사적인 상황에서 하느님을 신비이자 현실로, 모호하면서도 확실한 분이라는 역설로 만나는 참된 종교적 체험을 통해 이런 깨달음을 얻을 수 있다. 그리스도교 전승에서 이처럼 하느님을 절대 신비로 감지하고 주장한 신비가와 사상가로는 바오로, 토마스 아퀴나스, 노리치의 율리아나, 엑카르트, 루터가 있거니와, 현대 신학자 칼 라너는 이 신비를 증언하는 데 생애 마지막 10년을 바쳤다(Rahner 1966b; 1978b).

어떤 그리스도인은 하느님의 신비가 예수의 육화에 계시되었고 실현되었다고 응답한다. 그렇다! 예수를 통해 계시된 이 신비는 소멸되지 않는다. 그리스도인이 육화를 '인간 모습을 띤 하느님'이나 역사에 존재하는 '완전한' 신비로 보는 것이 육화의 의미를 보존하기보다는 오히려 어지럽히지 않았는지 의심스럽다. 예수라는 인격 전체가 신적이라는 말은, 신적인 모든 것이 인간화되었다는 의미가 아니다. 신이 예수를 통해 육화했다는 말은 하느님이 인간 존재의 특성 모두를 취하셨다는 의미이며, 그 특성에는 인간의 지역성·특수성·유한성이 포함된다. 두 번째 위격의 육화인 예수가 하느님이 어떤 분인지 알려 준다 해도, 하느님을 어떤 분이라고 한정 짓지는 못한다. 은연중에 가현설Docetism로 빠질 우려가 있다. 이것은 예수의 인성을 손상시키고 변질시킨 채 예수의 신성을 강조하는 이단이다. 예수의 육화가 지닌 진실성을 이해하고 수용하는 것은 하느님이 예수에 한정될 수 없음을 인정하는 것이다. 진정 예수가 보여 준 신성은 예수를 넘어서 발견된다. 예수 그리스도의 신비를 깊이 탐구한 스힐레벡스는 다음과 같이 말한다.

> 그리스도교 복음이 선포하는 예수 안의 하느님 계시는, 하느님이 역사적 특수성(그것이 나자렛 예수라 할지라도)을 절대화하지 않았음을 알려 준다. 예수의 계시에서 그 어떤 역사적 특수성도 절대적이라 할 수 없음을 배운다. 따라서 예수 안에 있는 상대성으로 말미암아 누구든 예수 밖에서도 하느님을 만날 수 있다. 역사와 수많은 종교에서 특히 그러하다(Schillebeeckx 1990, 184).

하느님, 곧 라너가 말한 절대 신비schlechthinniges Geheimnis(Rahner 1966)를 인식하려면 어떤 종교나 계시도 하느님의 유일하고 최종적이며 배타적이고 포괄적인 말씀일 수 없음을 인정해야 한다. 최종 말씀은 하느님을 제한하고 신비를 없애 버린다. 윌프레드 캔트웰 스미스Wilfred Cantwell Smith가 지적하듯 우상숭배다. 그는 동료 그리스도인들에게 우상숭배는 그들이 비난하는 이교도가 아닌 그리스도교에서 더욱 두드러진다고 지적한다. 사실 우상이란 동상이나 비석 같은 것이 아니라, 교도권이나 관습을 하느님의 유일하거나 최종적인 중재라고 주장하면서 신을 가두고 제한하는 것이다(Smith 1987a). "우상숭배는 하나의 길, 하나의 규범, 하나의 진리만을 주장한다. 그것은 '타자'로 인한 변화나 가르침을 거부한다"(Driver 1987, 216).

하느님의 신비를 어느 한 종교나 계시 또는 구원자가 독차지할 수 없음을 인정해야 하듯이, 하느님의 신비가 유일하지 않고 다원적이라는 사실 또한 깊이 숙고하고 인정해야겠다. 이것이 그리스도인의 체험과 삼위일체 교리에 담긴 심원함이다. 신은 한 분이며 또한 여럿이다. 하느님은 다원적이다. (신적 본성의) 내적 하느님이 참되다면, (하느님의 외적 활동에 속한) 외적 하느님의 실재와 창조도 참되다. 하느님이 하느님이기 위해서는 '다양성'이 필요하다. 톰 드라이버Tom Driver는 이 의미를 설득력 있게 말한다. "다원주의적 관점에서, 하느님은 하나의 본성에만 속하지 않으시다. 신격 자체에 진정한 차이들이 존재하고 다양한 관계를 맺고 있기에, 하느님은 매우 다양한 인간 공동체를 돌보고 계신다"(Driver 1987, 212). 다원성은 원자에서 종교에 이르기까지 모든 실재의 본질이다.

파니카는 이 점을 강조한다. "삼위일체 신비는 다원주의의 궁극적 기초다. … 실재 자체는 다원적이다"(Panikkar 1987, 110). 하느님이 세 위격 사이의 차이를 없애고 일치를 도모하지 않듯이, 세계종교들도 다양한 전통 사이의 참된 차이를 없애고 하나로 뭉뚱그려 놓을 수는 없지 않은가? 다만 이것은 유추에 근거한 지적이다.

윤리적 측면: 으뜸 계명

하느님 사랑에 경계가 없다면 우리 사랑도 그러해야 한다. 우리는 하느님이 우리를 사랑하시는 것처럼, 서로 사랑하라고 부름 받았다. 이것이 그리스도인의 으뜸 계명이며, 살면서 지켜야 할 그 어떤 계명보다 중요하다. 또한 선택이 불가피한 상황에서는 교리를 주장하거나 하느님을 공적으로 경배하기보다는 이웃 사랑을 앞세워야 한다. 제아무리 중요하고 본질적인 정교正敎와 전례라 하더라도 이웃 사랑보다 중요할 수는 없다. 우리는 성경의 가르침과 그 후렴들을 알고 있다: 형제자매와의 불화를 먼저 해결한 다음 교회에 가라(마태 5,23-24 참조). 이웃에게 선행을 베푸는 희생과 신념을 위해서라면, 안식일을 지키지 못하는 것에 괘념치 마라. 이웃을 사랑하지 않느니 (하느님을 거스르더라도!) 안식일을 어기는 편이 차라리 낫다(마태 12,12 참조).

이렇게 이웃 사랑이 그리스도인 삶의 근본이라고 할 때, 타종교에 대한 그리스도인의 전통적 입장이 뭔가 잘못되었다는 생각은 나 혼자만의 것이 아닐 터이다. 타종교인을 사랑하려는 선의와, 그리스도교 전통 신학이 내게 가르쳐 준 타종교관 사이에, 충돌은 아닐지라도 고통스런 긴장이 도사리고 있음을 느낀다.

결국 사랑은 무엇을 의미하는가? 타자를 사랑한다는 것은 그들을 존경하고 호의를 보이며 진심으로 귀 기울이는 것이다. 우리가 대접받기 원하는 대로 그들을 대접하는 것이다. 우리와 우리의 진리 증언에 그들이 귀 기울이기를 바라는 것처럼 우리도 그들과 그들의 진리 증언에 귀 기울이는 것을 뜻한다. 그런 의미에서 그들이 틀렸다고 생각될 때는 당당히 맞서고, 그들의 도전에 진지하게 응전할 준비를 해야 한다. 다시 말해, 나는 사랑하기 위해 진정 그들과 대화할 수 있어야 한다.

그동안 그리스도인이 타신앙인을 대해 온 배타적 태도나 포섭하려는 태도는 참된 이웃 사랑을 가로막았다. 그들과 만나기도 전에 우리 진리가 그들 진리보다 낫다고 여기거나, 그들이 신성시하는 것을 우리 것보다 열등하다고 밀어붙이면서, 우리는 과연 그들을 존중하고 그들에게 개방할 수 있을까? 하느님이 보증하신 진리를 우리만이 가지고 있다고 주장하면서, 타신앙인이 하느님의 완전한 진리에 다가옴으로써 우리에게 동의할 것이라고 확신할 때, 과연 우리는 그들을 인정하고 사랑하는 것일까? 하나의 진리와 계시가 제시하는 유일하고 최종적인 절대 규범에 모든 타종교를 포괄하는 것이 하느님 뜻이라고 주장하는 한, 진심으로 타종교인을 하느님 안의 형제자매로 환대할 수는 없다. 이웃에게서 배우려 하지 않는다면 그들을 사랑하는 것이 아니다. 그들을 위해 병원과 학교를 세우고, 가난에서 구제해 준다 해도 그들을 사랑하는 것이 아니다.

나는 많은 그리스도인이 교리와 윤리 사이의 모순을 점점 더 자각해 가고 있다고 생각한다. 그 모순은 그리스도교 교리가 타자를 보는 관점과 그리스도교 윤리대로 타자의 요구를 위해 행동하는 것 사이에 존재한다. 이것은 정통 신앙orthodoxy인 올바른 믿음right belief과 정통 실천orthopraxy인 올바른 행위right behavior 사이의 충돌이다. 교리와 윤리 사이의 이와 같은 충돌에서, 그리스도인들은 자기 신앙의 으뜸 계명과 마지막 계명 (또는 최종 임무) 사이에 존재하는 긴장을 체험한다. 예수는 제자들에게 이웃을 자기 자신처럼 사랑하라고 가르쳤으며, 온 세상으로 나가서 당신의 메시지를 전하라는 마지막 말씀도 남겼다. 그리스도인은 자기 이웃을 사랑하고 또 그들에게 예수의 메시지를 설교하며 제자로 만들라고 부름 받았다. 그리스도인들은 이 최종 임무를 으뜸 계명보다 중시하거나 으뜸 계명의 지표로 삼기에 이르렀다. 설교하고 제자를 만드는 과정에서 그들은 이웃 사랑을 너무 등한시했다. 사랑이 본디 요구한 대로 타종교 이웃들을 존중하지 않았고 그들 말에 귀 기울이지 않았으며 그들을 인정하지도 않았다.

따라서 으뜸 계명과 마지막 계명, 윤리와 교리, 정통 실천과 정통 신앙 사이에 충돌이 발생한다. 전통적 종교신학이 주장하는 정통 신앙보다 이웃을 사랑하는 정통 실천을 앞세움으로써, 우리는 기존의 전통 교리들과 배타적/포괄적 모델을 다시 생각하고 수정해야 할 것이다. 이것이야말로 상호 관계적/다원적 종교신학 모델이 추구하는 바다.

성경적 측면: 보편성과 특수성 사이의 균형

　성경도 종교상호신학을 자극하고 길을 제시한다. 그러나 성경이 새로운 타종교관을 위한 최초의 관문은 아니다. 교회가 성경을 사용하는 일반적 사례를 제시한 라너는, (이미 살펴본 대로 문화 토대라는) 외부 압력을 통해 우리는 하느님 말씀을 탐구하고 듣고 이해하고 따르는 데 있어 새로운 질문을 던지게 된다고 주장한다. 이것이 바로 성경을 이전과 달리 새롭게 해석하는 해석학적 순환이다. 새로운 맥락에서 하느님 말씀에 질문을 던지는 새로운 기회를 얻게 된다.

　종교다원신학자들이 이 해석학적 순환을 어떻게 밟아 나가는지, 몇 가지 관점과 접근 방식을 요약하여 제시하겠다. 그리스도인에게 상호 관계적으로 타신앙인을 보게 하는 풍요로운 성경의 증언을 통해, 성경의 보편성과 특수성 사이의 일반적이고 창조적인 긴장을 발견할 수 있다.

　아브라함의 종교인 유다교·그리스도교·이슬람교의 가장 두드러진 특징은 특정 사건이나 인물을 통해 정체성을 발견하고 보존한다는 점이다. 아브라함과 예수와 마호메트의 하느님이 역사의 특정 상황에서 특정한 일을 하신다. 이 하느님은 모든 민족을 위해 당신 계획을 실현하시고자 구체적 인물을 뽑으셨고, 인류를 구원하시고자 육신을 취해 특정 인간이 되셨다. 이 하느님은 특정 아랍 상인(마호메트)을 통해, 또 모든 이를 하나로 모으기 위해 특정 경전을 통해 말씀하신다. 이스라엘 백성, 예수, 코란이라는 구체적 특수성을 잃어버린다면, 이들 종교의 정체성과 변혁의 힘 역시 사라져 버린다. 역사적 특수성을 띤 인물과 사건은 대단히 중요하며 어떤 거대 조직 안에서 사라지거나 희석될 수 없다.

　그런데 특히 그리스도교의 경우는 거대 조직도 중요한 본질로 여긴다(유다교와 이슬람교에 대해서는 언급하지 않을 것이다). 특수성의 온전한 목적은 신의 보편적 계획이나 보편적 활동을 알리고 실현하는 데 있다. 예수를 통해 계시된 하느님은 태초보다 먼저 계셨으며 스스로 모든 존재를 창조하시고 구원하시며 찾으시는 분이다. 이 보편적 현존과 의지는 특수한 예수에게서 생생하게 활동하신다. 예수에게서 강력하고 설득력 있게 드러나신 이 신적 사랑과 혁명적 정의를 예수는 가두거나 제한할 수 없다. 오히려 하느님의 자기 계시는 모두를 위한 의미이고 모두에게 유익하며 역사를 관통하여 작용한다. 예수를 알기 전에는 하느님 사랑의 보편적 현존과 베푸심을 의심할 수도 있었으나 이제는 확실하다. 따라서 신적 실재의 보편성을 포착하지 못하면 예수 메시지의 본질도 이해하지 못한다. 보편성에 특수성이 사로잡히는 것을 막아야 하듯이, 특수성을 너무 강조하여 보편성을 제한하거나 가두는 것도 경계해야 한다.

그런데 대다수 그리스도인은 (역사적 상황과 한계로 인해) 신의 보편적 사랑과 현존을 가두어 버렸다. 그들은 예수와 교회의 특수성을 너무나 강조한 나머지 예수가 보여 준 보편적 하느님의 시선을 잃어버렸다. 상호 소통하면서도 서로를 위협하는 현대의 세계 정세는 이런 부조화를 고칠 기회를 제공하고 있다.

상호 관계 모델의 과제는 하느님의 인격과 활동이 지닌 특수성을 탐구하여 하느님이 주시는 보편적 사랑과 은총의 풍요로움으로 상호 관계를 고양시키는 데 있다. 예수의 고유성을 폐기하거나 바꾸는 것이 아니라, 그리스도인이 예수를 넘어서 현존하시는 하느님께 참으로 개방하는 길을 펼쳐 보여 주려 한다. 이 세상과 타종교에 현존하시는 하느님은 그리스도인에게 맑은 눈을 주어 생각을 바꾸게 할 뿐 아니라 새로운 경이로움과 가르침을 안겨 줄 것이다. 그리스도인이 예수의 특수성을 참으로 이해할 때, 타종교의 주장과 가르침도 받아들일 수 있을 것이다.

타종교를 다원적 관점에서 연구하는 신학자들은 바오로의 '파스카/부활 그리스도론'Paschal/Easter christology보다는 요한의 '로고스/지혜 그리스도론' *Logos*/Wisdom christology을 선호한다. 요한 복음 머리글은 하느님이 맨 처음에 모든 곳에서 역사役事하셨고 지금도 역사하시며, 예수는 하느님(말씀)의 보편적 현존과 역사하심에 대한 규범적 현현顯現으로 실제 역사歷史에 존재한다고 서술한다. 그리스도인은 예수에게서 육신을 취한 로고스를 인상 깊게 만날 수 있고, 이 로고스는 온 세상 어디서나 끊임없이 나타난다.

한편 바오로가 정교한 이론 체계로 확립한 파스카/부활 그리스도론은 예수의 역사적 사명·죽음·부활이 하느님께서 의도하신 보편적 구원 사업의 출발점이자 원천임을 확증한다(Schillebeeckx 1979, 432-6). 현대 그리스도론 연구 동향을 보면, 파스카/부활 그리스도론은 예수를 이 세상에 현존하시는 하느님 구원의 본질이자 원천으로 우러르는 반면, 로고스/지혜 그리스도론은 맨 처음부터 계셨고 예수 자신의 기원이기도 한 신적 사랑을 강조하며 예수가 이 보편적 사랑을 표현한다고 본다(Ogden 1992, 83-104). 그러므로 로고스/지혜 그리스도론에 힘입어 상호 관계를 중시하는 그리스도인은, 역사적 예수의 특수성에 하느님의 보편성을 놓기보다는 하느님의 보편적 자기 계시 안에 예수의 특수성을 놓는 종교 간 대화에 개방적이다.[6]

로고스/지혜 그리스도론을 통해 보편성과 특수성 사이의 균형을 지키려는 그리스도인은, 예수에게 생긴 일들을 예수에게만 일어난 것이었다고 주장하지 않는다. 파니카는, 예수를 그리스도로 인정할 수는 있으나 그리스도를 예수라고 단언할 수는 없다고 조심스레 밝힌다(Panikkar 1981, 14). 흥

---

[6] 물론 부활 그리스도론과 지혜 그리스도론을 이해하고 통합시키는 문제는 여전히 남아 있다. 예수를 구원의 본질적 원인으로 보는 것과 구원의 표현으로 보는 것을 어떻게 화해시킬 수 있을까? 이 문제는 4장과 5장에서 다루겠다.

미롭게도 전통적 로고스/지혜 그리스도론을 가장 담대하게 해석하는 다원주의 신학자는 인도의 스탠리 사마르타Stanley Samartha(1991), 스리랑카의 알로이시우스 피어리스(1987), 일본의 세이치 야기(1987) 같은 아시아인들이다. 그들은 자신의 그리스도론을 힌두교와 불교의 이미지나 체험과 혼합시킨다.

초기 그리스도인이 예수와 그의 메시지가 갖는 특수성을 표현하고 선언하면서 찾아낸 언어 가운데 특히 칭호와 이미지를 고려하여, 신약성경의 그리스도론에 공정한 해석학적 원리를 세우고 다원적 대화 모델을 찾으려는 신학자가 많다. 그들은 초기 교회가 예수에게 부여한 칭호와 이미지들을, 그들에게 예수가 누구였는가를 밝힌 최종 언술literal-definitive이라기보다는 상징 문학literary-symbolic으로 이해하는 편이 낫다고 본다. 다시 말해, 하느님의 아들, 하느님의 말씀, 주님, 메시아, 구원자 등의 이미지는 예수의 본성과 존재론적 지위를 결정적 명제로 진술한 것이기보다는, 예수라는 인격과 메시지에 대한 개인적·공동체적 체험을 찬송하고 고백한 표현이자 그를 따르라는 간곡한 권유로 해석한 것이다.

이것은 존 힉의 유명한 관점인데, 육화를 신화로 되살리자는 호소로 축소되어 이해되기도 한다(Hick 1973, 120-47; 1993). 유다인과 그리스도인의 대화에 참여한 로즈메리 류터Rosemary Ruether와 다른 신학자들도 예수의 이미지에 대한 신약성경의 상징적·시적 해석을 따른다. 그들은 메시아로서의 예수 이미지가 역사의 절대 중심에 있는 것이 아니라, 미래의 여러 패러다임과 더불어 주변부에 자리 잡고 있음을 제시한다(Ruether 1981, 31-43; Pawlikowski 1982, 8-25, 108-35).

신약성경의 그리스도론을 상징 문학으로 읽는 그리스도인은, 하느님이 오직 예수를 통해서만 활동하셨다고 주장하지 않고도 하느님이 예수에게서 활동하셨다는 명백한 입장에서 종교 간 대화에 참여할 수 있다. 그들은 예수를 육화한 아들, 메시아라고 선포하면서도 또 다른 아들딸이 타자를 위해 하느님의 은총과 진리로 육화했을 가능성에 대해서도 개방적이다.

그렇지만 초기 교회가 모든 이를 위해 오신 예수의 특별한 의미를 밝히는, 명백히 배타적인 언어에 대해서는 어떻게 말할 수 있을까? 신약성경은 예수에 관한 특별한 언어는 물론, 배타적이고 규범적인 주장으로 가득 차 있다. "그분 말고는 다른 누구에게도 구원이 없습니다. 사실 사람들에게 주어진 이름 가운데에서 우리가 구원받는 데에 필요한 이름은 이 이름밖에 없습니다"(사도 4,12). 이 말을 문자 그대로 이해하기에 앞서 신중하게 다루기를 바란다. 우리는 이 말의 특성을 살펴야 한다. 이 말의 목적은 무엇인가? 숨은 의미는 무엇인가?

이 배타적 표현의 목적을 살펴보자. 예수의 초기 제자 공동체는 역사의식이 부족했고 위협받는 소수자의 처지였다. 종말론적 기대에 가득 차 있던 그들은, 예수의 주요 메시지를 전달하는 역사적 매체로 예수에 대한 절대적 표현을 사용했을 것이다. 자신들의 역사적 상황에서 하느님이 참으로 예수를 통해 활동하셨음을 선포하기 위해, 하느님이 오직 예수 안에서만 활동하셨다고 말한 것이다. 하지만 오늘날 우리는 동일한 중심 메시지를 '오직'이 아닌 '참으로'를 사용하여 주장할 수 있다.

사목적 측면: 마음속에서 샘솟는 질문과 외침

다양한 종교와 억압받는 이들에 대한 문제가 정말로 그리스도인의 정신과 감정에 영향을 미친다면 사제, 교직자, 신학자들은 이 문제를 진지하게 다루어야 한다. 오래된 과거의 답들이 더 이상 제구실을 못하기 때문에 문제가 제기되는 것이다. 따라서 새로운 답변이 필요하다(새로운 답변이라고 해서 무조건 옳다는 것은 아니다). 일반 신자들의 신앙 의식, (신앙에 대한 통찰과 질문 따위의) 신앙 감각sensus fidelium은 하느님 말씀을 해석하는 사제, 주교, 신학자들의 노력 여하에 달려 있다. 인간과 생태계의 고통이 만연한 오늘의 세상에서 타종교를 이해하는 것 또한 중요한 문제임이 분명하다. 하지만 이 문제를 심각하게 생각하지 않는 그리스도인도 많다.

그리스도의 고유성을 의심하는 신학자들은 신실한 신앙인의 '신앙을 모욕하는' 죄를 범할 수 있다. 학교나 교회에서 배운 대로 타신앙을 수용하려는 식견 있고 비판적인 신앙인의 질문을 무시하거나 피상적인 대답으로 일관하는 교직자나 신학자는 '식별을 모욕하는' 잘못을 저지르고 있다. 나는 두 죄가 모두 중하다고 생각한다. 다원주의 신학자는 충실한 그리스도인의 신앙을 방해하는 '직권상의 죄'에 빠지지 않도록 주의해야 한다면, 배타적/포괄적 신학자는 사려 깊게 탐구하는 신앙인을 독려하지 못하는 '태만의 죄'를 짓고 있음을 인정해야 한다.

타종교에 사목적으로 접근하려는 나의 견해는 최근의 여행을 통해 더욱 굳어졌다. 대다수 아시아 국가의 그리스도인은 자신의 신앙을, 오래되고 세력이 큰 타종교에 비해 보잘것없다고 여겨 왔다. 그들은 타전통들과 갈등 없이 조화를 이루고 평화를 찾을 수 있는 방법을 묻는다.

인도에 사는 그리스도인은 절박한 상황에서든 편안한 일상에서든 항상 이 문제가 자신들을 떠나지 않는다고 호소한다. 그들을 곤혹스럽게 하는 의문은 타종교가 그리스도교를 대신할 만한 긍정적인 면을 가지고 있는가가 아니라, 오래전부터 그 가치가 입증된 수많은 타종교의 관점에서 볼 때 그리스도교가 과연 의미를 지니고 있는가이다. "종교다원적인 아시아에서 그리스도교의 자리와 의미를 묻는 타종교인과 어떤 관계를 맺을 수 있을 것인가가 그리스도인의 문제다. … 그리스도인인 우리가 그리스도교 중심주의를 문제 삼지 않는다면 타종교와의 대화는 앞으로 더욱 어려워질 것이다"(Wilfred 1987, 33).

그리스도교와 타종교가 다원적 상호 관계를 지향하며 지구적 책임감을 가질 때, 그리스도인은 자신의 체험을 통합하며 복음을 충실히 따를 수 있음을 알게 되었다. 그러나 깊이 있는 연구에 앞서, 이 관점의 위험성과 함정을 경계하는 여러 비판에 주의를 기울여야 한다.

●●● 제3장

그리스도인은 그렇게 말하지 않는다
비판

칼 라너가 "교회 안의 역동적 요소"(Rahner 1964)라고 주장한 성령이 오늘날 그리스도 교회에서 개인에게 차분한 영감을 불어넣어 줌과 동시에, 반대 의견들을 충돌시켜 교회 공동체의 생명력과 성장을 북돋는 것은 퍽 바람직한 현상이다. 그렇게 성령은 교회에 보다 깊은 신앙과 새로운 성장을 가져다주는 반대 의견과 신념을 포용하도록 도와준다.

시끌벅적한 사안들 가운데서도 종교다원적 현실을 이해하고 다루는 문제가 가장 중요하고 유망한 문제로 대두된다. 예수 추종자들의 여정에는 언제나 종교적 타자가 있었지만, 금세기만큼 당황스럽고도 중요하게 그들 존재를 느낀 적은 일찍이 없었다.

그들에 대한 그리스도교의 다양한 반응 가운데서도, 다원적 상호 관계 모델을 강조하는 종교신학과 종교 간 대화는 다채롭고 설득력 있는 의견들을 쏟아 놓는다. 그 최종 가치가 무엇이든 간에 다원주의 모델은 교회에 성령과 역동성을 북돋운다. 라너도 지적했듯이, 다양한 주장과 관심을 진심으로 듣고 공동선을 위해 사랑과 헌신으로 응답할 때만 성령은 창조적 실천을 돕는다. 여러 관점의 충돌은 형제자매 사이의 애정 어린 다툼이어야 한다.

성장을 도모하는 토론을 활성화하기 위해, 많은 그리스도교 교직자와 신학자가 상호 관계적 대화와 종교신학을 바라보며 제기하는 주요 문제와 함정을 간명히 요약하겠다. 지난 10여 년간 제기된 비판들을 살피되, 특히 『오직 예수 이름으로만?』과 존 힉의 『종교 해석론』*An Interpretation of Religion*(1989), 우리 둘이 편집한 논문집 『그리스도교 유일성의 신화』를 중심으로 고찰하고자 한다.[1]

상호 관계 모델에 관한 그리스도교 내의 주된 비판점은 다원주의 모델이 그리스도교의 정체성과 통합을 어지럽힌다는 데 있다. 우리는 다원주의자인 동시에 그리스도인일 수 있을까? 이것이 그리스도교에서 제기하는 비판의 본질이다. 그리스도인이라면, 하느님이 그리스도와 그리스도교만큼 타종교를 중시하지 않는다는 점을 믿어야 한다고 그들은 주장한다. 상호 관계적 관점대로라면 붓다에게도 그리스도처럼 '구원'이 있다고 볼 것인데, 이는 그리스도교의 토대를 파괴하고 위험에 빠뜨리는 것이라고 비판한다. 더 나아가 그들은 상호 관계적/다원적 종교신학은 그리스도교와 화해할 수 없다고 경고한다. 그리스도교는 그리스도를 믿고, 그리스도를 따르며, 그리스도의 이름으로 저항하고, 지구 끝까지 그리스도의 이름을 선포하는 데 헌신하라고 가르치기 때문이다.

---

[1] 힉과 내 이름이 함께 있는 것에서, 독자들은 우리가 다원주의에 대해 신학적으로 같은 응답을 하고 있음을 알 것이다. 그러나 예수의 고유성에 대한 이해 방식이나 근거, 그리스도 교회의 선교 역할, 대화의 구원 중심주의적 방법 및 해방적 방법에서는 분명하고도 중대한 차이를 보인다는 점도 확인하기 바란다.

그리스도를 믿음

신학자들은 보통 '신학자'라는 명사 앞에 '그리스도교'라는 형용사를 붙이는 데 동의한다. 그들은 변화의 시대에 복음을 '재해석하고' 적용하는 과제를 해결해 나가면서, 그리스도교 전통과 첫 고백의 깊은 신앙을 진지하게 계승해야 한다. 그리스도인이 상호 관계적/다원적 종교신학을 추구할 수 없는 이유를 여기서 찾으려는 이들이 많다. 이 신학이 전통적 그리스도교 신앙과 화해할 수 없을 것이라고 염려하는 이들이 많은 이유를 한번 꼽아 보려 한다.

다른 구원자나 계시를 예수나 그의 메시지와 똑같이 타당하다고 인식하려는 시도는, 전통의 원천이요 규범인 신약성경의 증언과 그 밖의 교리를 파괴까지는 아니더라도 희석시킬 수 있다. 신약성경에는 다양한 그리스도론을 관통하는 중심 노선이 있다. 수세기 동안 발전해 온 예수의 다양한 이미지를 조화롭게 유지하는 그 노선의 핵심은, 예수가 하느님의 외아들이고 다른 모든 이름 가운데 가장 빼어난 이름이며 아버지를 향한 다른 길은 없다는 주장과 확신이다(Küng 1991, 99; van Beeck 1985; Geffré 1990, 67). 에이드리언 헤이스팅스Adrian Hastings는 이 부분에 깊은 관심을 표명한다.

> 그리스도의 종교적 고유성을 위해 선택한 용어와 이미지가 다양하다 해도, 신약성경 저자들과 그리스도교의 '사도신경'은 동일한 비중으로 그리스도의 고유성을 주장했다. 나자렛 예수라는 한 남자가 종교적 고유성과 궁극적 보편성을 지닌다는 주장은 그리스도교 전통이 전해 주는 주요 특성이며 그리스도교 전체를 아우른다. 그리스도의 고유성을 부정하고 그리스도교를 서유럽 특유의 민속 종

교라 치부하며 폄하해도, 그리스도교를 구성하는 많은 요소에서 여전히 쓸모 있는 것을 발견할 수 있을 것이다. 반대로, 고유성과 보편성을 강력히 주장하고 그리스도교 가르침의 지속성과 생명력을 강조한다 해도, 상당 부분은 쓸모없는 것으로 폐기 처분해야 할지 모른다(Hastings 1990, 27-9).

따라서 신약성경의 맥락과 메시지를 구별하고, 예수를 구세주로 선언하는 것(핵심 메시지)과 '하나이며 유일하다'는 배타적 언술로 선언하는 것(역사적 조건하에서 변화 가능한 맥락)을 구별하려는 다원주의 신학자들의 시도가 깊은 관심을 끈다(Knitter 1985, 182-4). 예수가 구원하는 힘을 지녔다는 핵심 메시지는 고수하지만 그를 유일한 구세주로 보는 맥락은 생략하라는 주장을 매우 위험하게 여기는 그리스도인이 많다. '구세주'라는 명사와 '유일한'이라는 형용사를 뺀다면 신약성경 저자들과 편집자들은 대단히 불쾌해할 것이다(Braaten 1981).

비종교적 언어철학자들조차 맥락과 메시지, 언어와 이해를 분리시키는 것은 적절한 사고를 가로막는다고 다원주의자에게 경고한다. 언어와 이해, 문화적 맥락과 근본 메시지는 구별 가능하지만 결코 따로 떼어 생각할 수 없다. 우리는 타자와의 관계 없이는 자신을 재해석할 수 없다. 그리스도교의 핵심을 건드리지 않은 채, 예수가 '하나이며 유일하다'라는 신약성경의 언설을 다룰 수 있다는 생각은 순진하다(Dean 1987).

일부 다원주의자의 주장에도 문제가 있다. 초기 그리스도인이 예수를 '하나이며 유일한' 분으로 빈번히 주장한 이유는, 그들이 현대인처럼 종교 다원주의를 체험하지 못했고 어떤 것이 참되려면 유일한 진리여야 한다는 고전적 사고 체계를 지녔기 때문이다(Knitter 1985, 183). 그런데 과연 그럴까? 신약성경의 세계가 그렇게 고전적이지만은 않았다. 다양한 종교와 종교 간 만남이 존재했으며, 오늘날만큼이나 무수한 문제가 발생했고 선택을 강요받았다. 칼 브라튼Carl Braaten 말대로, 초기 그리스도인이 "또 다른 이름은 없다"고 선언했을 때 그것은 일부러 당시 문화에 맞선 것이었다. 그들은 중요한 메시지를 당대 문화 조건과 상황에 맞춰 단순히 포장만 한 것이 아니었다. 초기 교회는 다원적 선택 상황에 처했으나 그것을 거절했다. 그러므로 새로운 종교다원신학은 '데자뷰déjà vu 현상'처럼, 예수의 첫 제자들이 이미 본 것을 후대에서도 보고 있는 것이며, 초기 교회가 거부한 틀에 예수 이미지를 구겨 넣는 진부한 시도라고 브라튼은 말한다(Braaten 1987, 19; Heim 1987, 14-5; van Beeck 1985, 29).

초기 그리스도인은 예수에게 참으로 하느님의 구원이 들어 있다는 사실과 오직 예수에게만 (규범적으로) 구원이 들어 있다는 사실을 따로 떼어서 생각할 수 없었다. 왜 그랬을까? 이 지점에서 그리스도교의 고유성을 다루지 않을 수 없다. 마르크 하임의 자세한 설명을 보자: "그리스도인은 단순히 예수의 메시지나 인격적 생활 방식을 하나의 본보기로 선포한 것이 아니다. 그리스도인은 예수를 하느님 특유의 구원 행위와 일치를 이룬 변함없는 인격으로 선포한다. … 그리스도인이 궁극적 진리라고 주장하는 것은 하나의 명제가 아니라 인격이다"(Heim 1985, 54, 56). 폴 그리피스Paul Griffiths는 그리스도교가 단순히 하느님과 인간 조건에 대한 '초시간적 진리'를 선포한 것이 아니라고 말한다. 그리스도인이 말하는 진리에 초시간성이 있다 해도, 그것은 팔레스타인에 살았던 역사적 인물과 그를 둘러싼 역사적 사건을 통해서만 포착하고 알 수 있다. 그러므로 그리스도교는 '초시간적 진리'의 흐름을 끊어 놓는다. 이 말은 "(모두에게 의미가 있다는) 보편주의와 (오직 여기서만 온전히 드러났다는) 배타주의를 모두 포함하는 고유성이 그리스도인의 생활 규범과 의미 전체를 통합한다"(Griffiths 1990, 170)는 뜻이다.[2]

진리와 예수 인격 사이의 긴밀한 관계는 바로 예수 자신의 체험과 메시지에 기반하고 있다. 하임은 "예수는 자신을 하느님이라 부르지 않았다. 하느님을 위한 '방을 만든' 것도 아니다. … 예수는 자신의 행동과 존재가 하느님이 현존하시는 나라를 만든다고 믿었다. … 그는 하느님의 뜻에서 벗어나려 하지 않았다"(같은 책 172-3). 볼프하르트 판넨베르크는 이것이 예수가 자신을 하느님의 종말론적 예언자로 의식한 내용이라고 말한다. 여기서 예언자란 결정적이고 보편적인 말씀을 끝까지 선포하고 세상을 판단하며 스스로 말씀이 되는 존재를 가리킨다. 그리스도인이 예수를 하느님의 배타적인 최종 말씀으로 선포할 때, 그들은 예수가 자기 자신에 대해 가르친 것을 믿는다. "임박한 미래에 하느님은 예수를 통해 현존하시기 때문에, 예수를 제외하고 구원에 접근하는 다른 길은 없다. 예수의 고유한 '신성'을 부정하는 이들은 예수 스스로 주장한 종말론적 최종성을 진지하게 다루지 않는 것이다"(Pannenberg 1990, 100-1). 따라서 판넨베르크는 그리스도인이 예수를 하느님의 고유한 최종 말씀이라고 주장하는 까닭은 그들이 예수를 삶에서 체험했기 때문이 아니라 예수의 가르침을 기억하고 있었기 때문이라고 밝힌다.[3]

---

2 여러 타종교가 발전시킨 교리는 '얼핏 보면 특수주의와 배타주의'라고 그리피스는 지적한다. 타종교도 특정한 사건이나 진술을 진리와 연결한다. 대화를 위해 이 절대적이고 배타적인 주장을 잠시 보류하자고 다원주의자가 요청할 때, 그들은 "종교 간 대화 문제와 조건을 내세우며"(Griffiths 1990, 157-8) 서구의 오랜 술책을 되풀이하는 셈이다.

3 "예수 안에 있는 하느님의 현존은 그리스도인의 체험에서 온 것이 아니라 예수 자신의 주장과 이 주장이 내포하는 종말론적 최종성에서 비롯된다. 이 주장은 교회에서 발전한 육화 그리스도론에 기초한다. 그리스도교의 고유성 주장은 그리스도인의 체험에 기초하는 것이 아니다. 그렇다면 세계종교들에도 저마다의 고유성 체험이 있다는 주장이 정당해진다"(Pannenberg 1990, 101).

칼 요제프 쿠셸Karl Josef Kuschel은 신약성경을 연구한 후, 예수가 '고유하다'는 성경의 주장이 지니는 참뜻과 실존적 의미를 요약한다. "그리스도 사건의 최종성·명확성·규범성은 … 하느님이 당신 자신을 인성으로 온전히 드러내신 그리스도에게 '새로운 현존'이 있다고 믿는 것으로, 이 길밖에 다른 길은 없다고 확신하는 이들에게는 불가결한 것이다. 여기 예수의 고유성이 모든 것을 아우르는 까닭이 있다"(Kuschel 1991, 395).

다시 말해, 그리스도에게서 하느님은 인성을 드러내셨고 모든 시대 모든 인간에게 신뢰할 만한 진리를 알려 주셨다. 그리하여 불확실하고 탈근대적인 혼돈에 휩싸인 세상에서 진리를 인식하고 살기 위해 고투하는 개인과 사회에 닻을 내려 주었다고 쿠셸은 주장한다. 그는 하느님이 예수를 통해 고유하게 활동하셨다는 주장을 통해, 진리의 굳건한 터전을 필요로 하는 탈근대의 '데카르트적 불안'을 치유한다.

> 종교신학은 하느님이 궁극적이며 불가해한 신비이고 다양한 문화에서 다양하게 표현되었다고 주장한다. 이 다양한 문화는 당신 자신을 창조와 계시로 보여 주시려는 한 분 하느님에 관한 성경의 증언을 알지 못했다. … 인간 조건 안에 진리의 '최종 말씀'과 '굳건한 자리'가 없다는 주장은 성경이나 교회에 반하는 것이며 신앙의 확고한 차원을 경시하는 것이다(같은 책 399-400).

하느님의 진리와 신비를 알 수 있는 이 '확고한 자리'는 하느님의 진리가 하나가 아닌 한 위태로워진다고 쿠셸은 주장한다. 이로써 그는 (타종교를 통한) 하느님의 다양한 계시가 그리스도를 통한 계시만큼 분명하고 신뢰할 수 있는 것이라면, 하느님은 더 이상 믿을 만한 분이 아니고 인간이 추구하는 진리와 해방에 무관하다고 주장하는 셈이다. 하느님이 인간을 구원하기 위해 단 한 번만 완전히 당신 자신을 드러냈다고 보기 때문이다. 다음 선언을 보자.

> 만약 그리스도 사건이 결정적 규범이 아니고, 그리스도 이외에 또는 그리스도 밖에 다른 하느님의 육화나 계시가 그리스도만큼 흠 잡을 데 없이 존재한다면, 하느님은 끝내 확정 지을 수 없는 진실성을 간직한 불가해한 수수께끼로 남는다. 만일 예수 그리스도가, 표현할 수 없는 (하느님의) 궁극적 신비를 (타자 사이에) 보여 준 하나의 창문에 불과하다면, '새 창조'를 위한 토대는 끝내 불확실하다 (같은 책 398-9).

쿠셸과 다른 비판자들이 다원주의 모델을 이렇게 평가하는 까닭은, 진리 표현은 최종적이고 단일한 것이어야 한다는 확신 때문이다. 큉은 진리를 고수하기 위해 고유하고 결정적인 규범이 있어야 한다고 주장한다(Küng 1991, 94-101). 진리를 보장하는 똑같은 진술들이 더 있다거나 더 나은 진술이 나타난다면, 우리가 받아들이는 주장은 최종적이거나 완전한 것이 될 수 없다.[4]

다원주의 그리스도인의 염려와 달리, 하느님에게서 오는 최종적이고 완전한 진리를 독점하려는 이 주장들이 반드시 타신앙인과의 참된 대화를 가로막는 장애물이 되는 것은 아니다. 프란스 요제프 반 베크Frans Jozef van

---

[4] 완전하고 최종적인 헌신이 인간 조건에 필요하고 (가능하다고) 전제하는 듯한 비판들이다. 또 진리에 완전하고 결정적으로 투신하기 위해 우리가 그것을 완전하고 결정적으로 알아야 한다고 가정하고 있다. 이 전제들은 다음 장에서 논의할 것이다.

Beeck는, 예수가 고유한 신성을 지니고 역사에 나타난 하느님의 최종 말씀이라고 주장하는 그리스도인은, 하느님이 타전통들에서 색다르고 고유하게 활동하시는 것에 열려 있어야 한다고 말한다. 그는 우월성과 통치권을 구분한다. "그리스도의 신성을 인정하는 것은 그리스도를 우월한 위치에 놓는 것이 아니라 통치권을 지닌 한 사람으로 보는 것이다. … 아무도 그리스도의 신성을 타자를 쳐부수는 데 끌어들일 수 없다"(van Beeck 1985, 29-30). 쿠셸도 유일하고 최종적인 하느님 계시가 예수에게 들어 있다고 주장하면서 베크와 비슷한 주장을 한다. 우리는 그리스도가 "절대성 없는 규범성, 배타성 없는 최종성, 우월성 없는 결정성"(Kuschel 1991, 401, 396)을 지닌다고 주장할 수 있다.[5]

고유하고 최종적이며 결정적인 주장을 펼 때, 분명 참된 대화를 시작할 수 있고 결실을 거둘 수 있다. 모든 종교는 아니더라도 많은 타종교에서 자기네 진리가 최종적이고 규범적이라고 유사한 주장을 한다는 점을 인식한다면, 그리하여 대화 중에 최종적이고 규범적인 꽃 수천 송이가 피어나는 것을 허용할 수 있다면, 우리는 "종교 간 대화의 새로운 영역을 뚫고 나아갈 수 있다"(Griffiths 1990, 170; Küng 1991, 101-3). 이 신학자들은 대화에서 그리스도교를 우위에 놓고 속임수를 쓰지 않는 한, 그리스도를 하느님의 궁극적 말씀으로 선언하면서 타자를 포괄할 수 있다고 주장한다(D'Costa 1985, 117-37).

그들은 그리스도와 타종교에 대한 다원주의적 관점이 그리스도교의 통합과 생명력을 위협한다고 다원주의 신학자와 그리스도교 공동체에 경고

---

5 나에게 이 구분은 실제적 측면보다 언어적 측면에서 상당한 의문을 자아낸다. 타자에 대한 우월성을 주장하지 않고 다른 종교 말씀을 배제하지 않은 채, 과연 자신이 하느님의 최종적이고 결정적인 말씀을 소유하고 있다고 주장할 수 있을까?

한다. "다원주의적 종교관은 삼위일체 교리의 그리스도론적 기원을 무시하고 신을 중심에 세운다. … 그리스도 중심주의를 반대하는 신 중심주의자는, 자신을 나자렛 예수와 동일시한 한 분 하느님이 아닌 다른 하느님을 말하려 한다"(Braaten 1990, 420; 1992, 109; Newbigin 1990). 따라서 그리스도인, 특히 학자들 의식에 서서히 스며들고 있는 다원주의는 그리스도교 교리와 실천을 약화시키고 불구로 만드는 심각한 이단이라고 칼 브라튼은 지적한다. "3세기 교회가 아리우스주의 이단을 고발하고 반박했듯이, 20세기 교회가 나치의 아리안 우월주의에 맞서 투쟁했듯이, 21세기 교회는 예수를 영적 영웅들의 만신전에 모시려는 신영지주의에서 빠져나와야 할 것이다"(Braaten 1992, 13, 51).

다원주의 반대론자들은 자신이 이단에 맞서는 십자군은 아니지만, 그리스도교 공동체에서 수행해야 할 과제를 수행하고 있다고 여긴다. 그들은 "그리스도인 스스로 예수 그리스도를 임시적 메시아로 강등시키고, 예수 그리스도와 신약성경이 제시한 하느님의 규범적이고 결정적인 말씀을 통해 신앙을 확신하기를 포기하며, 예수 그리스도를 다른 계시자나 구원자들과 동일시할까 봐" 두려워한다. 그들은 이렇게 "자기 신앙 공동체가 직면한 위험"을 밝힌다(Küng 1991, 101; Dulles 1977, 78; van Beeck 1979, 385-95).[6]

그레고리 바움Gregory Baum도 같은 관점에서, 예언자들이 교회에 남아 있는 한에서만 교회를 변화시키고 개방할 수 있다고 자신의 체험을 통해 주장한다.

---

6 모니카 헬비히(Monika Hellwig)는 내게 사적으로 편지를 보내 이 점을 민감하고도 단호하게 밝혔다. "나는 전통 안에서 신학 작업을 하면서, 본의 아니게 가톨릭 신앙 공동체의 신앙과 일치할 수 없는 부분을 발견했습니다. … 예수의 유일성을 말할 때 우리의 그리스도교 신앙은 안정될 것입니다. … 내가 그리스도인에게 예수의 중심성과 고유성을 참되고 궁극적인 것으로 보지 말라고 한다면, 이는 결코 진실일 수 없습니다."

예언자와 대담한 사상가와 개혁가가 교회의 전통 한가운데서 발언할 때, 교회는 정치·문화적 변혁을 꾀하게 된다. 그리고 이것은 사람들의 신앙 체험을 통해 재차 입증된다. 그리스도인은 자신이 상속받은 종교의 관점을 통해 인식해야 한다. 나는 그리스도인과 타신앙인 사이에 대화와 형제애와 협력이 필요하다는 점을 충분히 인정하지만, 우리가 상속받은 그리스도 중심적 관점을 포기할 준비는 되어 있지 않다(Baum 1987, 55).

큉, 바움, 헬비히 같은 신학자들의 비판은 특히 진지하게 받아들일 만하다. 그들은 그리스도교 공동체가 직면한 여러 다른 도전에 대해서도 거리낌이 없다.

그리스도를 따름

그리스도교 공동체를 갈라놓을지 모른다는 비판적 관점은, 그리스도교와 타종교에 대한 상호 관계적/다원적 관점의 다른 문제들을 끄집어낸다. 그리고 다원주의적 관점은 전통적 기도법 lex orandi 을 통해 예수를 사랑하거나 항구히 그를 따르는 것을 방해한다고 비판한다.

이런 입장에서 자신의 예수 그리스도 체험을 말하는 데니스 카모디 Denise Carmody와 존 카모디 John Carmody는, 예수의 고유성에 관한 그리스도교의 모든 주장의 원천은 신학이나 철학 또는 세계관이 아니라 영성이라고 주장한다. 예수의 온전한 실재를 체험하는 것과 더불어, 신과 인간의 드라마에서 예수가 행한 역할을 체험함으로써 예수를 그 어떤 구원자와도 다른 특별한 존재로 체험한다는 것이다. 따라서 그리스도인이 예수를 하느님의 실재이자 그분 계획의 최종 현현이요 최고 현현이라고 주장하는 것은 기본적으로 머리의 문제가 아니라 마음의 문제다. "성인들의 기도에서 드러나는 그리스도인 영성의 깊이는 신학자들이 중시하는 이성을 뛰어넘는다"(Carmody 1990, 3). 이것은 마음에서 마음으로 전달되는 것이지 머리로 증명되는 것이 아니다.

그리스도를 인식하는 체험을 가치롭게 여기는 두 카모디는 이 인식을 체험하는 (또는 하지 않는) 인격의 상태를 평가한다. 그리고 이들은 다원주의적 그리스도론을 지지하는 그리스도인과 신학자들의 예수에 대한 개인적 헌신이 충분히 깊지 않다고 결론 내린다. "그리스도의 고유성에 대한 그리스도교의 전통적 신념을 포기하라고 주장하는 이들은 그리스도인의 헌신이나 영성에 대해서는 거의 언급하지 않는다. 헌신하는 사랑을 고려하지 않는 그들은 대부분 사랑을 상실한 자들이다"(같은 책 16).[7]

다른 비판자들은 타자와의 관계를 고려하지 않은 채 자기 체험의 토대에 주목한다. 그들은 주로 예수를 하느님의 결정적·최종적·보편적 의미를 지닌 체현이나 현현으로 체험하여 자극받고 그리스도를 따르기로 결정했노라고 주장한다. '결정적'과 '최종적'이라는 용어는 같은 뜻으로 쓰인다. 예수를 체험하는 것은 우리 삶을 결정짓고 정의 내리는 부르심과 힘을 체험하는 것이다. 그간의 태도나 생활 방식을 '끊어 내고' '한계를 긋고서' 특정 방식으로 행동하고 살도록 요구받는 것이다. 그리고 이런 만남과 메시지를 통해 체험 당사자뿐 아니라 모든 이를 위한 영향력과 약속과도 만나게 된다. 그 만남과 진리는 결정적이면서 보편적이다.

---

7 이런 비판을 받으면 나는 어찌할 바를 모르고 무기력해진다. 다음 장에서 나는 두 카모디에게 우리도 빵을 함께 떼어 나누고 정의를 위해 투쟁하는 그리스도교 기초 공동체에 동참한다고 답변하려 한다. 이로써 그들은 나와 여러 다원주의 신학자들이 그리스도의 제자로 살고 생각하려 한다는 것을 알게 될 것이다.

모니카 헬비히는 예리하고도 분명하게, 그리스도인이 예수를 만나고 따르는 것은 예수가 "인간과 역사를 통해 결정적 차이를 성취했음"(Hellwig 1989, 480)을 체험하기 위해서라고 주장한다. 그리스도인은 어디서나 "예수가 열어 준 충만한 삶과 희망, 공동체, 행복을 얻을 수 있으리라"(Hellwig 1990, 115)고 확신한다. 예수를 따른다는 것은 진정 세상 변혁을 희망하며 투쟁한다는 뜻이다. "그런데 그리스도인이 완전한 구원을 얻으리라는 희망은, 예수가 역사를 통해 가능성들을 마련했다는 결정적 차이와 관련된다. 그리고 이 결정적 차이는 예수가 한 일은 하느님이 하신 일이기 때문에 고유한 차이를 지닌다는 주장과도 떼려야 뗄 수 없는 것이다"(Hellwig 1989, 480). 다시 말해, 그리스도인은 예수가 인간이자 신이기 때문에 결정적 차이가 있다고 주장한다.

그러나 세상의 수많은 종교와 이데올로기 안에서 그리스도인이 위와 같이 주장하려면 매우 주의해야 한다고 헬비히는 말한다. 절대 교의를 내세우는 식이어서는 안 되고, 순전히 그리스도교 성경이나 개인의 헌신 체험에 근거하여 주장해서도 안 된다. 오히려 그리스도인은 예수를 놓고 가벼운 내기를 한다는 생각으로 대화에 참여해야 한다고 말한다. 내기에 진지하게 임한다면 그 의미가 드러날 것이다. 타종교인들 나름대로 확신을 가지고 자기네 삶을 걸고 있는 대상을 존중하며 친절하게 다가가야 한다. "진정 예수는 신비로운 현존과 운명 한가운데 있으면서 모든 존재의 근원과 통교한다. 이로써 예수를 초월적 하느님이 육화/인격화하신 말씀이자 모든 존재의 아버지들이 근원으로 모시는 분의 외아들이라고 고백하는 우리를 정당화해 준다"(Hellwig 1990, 111). 예수가 모든 이의 삶에 세워 줄 수 있는 결정적 차이를 가지고 그리스도인이 타신앙인과 가벼운 내기를 하지 않을 때 "그리스도 신앙은 무너질 것이다". 예수의 신성을 존재론적으로 부정하는 그리스도인은 있어도 "예수 그리스도가 결정적 차이를 만들어 낸 구세주임을 부정하는 이는 결코 없다"(같은 책 109).

에드바르트 스힐레벡스도 이와 비슷한 입장을 '교회의 가르침'이 아닌 '그리스도인의 체험'을 가지고 말한다. "이 신앙 체험에 의하면, 예수는 하느님이 모든 사람을 구원하시기 위해 당신을 계시하신 결정적 자리에 있다. 그리스도인은 계시 체험의 전체 역사를 통해 드러난 신적 계시의 궁극적 운명으로서 예수를 체험한다"(Schillebeeckx 1990, 26). 그러나 체험을 중시하는 스힐레벡스도 타자와의 대화를 주장한다. 대화 자리에서 그리스도인은 자기 체험만이 아니라 예수에 대해 주장함으로써, 그들이 예수를 바라보는 방식과 아울러 예수가 진정 누구인가를 선포해야 할 것이다. "먼저 그들은 예수 자체에 대해 말해야 한다. 즉, 예수는 하느님의 최고 현현이다. 이것이 바로 그리스도인이 예수에게서 구원을 체험하고 앞으로도 체험할 근거가 되는 것이다"(같은 책 26-7).[8]

그리스도인이 예수에 대해 주장하는 내용과 그들의 예수 체험을 밝히며 스힐레벡스도 헬비히처럼 그리스도교의 상징인 하느님 나라를 거론한다. 스힐레벡스는 예수를 제외한 다른 여러 방식으로 하느님이 당신 나라의 완전함과 정의를 알려 주신다고 인정하면서도, 예수 없이는 하느님이 계획하신 완전한 나라를 실현할 수 없다고 주장한다. "예수가 그리스도임을 믿는 것은 그가 하느님 나라로 나아가는 데 필요한 불변의 본질적 중요성을 지니며, 인간을 널리 치유하고 온전하게 해 준다는 점을 가장 간절히 고백하고 인정하는 것이다. … 그러므로 그리스도인에게 예수는 하느님의 결정적이고 최종적인 계시다"(같은 책 121).

---

[8] 물론 그리스도인은 자신들이 이해하고 주장하는 예수의 신성과 결정적 차이의 근거가 되는 각자의 예수 체험을 먼저 말한다.

예수가 인류 역사에 결정적 차이를 확립했고 모든 시대 모든 이에게 변치 않는 본질적 중요성을 지닌다고 말하는 것은, 예수가 그리스도인을 위해서만이 아니라 모든 종교인을 위해 규범적 역할을 담당해야 한다는 뜻이다. 다른 말로, 그리스도인은 타종교인에게 예수가 삶의 표준이며 구체적 틀이라고 주장할 수 있고 그들의 시시비비를 재는 잣대를 제공한다는 뜻이기도 하다. 따라서 내 동료 가운데 상당수는 『오직 예수 이름으로만?』에 나오는 '신 중심적 그리스도론'이라는 표현을 '무규범적'이라 여겨, 신중히 다룰 것을 내게 조언한다. 무규범적 진리는 어디서도 통용될 수 없다. 바람 없이는 돛단배를 띄우지 못하는 것과 마찬가지다. 그러므로 비판자들은 진리 주장이 소금의 역할과 가치를 지니려면 규범적[9]이어야 한다고 주장한다(Küng 1986b).

예수의 참된 제자로서 종교 간 대화에 기여하기 위해, 그리스도인은 타종교의 형제자매들에게 다만 가벼운 내기를 통해서라도 그리스도교를 알려야 한다. 진리를 찾고 세상을 변혁시키려는 모든 이에게 예수와 그의 공동체가 결정적·최종적·규범적 차이를 확립해 줄 수 있다고 주장해야 한다. 이것은 (하비 콕스의 동료 다원주의자들이 주장한 대로) 인간을 위한 하느님 계획에는 "거처할 곳이 많다"는 요한 복음 14장 2절의 예수 말씀을 떠올리게 한다. 그러나 이어서 14장 6절에 "나는 길이요 진리요 생명이다. 나를 통하지 않고서는 아무도 아버지께 갈 수 없다"라고 예수가 덧붙인 말씀도 잊지 말아야 한다. 콕스는 모든 그리스도인에게 타종교를 향한 다원적 접근 방식을 진지하게 모색할 것을 요구한다(4장과 5장 참조). "예수에게

---

9 규범적 그리스도론을 말할 때, 나는 전통적 규범 이해를 염두에 두었다. 즉, 그리스도는 '모든 타자의 규범이지만 자체로 규범화되지 않은 규범'(norma normans non normata)이다. 나는 예수가 '타자의 규범이면서 자체로 규범화된 규범'(norma normans et normata)이라는 이해에 동의한다. 이 의미는 4장에서 다룰 것이다.

서 배운 것은 그가 길이라는 것과 하느님 집에는 거처할 곳이 많다는 것, 이 두 가지다. 나는 이 두 말씀이 모순된다고 보지 않는다. 솔직히 자신을 이해하고 있을 때만 타자를 이해할 수 있음을 내 안에서 보기 때문이다" (Cox 1988, 19).

그리스도의 이름으로 저항함

앞의 비판적 관점을 확장하면, 규범적 진리를 절대 인정하려 하지 않는 다원주의자들은 그리스도를 따르는 제자들을 지탱해 줄 수 없을 뿐 아니라 악의 세력에 저항하는 그리스도교 예언자들에게 힘을 실어 줄 수 없다고 비판자들은 경고한다. 대화를 통해 평화를 추구하려는 다원주의자들은 우리가 저항해야 할 이 세상 악의 현실을 정말 잊은 듯하다. '참을 수 없는 악'이라고 할 때 '악'이라는 용어가 너무 종교적이라면 '참을 수 없는'이라는 수식어는 우리의 감정을 자극한다. 기아, 성폭력, 빈부 격차, 환경 파괴, 정치·종교 지도층 봐주기 수사 등을 보라. 특히 종교에서는 하느님 뜻이라는 거룩한 망토 아래 은폐된 지독한 만용과 탈선을 목격할 수 있다. 종교다원성은 선악의 다원성을 인식하는 것이라고 랭던 길키는 말한다. "우리를 둘러싼 종교의 다원성에는 정말이지 참을 수 없는 악마적 면모가 숨어 있다. 관용은 불관용으로 확인되는데, 다원성은 두 가지를 다 드러낸다"(Gilkey 1987, 44).

신중한 다원주의자로서 길키는 다원주의의 약점을 인정한다. 절대 악 또는 참을 수 없는 악은 악마적 현실이 참으로 존재한다는 단호한 고발에 기초해야만 막을 수 있다. 여성을 착취하는 종교 체계는 경계를 넘나드는 '균형 잡힌' 보편 진리를 보여 주는 다른 전통들로 맞설 수 있다! 절대 악은 절대 진리를 주장하는 절대 저항을 부른다. 그리고 거기서 마찰이 빚어진다고 길키와 많은 다원주의자가 주장한다. 다원주의는 '절대'를 허용하지 않기 때문이다. "(다원주의 모델은) 각 종교의 절대적 출발점을 부정하고 종교들을 거의 동등하게 취급함으로써, 각각의 종교의 절대성을 제거하려는 것이다"(같은 곳).

참을 수 없는 악에 직면할 경우, 악이 우리를 덮쳐 올 경우 절대적·결정적 확신은 필요하다. 지속적으로 핍박당하고 통제와 억압 구조하에 위협당하며 짓눌릴 때, 그리스도교 공동체는 분명하고도 의심할 여지 없는 규범을 필요로 한다. 이런 상황에서 다원적 상호 관계 모델은 중심축이 결여되어 보인다. 그레고리 바움은 이것이 다원주의로 전환하지 않는 이유라고 밝힌다. "우리가 짧은 생각에 보편 규범을 포기한다면, 인간 세상에 엄존하는 악의 세력을 간파할 수 없고 이에 맞서 공동 투쟁하기 위해 타자와 연대할 수도 없다. 종교다원주의의 자유로운 관점은 악의 세력을 과소평가한다"(Baum 1974, 15). 한스 큉은 토론토와 필라델피아에서 열린 토론회에서, 나치가 독일을 위협할 때 '다원주의자들'은 예언자 역할을 하지 못했음을 지적했다. 조지 린드벡은 보다 단호하게 모든 자유주의자의 마음을 뒤흔드는 반론을 제기한다.

> 미래 세계의 일치 가능성은 까다로운 근대성을 극복하는 데 달려 있다. 미래 사회는, 개인의 권리와 자존감보다 타자의 관심을 특별히 지지하고 개인의 성취보다 폭넓은 사회에 대한 책임감을 강조하여 그 구성원을 사회화하는 종교 간 만남에 의해 좌우될 것이다. 구태여 최고 진리를 주장하지 않고도 어느 종교가 이 과제를 강력하게 추진할 것인지 찾을 수 있게 될 것이다(Lindbeck 1984, 127).

개방적인 다원주의자들은 그들이 그토록 바라는 일치된 세상을 강하게 밀어붙이지는 않는 듯하다.

그리스도의 이름을 선포함

타종교에 대한 새로운 상호 관계적 관점이 그리스도 교회가 규정한 대외 선교를 위축시키거나 가로막을 수 있다는 비판도 있다. 신학자들이 주장하는 바 다양한 신앙고백을 포함하는 선교는, 교회가 주요 사명을 완수한 후에나 돌아볼 소일거리가 아니다. 그리스도 교회는 세상을 선교해야 할 뿐 아니라 지구 끝까지 복음을 선포하는 선교 그 자체여야 한다. 선교를 등한시하면 그리스도인의 정체성은 희미해지고 사라진다.

다양한 상황에 놓인 그리스도인들이 들려주는 소식들은 다원적 종교신학 모델이 무엇을 해야 할지 알려 준다. 주류 루터교 전통에 속한 칼 브라튼은 자신의 입장을 분명히 밝힌다. "새로운 다원적 종교신학이 주도권을 잡는다면 교회일치나 선교 운동은 죽고 말 것이다." 이유인즉 이렇다. "다원주의 신학은 예수 그리스도의 복음이 지닌 보편성에 주목한다. 다원주의 신학자들은 온 민족에 복음을 선포해야 할 사명을 알려 준 예수 그리스도의 고유성과 보편성에 관한 삼위일체 패러다임을 근본적으로 해체하고 급진적 교리 변화를 꾀한다"(Braaten 1990, 419-20).

교황 요한 바오로 2세는 회칙 「교회의 선교 사명」*Redemptoris Missio* (*RM*)을 통해 브라튼의 입장을 재천명함으로써 많은 이에게 경종을 울렸다. 그는 먼저 바티칸 인류복음화성 톰코 추기경의 "교황청이 더 이상 소극적이어선 안 된다"(Tomko 1991, 754)는 지적을 접하고 위기 상황을 파악한 뒤, "근자에 특히 '이교 백성'에 대한 선교가 정체되는 현상"(*RM* 2)을 언급한다.

이어서 교황은 선교가 오해받고 조작되며 기형화되어 간다고 밝힌다. 하느님 백성이 겪고 있는 난관은, 타종교에 구원을 가져다주어야 한다는 당위성과 종교 간 대화에서의 성급함, 인간 발전과 해방을 위해 일할 것을 강조하는 "그릇된 신학적 견해"(RM 36)에서 비롯된다고 그는 지적한다.

브라튼처럼 교황 요한 바오로 2세 역시 하느님의 구원 계획에서 예수가 유일한 최고 역할을 담당해야 함을 의심하는 그릇된 그리스도론의 오류를 지적한다. 요한 바오로 2세는 "(그리스도를 통해) 하느님께서 확실히 결정적으로 자신을 나타내신 이 계시로 인하여 교회는 본성적으로 선교적"(RM 5)이라고 밝힌다. 이 계시를 의심한다면 선교의 본성을 갉아먹는 셈이라는 것이다. 즉, 오늘날 교회가 선교에 거리를 두게 된 것은 지난 수십 년간 그리스도교 공동체에서 발전한 상호 관계적/다원적 종교신학 때문만은 아니더라도 이 새로운 종교신학이 부추긴 탓이 크다는 주장이다.

이 점을 6장과 7장에서 주의 깊게 살펴볼 것이다. 다만 여기서는 선교를 보류하게 된 주요인으로 상호 관계적 타종교관을 꼽는 이유를 설명하려 한다. 널리 알려진 위대한 명령, "그러므로 너희는 가서 모든 민족들을 제자로 삼아, 아버지와 아들과 성령의 이름으로 세례를 주고"(마태 28,19)에서, '가는' 목적은 제자로 삼고 세례를 주기 위해서다. 전통적으로 두 목적은 하나로 귀결된다고 알려져 왔다. 세례 받지 않고 제자가 될 수는 없기 때문이다. 따라서 세례의 필요성과 동기를 의심하는 것은 그리스도교 선교 의무에 반하는 것이다. 다원주의는 그리스도교 공동체로 개종하는 것이 선교 활동의 목적이자 존재 이유며 선교 원리의 구성 요소라는 확신을 비판하지만, 앞의 명령대로라면 세례를 통한 개종이야말로 선교를 증명하는 필수 조건이며 무의미한 다른 모든 목적을 제거한 참목적이다. 물로 세례 받지 않으면 복음을 들을 수 없고 그리스도의 제자가 될 수 없는 것이다.

요한 바오로 2세는 분명히 밝힌다. "(만민을 향한) 외방 선교는 이러한 목적을 가지고 있다. 그리스도교 공동체를 설립하는 것과 설립된 교회가 성숙되도록 하는 것이다. 이것이 선교 활동의 하나뿐인 고유한 목적이다"(RM 48). 톰코 추기경은 더 정확히 말한다. "(교회 선교에는) 두 가지 중요한 요소가 있다. 예수 그리스도를 선포하는 것과 예수 그리스도를 믿는 이들을 한데 모으는 것이다. 이 주요소를 뺀 그리스도교 선교의 다른 모든 요소는 그 타당성과 연관성을 상실할 것이다"(Tomko 1990, 260).

개종이 선교 활동의 '중요하고 결정적이며 일차적이고 본질적인' 목표라면, 그리스도론과 구원론은 상호 관계적이며 지구적 책임감을 지닌 모델 안에서 위험에 처할 것이다. 톰코 추기경은 이 점을 간략히 언급한다. "따라서 오늘날 선교 문제는 궁극적으로 그리스도론과 구원론의 문제다"(같은 책 241). 하느님의 진리와 구원 현존을 예수 그리스도 이외의 다른 방편들을 통해 접할 수 있다는 주장과, 다른 종교적 구원자나 전통이 하느님의 교향곡 안에서 예수와 더불어 조화로운 선율을 이룰 수 있다는 제안은, 모든 사람을 예수 공동체의 구성원으로 만들어야 할 사명을 훼손시킨다. 복음 선포가 교회로 개종시키는 것 외에 다른 목적을 가질 수 있음을 허용하는 것이기 때문이다. 더욱이 다원주의자들처럼 종교 간 구원 중심적 대화나 지구적 책임감을 지닌 대화 자체를 목적으로 삼겠다고 선언하는 것은, 개종을 중심으로 하는 선교론에 반하여 그리스도교 우월성을 단호하고 확실하게 파기하는 것이다. 그리스도교와 타종교의 관계 및 대화의 주요 목표로 인간의 생태적 해방과 참살이를 도모한다 해도 사정은 마찬가지다.

이로써 우리는 교황과 톰코 추기경과 브라튼이 선교를 통해 거듭 다원주의를 비판한 것은, 외방 선교를 타자와의 대화로 대치하려는 것에 대한 경고였음을 알 수 있다. "그리스도인과 타종교인은 모든 선교의 공통 토대를 (다원주의가 제시하는) 구원 중심주의로 바꿀 수 있다. 이것은 인간의 참살이와 온전함, 구원으로 이해된다"(Tomko 1990, 241; Braaten 1992, 132-4). 다원주의자는 그리스도인이 인간의 생태적 참살이라는 구원을 향해 타자와 협력하고 회심하는 한에서만, 세상에 그리스도교를 전하게 되리라고 본다. 비판자들은 다원주의자들이 이런 식으로 그리스도교 선교를 변질시킨다고 여겨 결코 받아들이지 않는다.

개방적이고 상호 관계적으로 타종교에 접근하려는 다원적 그리스도인을 향한 다양한 비판 앞에 심사숙고해야 함은 물론이다. 다원적 그리스도인이 정말로 그리스도교 신앙의 정체성과 통합을 방해하고 있다면, 내가 제안하는 모델을 포기하는 것이 당연하다. 그리스도교 교리의 실천과 발전적 측면에서 내가 지나치게 앞서 가거나 그 과정을 망치게 되는 경우에도 내 모델을 포기하는 것을 고려하겠다. 그때까지는 타종교에 상호 관계적으로 다가가며 지구적 책임감으로 헌신하는 태도가 예수 그리스도와 그 가르침에도 온전히 헌신하게 만드는 까닭을 밝히고자 노력할 것이다.

● ● ● 제4장

고유성
상호 관계적이며 지구적 책임감을 지닌 그리스도론

'그리스도교 본질'을 적절하고 명확하게 밝히는 것이 불가능하다 할지라도, 그 본질이 예수 그리스도에 기초하며 예수 그리스도에 초점을 맞춰야 한다는 것을 우리는 알고 있다. 따라서 종교 간 상호 관계적이며 지구적 책임감을 지닌 대화 앞에 '그리스도인의'라는 형용사를 붙이고 싶다면, 그와 관련된 신학과 대화를 어떻게 전개할지 제시해야 할 것이다. 예수 그리스도가 그리스도교 공동체에서 해 왔고 앞으로도 해야 할 역할을 종교신학이 적절히 받쳐 주어야 하기 때문이다.

사실 여기에 마찰이 있다. 앞서 살펴본 것처럼, 상호 관계적/다원적 대화가 예수에 헌신하고 그리스도교 증언에 충실하지 못하게 한다고 보는 신학자들이 있다. 그들은, 예수를 다른 구원자들과 동일한 수준에 놓는 것은, 신약성경에 명시되어 있고 전체 교회사를 통해 철두철미 지켜 온 바를 내던지는 것이라고 본다. 다른 계시자들의 공동체에 예수를 집어넣는 것은 그리스도를 믿는 이들의 열정을 감소시키고 악을 고발하는 그리스도교 예언자들의 용기를 꺾어 놓는다. 종교 간에 편안한 만남이 이루어질지는 몰라도 그리스도교 정체성을 대가로 지불해야 한다.

그런데 이 마찰은 두 방향으로 나아간다. 상호 관계적 대화가 전통적 그리스도교의 예수관을 위협한다고 여기는 한, 예수를 강조하는 그리스도인은 결코 자유롭게 대화에 임할 수 없을 것이다. '포괄적' 그리스도론의 주장자들은 예수를 하느님에 대한 모든 체험과 계시의 본질이자 규범으로 보고, 예수를 최종적이고 완전한 하느님의 최고 현현으로 이해하는 것이 참된 대화를 방해하지는 않는다고 주장한다.

하느님이 (보잘것없는) 나에게 최고·최상의 충만한 신적 진리를 계시해 주었다고 믿을진대, 우리는 어떻게 상대의 진리 주장을 진심으로 경청하면서 내 오류를 바로잡을 수 있을까? 이는 굳건한 진리를 주장하면서 대화하는 것이며, 최고의 진리를 인정하여 봉인하려는 것이다. 나는 분명 수정과 완성에 열려 있다(내 입장은 확고하나, 필요하다면 바꿀 준비가 되어 있다). 하지만 내 입장을 바꾼다는 것은 하느님이 내게 주신 계시를 모독하는 것이다. 따라서 예수가 최고·최종의 완전한 계시임에 틀림없다는 그리스도교의 전통적 선언은 대화를 위협한다.

대화를 위협하는 것은 그리스도교 정체성을 위협하는 것만큼이나 심각한 문제다. 2장에서 언급한 것처럼, 문화나 종교 간 대화는 오늘날 도덕 명령으로 받아들여지고 있다. 대화에 참여한 모든 사람은 가르치는 만큼 배울 준비를 해야 하고, 자기 진리를 말하는 만큼 다른 진리를 인정할 준비를 해야 한다.

대화를 의심하는 것은 분명 문제가 있다. 따라서 그리스도교 신학자와 신자는 먼저 그리스도론이나 예수관으로 문제를 해결하려 할 것이 아니라 그것을 대화에 적용시킬 방법을 모색할 일이다. 그리스도론으로 해결하려는 방식을 타종교 공동체와의 대화에 적용해서는 안 된다. 오히려 타종교의 존재 및 그들과의 대화는 예수가 누구인지 이해하기 위한 선행조건이 된다. "종교다원주의는 현대 세계에서 그리스도인으로 살고 체험하게 하는 그리스도론의 출발점이다. … (종교다원주의는) 그리스도론적 사고를 위한 선험적 맥락을 구성한다"(Haight 1992, 261).

과거에 제기되었으나 종교개혁을 도모한 유럽과 아메리카 신학자들이 반대한 주장을 다시 끄집어내는 그리스도인도 있다. 그들은 예수가 하나뿐인 보편적 구세주요 하느님이 인정한 모든 진리의 최종 준거라고 주장하면서, 문화와 종교의 제국주의를 승인한 과거 그리스도교의 진부함을 반복하려 한다.

인도의 사무엘 라얀은 예수를 절대 구원자로 여기는 바티칸에 공손하면서도 날카로운 질문을 던진다. "우리(인도인)는 그리스도의 고유성과 권위에 대한 서구의 개념과, 타자를 지배하려는 서구의 세계 전략 사이의 숨은 연관성을 묻는다"(Rayan 1990, 133).

라이몬 파니카는 야훼Yahweh의 초기 개념은 '부족 신'이었으며 후대에 세련되게 다듬어졌다고 생각한다. '삼천년기 그리스도교' 신학자들은 그리스도에 대한 이미지의 상당 부분이 '부족 그리스도론'에서 비롯되었음을 인식하며, "계시된 신비를 그리스도인이 독점한다고 가정하지 않은 채 어디서나 그리스도의 역사하심을 확인할 수 있도록"(Panikkar 1990b, 122) 그리스도론을 재이해하고 세련되게 다듬을 수 있을 것이다.[1]

---

[1] 파니카가 말하는 '그리스도의 역사하심'은 예수의 역사하심과 동일시되거나 예수의 역사하심에 제한받지 않는다. 파니카는 『힌두교의 숨은 그리스도』(*The Hidden Christ of Hinduism*)에서, 그리스도인은 알지만 힌두교인은 모르는 분이라는 뜻으로 그리스도를 쓰지 않았음을 밝힌다. 그는 오히려 이렇게 말한다: "그리스도인은 모르지만 힌두교인은 다른 많은 이름을 통해 아는 신비를, 그리스도인은 하느님 현존으로 인식할 수 없다. 동일한 빛이 다양한 몸을 다채롭게 비춘다"(Panikkar 1990b, 122).

이 장에서는 임시로 수정 그리스도론, 즉 상호 관계적이며 지구적 책임감을 지닌 그리스도론을 제시하려 한다. 그리스도이신 예수와 그의 영원한 현존을 이해하고 그리스도의 제자됨에 기여할 때, 참된 상호 관계와 해방을 도모함으로써 타종교인과도 대화하게 될 것이다. 이 시도를 통해 3장에서 고찰한 비판에 귀를 열고 그들의 반대에 응답할 뿐 아니라 그들의 관심사와 만나고자 한다. 그럼으로써 2장에서 계획한 대로 예수의 특수성과 그가 지향한 보편성 사이의 더 나은 균형을 이루고자 한다. 여기서는 예수의 고유성을 둘러싼 복잡한 문제를 다루겠다. 나는 이 문제가 예수의 고유성을 부정하는 것이 아니라 수정하고 재긍정하려는 것임을 확신한다.

상호 관계적이며 지구적 책임감을 지닌 그리스도론으로 수정하려면 두 가지 요소를 갖춰야 한다. 첫째, 예수에 대한 신약성경 증언과 역사적으로 교회가 이 증언에 충실하다는 것의 의미를 탐구해야 한다. 언제나 증언 전승을 의식하면서, 해석 지침이나 표준에 관해 문제를 제기해야 한다. 둘째, 예수의 고유성 이해를 수정하기 위한 형식과 특성을 제안해야 한다. 그리스도인이 예수를 고유한 분으로 선포한다는 것은 무슨 뜻인가?

상호 관계적 그리스도론에서 힘을 얻음으로써, 타종교에 개방하는 만큼 예수 그리스도에게 헌신하게 되기를 희망한다.

예수 그리스도에 충실하다는 것

예수에 대한 첫 증언에 어떻게 충실할 수 있는가를 숙고하면서, 그리스도교 신앙과 신학의 본질에 대해 묻게 된다. 과연 그리스도인은 자신의 신앙생활을 말할 때, 신앙을 가졌다가 아니라 신앙을 산다라고 표현할 수 있을까? '복음에 충실하다는 것'도 마찬가지다. 충실이란 우리가 가진 어떤 것이 아니라 매일매일 살고 실천하는 것이다. 충실과 믿음은 소유 문제라기보다는 존재 문제요, 단언이라기보다는 실천인 셈이다. 이 신실함의 토대나 원천은 복음이나 성경에 따로 들어 있지 않다. 신앙이 소유나 단언의 문제라면 성경은 그 자체만으로 충분하다. 진정 우리에게 필요한 것은 성경이 의미하는 바를 이해하고, 이해한 것을 지키는 일이다. 신앙이 본디 살고 실천하는 문제라면, 우리는 성경에서 들은 것을 삶과 연관 짓고 삶에 적용시키며 매일매일 삶의 역사를 변화시키기 위해 실천해야 한다.

성경과 신문

믿음을 가지고 충실하게 살기 위한 원천 두 가지가 있다. 성경에서의 체험과 오늘날 세상에서의 체험이 그것이다. 칼 바르트가 말했듯이 좋은 그리스도인이 되려면 성경과 신문을 읽어야 한다. 그리스도교 신앙을 실천하는 데 둘 다 필요하다. 그리스도인은 성경 없이 신문 기사를 이해할 수 없다. 반대로, 신문 없이는 현실을 바로 보지 못할뿐더러 성경의 메시지도 이해할 수 없다.

학문적이고 건조한 현대 신학의 언어로 말하면, 그리스도교 신학은 두 원천에 기초한다고 말할 수 있다. 하나는 그리스도교 성경과 전통에 관한 역사적 이해요, 다른 하나는 우리 자신과 우리가 사는 세상에 대한 역사적 이해다. 2장에서 본 대로, 이 두 가지 이해는 서로를 돕고 조건 짓는다(Tracy 1975, chap.2; Ogden 1972). 그러므로 신실한 그리스도인의 신앙과 삶은 성경의 증언과 현 세상 체험 사이의 상호 조명과 상호 비판의 결과로 드러날 수 있다(Hill 1990, 251-61). 한쪽은 다른 쪽을 밝혀 주며 또한 비판한다.

이 점에 대해 더 명확한 설명이 필요하다. 성경과 인간 체험을 같은 수준에 놓고 전통과 신학에 충실하라고 말하는 것처럼 느껴지기 때문이다.

이것은 성경에 대한 우리의 체험과 이해를 위압하거나, 인간의 말과 생각에 하느님 말씀을 가두려는 위험을 초래할 수 있다. 이런 위험은 늘 도사리고 있다. 유한하고 모호하기까지 한 인간 언어에서 하느님 말씀을 '비판적으로' 들으려 하고, 오늘날 우리 문제를 하느님 말씀으로 분명히 표현해야 한다고 생각할 때, 하느님 말씀이 이기적이고 소심한 우리 행동과 시각을 드러내고 비판한다는 것을 확인하고자 할 때, 우리는 이 위험을 받아들이게 된다. 하느님 말씀은 우리 인간의 존엄한 아름다움을 밝혀 줄 뿐 아니라 인간 마음의 편협함과 잔인함을 발가벗길 수도 있다. 예언자들과 예수가 전해 준 하느님의 메시지는 선포이자 고발이다. 고발 없는 선포는 무언가 부족한 점이 있다.

하느님 말씀이 우리를 혼란에 빠뜨리거나 우리 여정과 반대 방향을 가리키거나 하느님 말씀이 '상처를 줄' 때조차 우리는 인간 체험을 통해 이 불편함이 우리를 개선시킨다는 것과 하느님 말씀의 참됨을 안다. 복음주의 그리스도인이 성경이야말로 신뢰할 수 있는 말씀이고 예수를 유일한 구세주로 진술하게 만든다고 할 때, 그들은 체험을 통한 신뢰를 토대로 그렇게 주장하는 것이다. 예수가 자신을 구원해 주었다는 사실을 그들이 깨닫지 못했다면, 예수는 구원자가 아니다! 성경이 그들을 위해 '일하시기' 때문에 그들에게 절대적인 것이다. 이 점에서 성경이 (하느님이 성경을 참되다고 선언했다는 식으로) 밖에서 부여한 신적 속성을 지니거나 고유한 내용 때문에 권위를 지니는 것이 아니라고 한 데이비드 켈시David Kelsey의 말은 놀랍거나 이상할 것이 없다. 오히려 성경은 끊임없이 사람들을 위해 작용하고 그들 삶과 공동체 생활을 지속적으로 변화시키기 때문에 권위를 지닌다(Kelsey 1985; McFague 1987, 43-4).[2] 우리의 삶과 세상에서 변혁의 힘을 체험하고 확인할 때, 우리는 성경의 증언을 믿게 된다.

올바른 믿음은 올바른 행위에 뿌리박고 있다

그리스도교 전통, 특히 '규범적' 성경에 충실하다는 뜻은 단순히 올바른 말이나 정통 신앙의 문제가 아니라 올바른 행위나 정통 실천의 문제다. 내가 "단순히 … 아니라"고 한 말에 주목하라. 올바른 말과 교리와 생각은 본질적이거나 근원적인 것은 아니다. 올바른 행위를 촉진하고 올바른 행위에서 비롯되어야 하는 것이다. 그리스도인이 삼위일체를 믿는 것은 단지 그것이 하느님의 존재 방식에 대한 진리이기 때문이 아니라 하느님의 행동 방식에 관한 진리이기 때문이다. 하느님은 삼위일체 방식으로 행하시기 때문에 삼위일체로 존재하신다. 하느님의 존재는 하느님의 행위에 있다.[3] 우리는 삼위일체 진리를 단순히 하느님이 어떻게 존재하시는가에 관한 진리로 선포하는 것이 아니라, 끊임없는 이해와 사랑의 관계 속에서 하느님과 똑같은 방식으로 행동하겠노라고 고백하는 것이다.

다시 말하건대, 정통 신앙보다 정통 실천이 우선한다는 주장은 그리스도교 공동체에 새로운 것이 아니다. 초세기부터 "기도하는 대로 믿는다" Lex orandi est lex credendi(기도 법칙이 신앙 법칙이다)라는 신학적 명제가 있었다.

---

[2] 성경의 권위는 불변하는 내용이 아니라 "개인 생활과 공동체 생활을 형성해 주고 새로운 정체성을 세워 주는"(Kelsey 1985, 51) 힘에 있다고 켈시는 주장한다. 이 '힘'을 "하느님의 왕다운 통치력"(같은 책 57)이라고 표현할 수 있고, '새로운 정체성'이란 복음이 하느님 나라로 표현한 것의 가치를 뜻한다(같은 책 58). 샐리 맥페이그(Sallie McFague)도 성경의 권위를 동일한 방식으로 발견한다. "우리의 원자료는 다양한 맥락에서 구체화되어 모든 시대에 적용할 그리스도교 메시지가 아니다. 오히려 그것은 하느님 사랑을 다채로운 방식으로 해석하여 증언한 사람들의 체험에 녹아 있다"(McFague 1987, 44; Haight 1990, 211-2). 이 신학자들은 그리스도교 공동체 체험을 가다머(Gadamer)의 '영향사'(effective history)를 통해 표현한다. 하나의 진리는 과거의 불변하는 의미에서 발견되는 것이 아니라, 역사를 통해 다양한 표현으로 변화하는 방식에 존재한다(Schneiders 1992).

[3] 내가 스콜라철학의 명제인 "행위는 존재를 따른다"(Agere sequitur esse)를 뒤집었다고 생각하는 이들도 있을 것이다. 나는 "존재가 곧 행위임"(Esse est agere)을 확인하고 주장하는 바이다. 이것이 우리 존재 방식과 더 가깝고 우리 자신과 세상을 체험하는 방식과도 더 밀접하다고 생각한다.

이를테면 그리스도인은 자신이 믿는 교리의 의미를 느끼고 이를 기도하며 찬양하기 전에는 교리 전체를 인정하기 어렵다는 것이다. 오히려 영성과 헌신을 통해 교리의 참모습과 힘이 드러난다. 교리가 신의 현존을 감지하고 헌신하도록 불을 지피는 한, 우리는 그 교리가 정통 교리임을 확신할 수 있다.

그런데 '기도하는 법'lex orandi이 '추종하는 법'lex sequendi을 포괄하지 못한다면 불완전하고 위험스럽기도 하다. 사실 예수는 자신을 따르는 것을, 자신을 찬양하는 것이나 기도보다 우선시했다. "나에게 '주님, 주님!' 한다고 모두 하늘나라에 들어가는 것이 아니다. 하늘에 계신 내 아버지의 뜻을 실행하는 이라야 들어간다"(마태 7,21). 요한에 따르면, 예수를 따르려는 이들이 그가 어디 사는 누구인지 알고 싶어 할 때 예수는 "와서 보아라"라고만 이르셨다(요한 1,35-51 참조). 예수를 따르고 본받으면서 그리스도인은 예수를 알고 올바로 믿게 된다. 존 소브리노는 다음과 같이 말한다: "그리스도를 향한 믿음은 그리스도를 고백하기만 할 때보다 그리스도에게 기도할 때 더 잘 깨닫게 되고 현실화된다. 고백이 섬김을 낳듯이 기도는 실천을 낳는다"(Sobrino 1987, 59). 올바른 믿음과 올바른 섬김의 표준은, 예수가 행한 것을 얼마나 따라 실천하는가에 달려 있다.

> 예수를 주님, 구세주로 인식하는 것은 그처럼 살려고 노력하며 그가 가치롭게 여긴 것을 우리 삶에 적용할 때만 의미를 지닌다. 예수에 대한 이론을 세울 필요 없이, 우리 시대와 환경에서 '재탄생'시켜야 한다. … 그가 했던 것처럼 우리가 추구할 것 역시 참된 교리인 정통 신앙보다 참된 실천인 정통 실천이다. 신앙의 참된 실천만이 우리 믿음의 진정성을 증명할 수 있다(Nolan 1978, 139-40).

한마디로, "(정통 신앙을) 증명하는 길은 당신이 (정통 실천을) 얼마나 잘 드러낼 수 있는가에 달려 있다"(Placher 1989, 129).

정통 신앙에 대한 정통 실천의 우위성을 다시 한 번 강조하면서, 이는 타자를 나로 바꾸려 하거나 정통 신앙의 필요성을 경시하는 것이 아님을 밝히고 싶다. 예수를 따르는 공동체(또는 타종교)가 세상에서 정통 신앙이 어떤 역할을 하는지 표현하려 할 때, 그 진술과 입장과 교리를 형식화할 필요가 있다. 그런데 예수의 인격과 처신과 고유성에 대한 전통적 교리나 새로운 양식을 밝히려 할 때는, 예수에게서 구원을 체험하고 그에게 봉헌과 기도로 헌신하며 세상에서 그를 굳세게 따르는 제자됨과 실천에서 비롯된 형식을 갖추어야 한다. 그렇지 못할 때 형식은 위계가 되고 말 것이다. 예수의 고유성을 상호 관계에서 이해하려는 데 이 충실함의 법칙을 적용해 보고자 한다.

예수에 대한 신약성경의 언어

예배와 윤리적 측면에서 형식화된 신조보다 실천을 앞세우는 관점은, 신약성경이 예수에 대해 말하는 놀라운 방식 전체와 신약성경 저자들이나 편집자들이 사용한 다양한 그리스도론을 어떻게 이해하고 믿을지 결정하는 데 도움을 준다. 이 그리스도론의 언어는 영감과 도전을 안겨 줄 뿐 아니라 우리를 압도하면서 다종교적 감성을 지닌 이 세대에 혼란을 야기하기도 한다.

특히 '하느님의 아들', '구세주', '하느님의 말씀' 등의 칭호가 다른 모든 종교의 창시자나 지도자와 예수를 분리시키고 우월한 범주에 두게 했다고 생각한다. 더 강조하면, 예수와 그의 메시지에 붙인 형용사와 부사들로 인해 타자를 배척하는 듯이 느껴졌던 것이다.

- 나의 아버지께서는 모든 것을 나에게 넘겨주셨다. 그래서 아버지 외에는 아무도 아들을 알지 못한다. 또 아들 외에는, 그리고 그가 아버지를 드러내 보여 주려는 사람 외에는 아무도 아버지를 알지 못한다(마태 11,27: Q 출전).
- 또 주님은 예수 그리스도 한 분이 계실 뿐입니다. 모든 것이 그분으로 말미암아 있고 우리도 그분으로 말미암아 존재합니다(1코린 8,6).
- 은총과 진리가 충만하신 아버지의 외아드님으로서 …(요한 1,14).
- 아무도 하느님을 본 적이 없다. 아버지와 가장 가까우신 외아드님, 하느님이신 그분께서 알려 주셨다(요한 1,18).
- 하느님은 한 분이시고 하느님과 사람 사이의 중개자도 한 분이시니 사람이신 그리스도 예수님이십니다(1티모 2,5).
- 당신의 피를 가지고 단 한 번 성소로 들어가시어 영원한 해방을 얻으셨습니다(히브 9,12).
- 그분 말고는 다른 누구에게도 구원이 없습니다. 사실 사람들에게 주어진 이름 가운데에서 우리가 구원받는 데에 필요한 이름은 이 이름밖에 없습니다(사도 4,12).

이 언술들을 교의 진술이나 정통 교리 진술로만 보아 신앙고백(믿는 법)이 어디에서 나왔는지 잊어버리고, 예배(기도하는 법)와 제자됨(추종하는 법)으로 믿음을 실천하게 도와준다는 것을 잊는다면, 우리는 이 언술들을 오해하고 오용할 위험에 빠질 수 있다.

성서학자 크리스터 슈텐달Krister Stendahl의 통찰에 따라, '하나이며 유일한' 분을 다룬 언술들이 초기 그리스도인의 전례에 뿌리를 두고 있는 것이라면 이는 또한 '사랑 언어'라고 볼 수 있다(Knitter 1985, 184-6). 개인과 공동체의 구원, 변혁, 참삶에서 우러나온 찬미와 찬양으로 예수에게 적용한 것이다. 스힐레벡스는 말한다. "신약성경 전체에서 발견되는 (예수에 관한) 다양한 해석 기저에는 근본적인 체험이 있다. 모든 본문은 예수를 통해 하느님의 구원 체험을 증언한다"(Haight 1992, 264).[4] 그들의 삶은 예수와 맞닿아 변화했다. 예수와 생기 넘치는 관계를 맺고 있음을 실감했다. 자신을 그에게 바쳤고, 그와 더불어 사랑 안에 머물렀다. 그리고 연인의 언어로 말했다. "당신은 나에게 하나이며 유일한 분입니다."

이것은 (나와 예수에게만 해당하는) 인격적이고 개인적인 관계에 머물지 않는다. 그들은 이 관계를 타자와도 공유하고 싶어 했다. 타자도 예수에 대해 똑같이 체험하고 똑같은 사랑 언어를 사용할 수 있다고 여겼다.[5] 그런데 우리가 사랑 고백 언어를 '외아들'이나 '한 분 중재자'와 같은 순수한 교의적·신학적 의미로 바꿔 버린다면, 그리고 이 고백을 예수의 구원 능력을 선포하는 긍정적 목적보다는 타자를 배척하는 부정적 실행에 사용한다면, 그것은 성경 구절을 악용하는 셈이 되어 버린다.

예수에 대한 신약성경 언어 배후에 있는 정통 실천의 토대가, 헌신이나 영성의 실천뿐 아니라 예수를 따르고 예수처럼 행동하는 실천을 포함한다면, 우리는 예수가 '하나이며 유일한' 분이라는 선언을 행위 언어action language 또는 수행 언어performative language라고 볼 수 있다. 초기 그리스도인이 예수에게 '하느님의 말씀', '하느님의 지혜', '하느님의 아들' 같은 최고

---

[4] "기저에 깔린 은유가 여기 적용되었다. 예수가 구원을 가져왔다는 체험은 그의 정체성이나 구원의 성취에 대한 다양한 해석보다 앞서고 그 기초가 된다. 이 우선성은 상징적 매개나 표현을 통해 형성되기 전의 형태 없는 모호함을 띠는데, 연대기적으로 우선한다는 의미는 아니다. 예수를 통해 매개된 하느님과의 구원적 만남은 '어떻게', '왜' 그런지를 밝히는 다채로운 표현들과 구분된다"(Haight 1992, 264).

[5] 『오직 예수 이름으로만?』에서 밝힌 내용을 부연했다. 이 점을 지적해 준 스힐레벡스에게 감사한다(Schillebeeckx 1990, 162).

칭호를 부여했을 때, 그것은 철학적·교의적 정의로서 세상에 공표하려 했던 것이 아니다. 오히려 스스로 예수 제자가 되어 사랑하는 하느님과 이웃 안에서 예수를 따르면서, 예수가 하느님 나라를 위해 일하심을 알리며 모든 타자를 초대하려 했던 것이다. 타자를 내몰려는 것이 아니라 따르게 하기 위한 목적이었다.

존 소브리노의 주장처럼, 예수의 신성과 고유성에 대한 모든 최상의 언어에 내포된 동력, 즉 '일치된 실천'을 도모해야 한다. 첫 제자들이 예수를 구세주요 중재자라고 주장했을 때, 그 표현에는 예수의 삶과 사랑의 방식을 따르겠다는 그들 스스로의 결심이 담겨 있었다. 예수를 '하느님의 외아들'이라고 부른 것은 예수의 본성이 지닌 존재론적이고 불변하는 정의를 가리키려 한 것이 아니라, 예수에 뿌리내린 삶의 방식을 선포하기 위해서였다. "추종은 하느님의 초월성을 받아들이는 실천 양식이고, 예수를 추종하는 것은 예수의 초월성을 받아들이는 실천 양식이다"(Sobrino 1988, 31-2).

신약성경에 나오는 '하나이며 유일한'이라는 언술의 일차 목적이 행위를 요청하고 실천케 하는 것이라면, "그리스도인을 구원하고 해방시키는 실천과 무관한" 구원이나 고유성 주장은 "사변적이고 공허한 메아리일 뿐이다"(Schillebeeckx 1990, 44-6). "예수의 행적은 제자들을 통해 계속되어야 한다. 그럴 때라야만 그리스도교가 말하는 고유성과 독특성이 의미를 지닌다"(같은 책 168). 신약성경의 배타적인 듯한 모든 언술은 타자를 배척하는 것이 아니라 예수를 따르고 그의 행적을 자기 삶에서 계속 실천하여 깊은 믿음을 드러내기 위함이다. 예수를 따르는 과정의 결과로 타자를 배척할 수는 있겠지만 절대 선행조건은 아니다.[6]

초기 그리스도인이나 신약성경 저자가 자신의 언어를 문자 그대로 받아들이며 다른 이름들의 구원을 믿지 않았을지도 모르지만, 그럼에도 불구하고 그들이 선포한 언술은 근본적으로 배타적 언어가 아니라 행위 언어였다. 그들은 '외아들' 같은 배타적 용어를 사용함으로써 스스로 주의를 환기시키고 타자에게도 제자됨의 기회를 선사하려 한 것이다. 이런 구절들에서 배타적 의미를 제거하고 예수처럼 실천하라는 요청을 담아낼 수 있다면, 우리는 이 언어가 가리키는 신앙을 받아들이는 셈이다. 바로 이것이 내가 제안하려는 바다. 신약성경의 예수 고백에 충실하다는 것은 예수처럼 행동하고 예수와 함께 실천하는 문제이지, 예수가 모든 타자보다 우위에 있음을 주장하는 것은 아니다.

오직 예수 이름으로만?

신약성경에서 가장 배타적으로 느껴지는 진술을 살펴보자: "그분 말고는 다른 누구에게도 구원이 없습니다. 사실 사람들에게 주어진 이름 가운데에서 우리가 구원받는 데에 필요한 이름은 이 이름밖에 없습니다"(사도

---

6 예수에 대한 신약성경의 언어를 행위 언어나 수행 언어로 이해하는 것은, 교리의 본성에 대한 조지 린드벡의 유명한 재해석과 매우 유사하다. 타종교와 대화하기 위해 그리스도교 교리를 재해석하는 어려운 과제에 있어 린드벡은 적절한 지침을 제시해 준다. 그는 교의를 명제로 보기보다는 규칙으로, 즉 "고정된 명제를 담고 있다기보다는 증명된 규칙"(Lindbeck 1984, 104)으로 보아야 한다고 주장한다. 그가 말하는 '규칙'이 내가 말하는 '실천'이다. 그는 자신의 관점을, "교의를 실천과 깊이 연관 지어 더 유익한 규범으로 만드는 것"(같은 책 91)이라고 밝힌 바 있다. 교의를 고정된 교리 진술로 이해하기에 앞서 삶의 규칙으로 이해한다면, 기존 교의를 해석하는 일이 과거의 말을 따르는 것이 아니라 과거의 행적을 따르는 것임을 깨닫게 될 것이다. 또한 과거의 업적을 파악하여 맥락을 이해하고 그것을 우리 상황과 창조적으로 연계 지을 것이다. "명제로 접근하는 것과 규칙으로 접근하는 것 사이의 실제 차이를 잘 이해하려면 진리를 해석하는 것과 규칙에 복종하는 것 사이의 상이함을 이해해야 한다. … 교의를 규칙으로 다루려면 공동체의 구체적 삶과 언어에 초점을 맞추어야 한다. 교의는 해석된 것이 아니라 실천되어 온 것이기 때문에, 신학자들은 일시적이든 영구적이든 그 교의를 적용하려 했던 상황을 상세히 기술해야 한다"(같은 책 107). 린드벡의 입장을 종교신학에 적용하면, 그리스도의 고유성과 '또 다른 이름들'에 대한 신약성경의 이해는 고정된 명제적 도식이 아닌 삶의 규칙으로 볼 수 있다. 예수의 고유성 교리에 충실하다는 것은 일단 그의 본성에 관한 문제가 아니라 특정 행동 방식에 관한 문제에 해당한다.

4,12). 맥락을 보면, 예수를 내세우기 위해 다른 증언들을 억누르는 데 이 구절이 사용되지는 않았음을 알 수 있다. 문제는 '종교를 비교하는 것이 아니라 믿음으로 치유받는 것'이다. 바오로와 요한이 지닌 치유의 힘(Robinson 1979, 105), 더 넓게는 제자들을 변화시킨 그 힘은 동료 유다인들 사이에서 인정받았는가? 바오로와 요한에게 힘이 있었던 것이 아니다. 그 힘은 예수 그리스도의 이름과 실체에 존재하는 것이었다.

그러므로 이 언술은 예수와 또 다른 이름들의 관계에 대해 철학적/신학적 정의를 내린 것이 아니다. 그보다는 예수에게서 효력을 발휘하는 실천과 행위의 힘을 타자도 인식하고 받아들이라는 명백한 초대였다(Stendahl 1981; Starkey 1982, 69-71). 이런 의도는 다른 구절에서도 드러난다. "그분의 이름으로, 이 사람이 여러분 앞에 온전한 몸으로 서게 되었습니다"(사도 4,10). "바로 그분의 이름이 여러분이 지금 보고 또 아는 이 사람을 튼튼하게 하였습니다. 그분에게서 오는 믿음이 여러분 모두 앞에서 이 사람을 완전히 낫게 해 주었습니다"(사도 3,16). 의미는 분명하다. 예수의 이름이 지닌 힘을 믿음으로써 기적처럼 장애인이 치유되듯이, 이전까지는 불가능하게 느껴지던 임무를 수행하기 위해 우리는 튼튼해질 수 있는 것이다. 바오로는 사도행전 3장 23절에서 우리의 실천을 촉구하는 예언자 예수의 힘에 대해 말한다: "누구든지 그 예언자의 말을 듣지 않는 자는 백성에게서 잘려 나갈 것이다."

다시 한 번, 이 예언자의 말을 듣지 않고 따르지 않으면 큰 위험에 처할 수 있음을 경고하는 언술이다. 수행 언어나 행위 언어와 마찬가지로 '또 다른 이름들'에는 긍정적 의미가 담겨 있다. 모든 사람이 예수에게 귀 기울여야 한다는 메시지다. 누구나 예수를 더욱 귀담아듣고 배워야 함을 일깨워 준다. 예수라는 이름의 배타성이 아니라 그 이름이 중재하는 구원의 힘을 강조하는 것이다. 우리가 다른 이름들을 통해 이 해방하는 힘을 체험한다면, 사도행전에 나오는 성령이 우리로 하여금 그 이름들에 개방하도록 이끄는 것이리라. 이 힘을 중재하는 것이라면 그것이 무엇이든 진실로 장애를 치유할 수 있다. 예수와 제자들은 고통을 치유하는 것만 중시했을 뿐, 예수의 이름으로 하는 데 치중하지는 않았다.

신약성경의 종교다원주의

앞서 다룬 바와 같이, 초기 그리스도인은 타종교의 정신과 다른 구원자를 배척했다. 그들은 "다른 누구에게도 구원이 없습니다"(사도 4,12) 등의 구절을 들어 타종교와 거리를 둘 것을 경고했다. 3장의 비판에서 보았듯이, 신약성경 시대는 다양한 종교로 넘쳐 났고 초기 제자들은 예수의 고유성과 규범성을 극히 배타적이거나 포괄적인 입장에서 주장했다. 그들은 로마제국 등지에서 흘러든 종교 혼합적 문화의 흐름에 편승하지 않았다.

다양한 종교가 자리 잡은 지구촌을 '새로운 맥락'이라고 선언하는 현대 다원주의 옹호자들은 이 맥락이 전혀 새로운 것이 아님을 간과하고 있다. 초기 그리스도교 발상지에서도 유사한 상황이 벌어지고 있었다. 그렇다면 왜 초기 그리스도인은 당대에 크게 유행하던 종교다원주의를 그토록 강하게 거부하는 것처럼 보였을까?[7] 여러 이유가 있겠지만 종교다원주의의 흐름을 거부하는 데 가장 큰 영향을 끼친 것은 그리스도교 공동체의 교리 실천을 위한 윤리적 사항들이었다고 생각한다. 다시 말해, 정통 신앙보다는 정통 실천 때문에 종교다원주의를 거부한 것이다.

---

7 그들 전체가 거부했다고 볼 수는 없다. 당시 예수를 따르던 팔레스타인 공동체들은 그리스·로마 세계로 진출하여 그들의 종교를 그리스·로마 종교로 변모시켰다. 그들은 다원주의에서 상당 부분을 취했다. 현대 삼위일체 교리의 특정 형식은 유다교나 헬레니즘 종교에 철학적 이미지와 구조를 문화적으로 결합시킨 데서 나왔다고 볼 수 있다.

초기 그리스도인이 당대의 종교다원주의를 거부한 것은 종교다원주의가 예수의 고유성을 훼손했기 때문이 아니라, 예수가 말하는 하느님 나라의 윤리·사회적 비전이나 이를 위한 올바른 행위와 통합될 수 없었기 때문이다. 그리스도 중심주의나 일신론에 대한 확신보다는 구원 중심주의나 하느님 나라를 중심으로 삼으려는 동기가 다원주의를 거부하게 했다. 이 동기를 지금 내가 제시하는 방식이나 언어로 정확히 표현하기는 어렵다.

비판자들이 등한시한 또 다른 역사적 사실이 있다. 프란스 요제프 반 베크의 말대로 "근대 다원주의는 초세기 다원주의와 현격한 차이가 있다" (van Beeck 1985, 33-4). 신약성경 시대의 다원주의를 우리 시대의 다원주의와 동일시하는 것은 역사적으로 무지하기 때문이라는 것이다. 두 시대 사이의 중요한 차이는 초세기 다원주의가 상대주의/제설혼합주의에 상당히 편향되어 있었다는 점이다. 종교적 관용은 많은 분야에 적용되었다. 다신 Gods을 수용한 것도 그것이 진리여서가 아니라 지역 신들local deities을 존중하는 의미에서, 또 인간의 종교적 환상을 만족시키고 권태나 좌절에서 비롯되는 불안을 완화시켜 주기 위해서였다. 혼합주의적 성격의 제의들도 전혀 문제가 되지 않았다.

이것이 초기 그리스도인이 당대의 종교다원성과 관용을 거부할 수밖에 없었던 이유다. 하느님 나라에 대한 예수의 새로운 비전을 희석시키거나 무화시키고, 오히려 하느님 나라에 반대하는 다른 비전들을 관대하게 받아들이는 다원주의를 그들은 거부할 수밖에 없었던 것이다. 예수 그리스도의 역할이나 본성을 모독했기 때문이라기보다는 예수가 제시한 하느님 나라의 비전을 모독했기 때문이다.

상호 관계를 지향하는 현대 신학자들은 제설혼합주의나 태만한 관용에 휩쓸리지 않고 종교다원성을 인정할 수 있다고 주장한다. 반대로, 상호 대화와 종교다원주의가 예수가 말한 하느님 나라의 핵심인 인간의 생태적 정의를 실현시켜 줄 주요 방편이 될 수 있다면, 초기 그리스도인이 실현하고자 했던 것을 종교다원주의에서 기대할 수 있을 것이다. 다시 말하건대 중요한 규범은 올바른 믿음이 아니라 올바른 행위를 다루는 데 있다.

'참으로'에는 '오직'이 필요 없다

이제 예수 그리스도에 대한 그리스도교 공동체의 신심 깊은 증언을 고찰하려 한다. 이는 정통 신앙보다는 정통 실천의 문제이므로, 예수에 대한 신약성경 및 전통의 표현을 수행과 행위에 기초하여 이해할 것이다. 따라서 그리스도교의 신심 깊은 증언에 담긴 예수의 고유성을 이해할 수 있는 방법과 더불어, 타신앙인과의 참된 대화와 협력을 위해 진심으로 열린 태도를 지니는 방법을 제안하고자 한다. 예수의 고유성이 지닌 특성 및 속성을 밝힐 것이나 이것이 본질은 아니다. 다소 딱딱하고 추상적인 설명이 될 수 있지만, 그렇지 않을 수도 있다. 그리스도인이 체험할 수밖에 없는 예수의 고유함과 특별함, 그리고 그들의 삶에 가져다준 구원에 대해 말하려 한다. 그리스도인으로서의 나의 삶과 예수의 제자가 되기 위한 노력에 대해서도 자연스럽게 다룰 것이다. 내 체험과 다른 이들의 체험이 겹쳐지는 부분도 있다.[8]

2장에서처럼, 오직이 아닌 참으로라는 부사로 명료하게 형식화할 수 있는 수정안을 제시하려 한다. 그리스도인은 신약성경의 예수가 보여 준 놀

---

[8] 이 장에서 다룰 내용은 레너드 스위들러(Leonard Swidler)와 폴 모이제스(Paul Mojzes)도 제시한 바 있다. 이 내용은 그리스도교 신학자들의 주요 토론거리다. *The Uniqueness of Jesus: A Dialogue with Paul Knitter* (Swidler & Mojzes 1996).

라운 사건들이 자기 공동체에 참으로 해당하지만 오직 그러한 것은 아님을 알아야 한다. '참으로'는 그리스도인의 예수 체험과 예수를 향한 신실함의 본질 요소다. 그리스도인에게 '오직'은 당연한 것이 아니다. 이 주장은 그리스도인의 체험을 복잡하거나 낯설게 하려는 의도가 아니다. 모든 그리스도인이 자신의 예수 체험과 구원의 복음을 정직하게 들여다볼 때, 이 주장이 진실임을 확인할 수 있다. 그리스도인이자 예수 제자로 누군가를 이끌려면, 예수야말로 신의 현존에 다가가는 데 참으로 중요한 분임을 설명할 수 있어야 한다. 예수라는 인물은 참으로 하느님의 아들, 구세주, 중재자, 메시아, 하느님의 말씀, 살아 있는 분이다. 이 '참으로'가 불러일으키는 느낌과 실존적 자각 없이는 진정한 그리스도인이 될 수 없다.

나는 '오직'의 진정성을 의심한다. 예수가 참된 구원자임을 인식하는 것과 예수만이 유일한 구원자라고 인식하는 것은 다르다. 우리 체험은 한계가 있고 다른 모든 구원자의 체험과 메시지를 받아들여 소화해 내지도 못한다. 예수가 유일한 구원자임을 아직 모르고 있다면, 예수에게 헌신하기 위해서라는 명목으로 이 사실을 굳이 알아야 할 필요는 없다. '참으로'를 일깨워 주는 예수 체험이야말로 그들로 하여금 항구히 예수를 따르게 할 것이다. 타자의 존재 가능성이 예수에 대한 신실한 추종을 방해하지 않는다. 제자됨이 요구하는 것은 '참으로'일 뿐, '오직'이 아니다.

완전하고 최종적이며 능가할 수 없다? 그렇지 않다!

참으로와 오직을 보다 조심스럽고 분명하게 구분할 필요가 있다. 우선 부정적 관점에서, 예수가 하느님의 자기 현현을 유일하게 밝혔다거나, 하느님의 진리와 은총이 담고 있는 구원을 유일하게 체현한 것이 아니라는 가능성을 진지하게 고려해 보자. 우리는 설교자들과 신학자들이 예수 안의 하느님 계시를 말할 때 사용하는 수식어, 완전하고 최종적이며 능가할 수 없다를 삼가거나 수정해야 할 터인데, 그 이유는 다음과 같다.

1) 하느님을 계시하는 모든 진리를 예수만이 가지고 있다고 여기는 태도로는 예수에게서 신적 계시의 충만함과 완전함을 포착하지 못한다. 나는 이런 태도가 신학과 성경에 기반한다고 본다. 전통적으로 신학은, 그리스도인이 어떤 유한한 중재도 무한의 완전함을 흡수할 수 없음을 당연시해 왔다. 유한으로 무한을 확인하는 것은 성경과 전통에서 우상숭배로 여기던 어떤 인간적 형태나 매개에 신을 집어넣어 한정 짓는 것이다.

그런데 이것이 우상숭배라면, 예수라는 인간에게서 신이 육화했다는 그리스도교 교리 또한 우상숭배 아닐까? 신성이 육화했다는 것은 인성의 완성을 가정하는 것이지, 인성이 신성의 완전함을 취했다는 의미는 아니다. 에드바르트 스힐레벡스는 육화를 믿는 것은 하느님이 인간 조건의 모든 한계를 취하셨음을 믿는 것이라고 주장한다(Schillebeeckx 1990, 164-8). 그러므로 하느님이 예수를 통해 참으로 '육신을 취하셨음'을 확언하고자 한다면, 하느님이 예수에게서 절대적으로 또는 온전히 육신을 취하셨다고 주장할 수 없다. 육신은 신 전체를 담아낼 수 없다. 성경의 증언을 보더라도, 예수는 하느님의 존재 및 역사하심과 긴밀한 관계를 맺고 있어 하느님의 아들이요 말씀이며 지혜라고 불렸지만, 하느님과 동일하게 여겨지지는 않았다.[9] 그러므로 콜로새서 2장 9절의 "온전히 충만한 신성이 육신의 형태로 그리스도 안에 머무르고 있습니다"라는 구절을 마치 한 인간의 몸이나 본성이 신성의 무한함을 한정 지을 수 있다는 식으로, 그 충만함이 예수에

---

[9] 레이먼드 브라운(Raymond E. Brown)은 신약성경에서 예수를 하느님이라고 칭한 몇 가지 불분명한 사례를 지적한다. 대개 신약성경은 예수와 하느님을 무조건 동일시하지는 않는다(Brown 1967, 23-38).

게서 움직이거나 제한된다고 볼 수는 없다. 이 성경 본문들이 지닌 역설의 의미를 왜곡 없이 읽어 내야 한다. 충만함이 '참으로' 거기 있으나 '오직' 거기에만 있는 것은 아니다. 즉, 예수를 통해 우리는 하느님을 온전히 만나지만 그로써 하느님의 온전함을 파악할 수는 없는 것이다.

이렇게 온전함 또는 충만함을 이해하는 것은 초기 교부의 신적 로고스에 관한 교의를 넘어서는 동시에 같은 방향으로 나아가는 것과 같다. 초기 그리스도교 신학자들은 예수를 육신이 되신 말씀으로 여긴 요한의 견해를 받아들이면서도, 이 로고스가 단순히 예수에 한정되지 않는다는 사실을 인식했다. 말씀은 예수가 살아 있을 때 세상에서 일하셨으며 죽은 후에도 끊임없이 일하신다.[10] 따라서 예수를 단순히 말씀의 충만함이나 신성의 충만함이라 선언해 버리지 않음으로써, 신의 보편성과 포착할 수 없음을 인정하고 단언하게 되었다. 즉, 예수를 온전한 신totus Deus으로 선포하면서도, 신의 모든 것totum Dei이라고 주장할 수는 없었다(Robinson 1979, 104, 120).

2) 예수 말고는 신적 진리를 위한 어떤 규범도 존재하지 않는다거나, 하느님 말씀이 예수 안에 최종 결론으로 들어 있다고 주장해서는 안 된다. 최종 결론이란 본질적으로 다른 새로운 것을 더할 수 없는 것이다. 신의 최종 진리를 지닌다는 선언은, 모든 지식을 뛰어넘는 지혜, 더할 수 없는 포용력을 지닌 궁극의 사랑을 내포한다. 즉, 그리스도인이 신앙의 최종 증언을 가지고 있다는 말은 그 말 자체로 우상을 만들어 내는 셈이다.

그리스도인은 자기네 계시가 다른 모든 규범을 배척하는 완벽한 계시이며, 예수가 인류를 구원할 강력한 진리의 종말론적 의미를 가져다주었다고 말한다. 예수가 보여 준 진리는 우리에게 온전한 헌신을 요구하지만 그

---

10 Iustinus, *I Apologia* 46; *II Apologia* 10, 13; Clemens, *Stromata* 1, 13; 5, 87, 2; *Protreptikos* 6, 68, 2ff.; Origenes, *Commentarium in Joanem* I, 39.

자체로 완성된 결과물은 아니다. 우리는 줄곧 기다려 왔고, 이 세상 순례를 계속하는 한 언제까지나 기다려야 한다. 예수가 계시한 하느님이 하느님으로 남아 계시는 한 그 하느님에 대해 결코 마지막 말을 할 수 없다.

어떤 신학자는 예수 안의 신적 육화가 지닌 온전함과 배타성에 의문을 품는다면, 그리스도교의 핵심인 삼위일체 교리를 위배하는 것이라고 경고한다(Braaten 1994). 그러나 나는 오히려 이 교리가 심화되고 확장된다는 입장이다. 예수에게 체현된 신적 말씀의 강력한 현존을 신뢰할 만한 참된 것으로 확신한다면, 결코 틀 안에 가둘 수 없는 이 말씀이 우리를 자극하고 가르칠 수 있음 또한 확신하게 될 것이다. 토마스 아퀴나스Thomas Aquinas도 삼위의 둘째 위격이 예수 말고 다른 인간 본성에서 육화할 수 있는 가능성을 인정했다. "우리는 하나의 인간 본성을 취한 신적 위격이 다른 인간 본성을 취할 수 없으리라고 말할 수 없다."[11] 레오나르도 보프Leonardo Boff는 앞의 진술을 토대로 적잖은 위기감을 조성한다.

> 육화한 다른 신적 위격들을 꺼려할 하등의 이유가 없다. 삼위일체 이신 하느님의 신비는 매우 심원하고 무한하기에 이 세상의 구체적 존재에 의해 고갈되지 않는다. … (예수에게 육화하신 하느님이) 당신 피조물과 완벽한 소통을 하는 데 도움이 되지 않는다면, 우리에게도 별 소용이 없다. 다만 하느님 신비의 무한한 가능성만 존재하는 것이다(Boff 1978, 216-7).

---

11 "신적 위격이 지닌 힘은 무한하고 어떤 피조물도 가둘 수 없다. 따라서 우리는 하나의 인간 본성을 취한 신적 위격이 다른 인간 본성을 취할 수 없으리라고 말할 수 없다. … 창조되지 않은 것을 창조된 것으로 제한할 수 없기 때문이다. 일치 원리를 지닌 신적 힘에 조응하는 신적 위격을 생각하든, 일치를 목표로 하는 인성에 조응하는 신적 위격을 생각하든, 우리는 분명 신적 위격이 이미 취한 하나의 인간 본성 이외에 다른 인간 본성을 취할 수 있다고 말해야 한다"(『신학대전』 3, q.3 a.7).

3) 따라서 하느님이 예수를 통해 드러내신 구원 말씀을, 다른 시대 다른 방식으로는 더 이상 계시하실 수 없는 최상의 완전한 말씀이라고 단언할 수는 없다. 하느님이 당신 진리에 더 이상 덧붙일 말이 없는 유일 계시를 주실 수 있다는 주장은, 하느님 당신조차 들 수 없을 만큼 무거운 바위를 창조하실 수 있는가 따위의, 주일학교에서 들을 수 있는 질문과 비슷하다! 거듭 강조하건대, 유일한 신적 진리를 능가하는 것은 결코 있을 수 없다는 주장은 우상을 세우는 것이다. 이는 요한 복음에서 예수가 단언한 성령의 역할에도 위배된다. "내가 너희에게 할 말이 아직도 많지만 너희가 지금은 그것을 감당하지 못한다. 그러나 그분 곧 진리의 영께서 오시면 너희를 모든 진리 안으로 이끌어 주실 것이다"(요한 16,12-13). 우리가 성령을 믿는다면, '이끌어 주실 그분'이 오시리라는 것을 언제까지나 믿어야 한다.

존 소브리노는 '단순한 예수론' 및 '그리스도론적 환원'의 위험성을 경고하면서, 예수와 하느님 나라의 의미를 약화시키거나 '짓누르는' 시도들에 예언자적 촉각을 곤두세운다. 하느님 나라의 실체는 바로 예수 자신이며, 예수를 통해 우리는 하느님 나라의 전체 또는 최고 실존을 만날 수 있다고 그는 말한다. 또한 예수는 '하느님이 계획하신 역사의 궁극적 존재'가 아니며, 예수를 통해 육화한 말씀은 '하느님 최종 의지의 대변'이 아니라고 주장한다. '그리스도론으로 환원하는 것'보다는 '그리스도론에 집중하는 것'이 필요하다. 예수에게 헌신하려면 하느님 나라를 바라보는 너른 안목과 힘을 존중해야 한다(Sobrino 1984, 41-2; 1987, 51).

소브리노와 해방신학자들이 하느님 나라를 바탕으로 예수를 보는 최상의 환원에 관심을 기울이는 까닭은, 정통 신앙이 아닌 정통 실천, 순수 교의가 아닌 삶 자체를 중시하기 때문이다. 예수를 완전하고 최종적이며 능가할 수 없는 존재로 절대화시키는 한, 그리스도인은 하느님 나라를 위해 예수와 함께 일하고자 헌신하기보다는 예수와 사적 관계를 맺고 사적 신앙을 고백하는 데 주력할 것이기 때문이다.

> 그리스도의 위격이 무한 절대로 변질되면, 그리스도가 곧 하느님 나라이며 그와의 만남이 신앙의 궁극 목적이라고 여기게 된다. 논리적 필연성이 결여된 관점임에도 불구하고, 많은 이로 하여금 하느님 나라를 역사적으로 성취하기보다는 그리스도와의 사적 만남에 치중하게 만들었다(Sobrino 1984, 43).

보편적이고 결정적이며 필수적이다? 그렇다!

이것이 전부는 아니다. 신약성경이 증언하는 제자됨과 충실함을 따르기 위해 예수가 역사에 참으로 존재한 하느님의 구원 현존임을 알고 선포해야 한다. 오직을 주장하지 않더라도, 지속적으로 참으로를 선포해야 한다. '참으로'의 의미를 부연하여, 예수를 하느님의 구원 진리와 은총의 보편적이고 결정적이며 필수적인 현현으로 만인에게 선포해야 한다. 이 수식어가 담고 있는 내용을 간명하게 살펴보자.

1) 예수 안에 담긴 하느님 말씀은 그리스도인뿐 아니라 모든 시대 모든 이를 위한 부르심이기에 보편적이다. 신약성경의 다양한 전통을 통해 이 보편성이 지속되었다고 생각한다. 기쁜 소식은 신심 깊은 특정 유다 공동체뿐 아니라 모든 이에게 좋은 것이기에, 제자들은 온 세상 모든 민족에게 가서 이 기쁜 소식을 선포해야 한다(마태 28,19 참조). 그리스도교 진리의 보편성을 무시하는 것은 성경 말씀에 위배되며,[12] 또 진리를 체험하는 올바른 방식이 아니다. 어떤 진리가 나의 세계관이나 생활양식과 맞닿아 있다면, 그것이 나에게만 참된 것일 수는 없다. 나에게 참된 것이라면 타인에

게도 참되다. 마이클 폴라니Michael Polanyi는 말한다. "실재와의 인격적 만남은 보편성을 띠기 마련이다"(Maguire 1993, 63). 내가 포착하는 진리들은 대개 제한적이거나 조건적이다. 짠맛을 잃은 소금처럼, 보편적이지 못한 진리는 가치가 없다.

진리의 보편성은 오늘날 '고전'에 대한 토론에서 더 설득력 있게 드러난다. 문학사를 통해서나 대학의 문학 강좌에서도 알 수 있듯이, 고전문학은 특정 문화권 내에서만 통용되는 것이 아니다. 간디의 말대로, 가령 힌두교인도 복음에서 뛰어난 진리를 발견할 수 있다. 머튼은 『도덕경』과 『장자』에 대해서 비슷한 말을 했다(Merton 1969). 고전은 "무한한 동시대성"(Kermode 1975, 17-8)을 지닌다. "본디 고전은 하나의 고리에 매여 있지 않다. 고전은 전 인류를 아우르며 … 의사소통과 인간적 대화에 크게 이바지한다"(Maguire 1993, 63). 우리는 모든 타자와 함께 진리의 원천을 마시며 그것을 공유할 수 있다.

2) 예수가 전해 준 계시는 결정적이다. 관점과 행동의 변화를 촉구하며 우리를 뒤흔든다. 다양한 관점이나 기존의 생활양식과 '결별하게' 만드는 등 삶에 변화를 가져오기도 한다. 예수가 결정적이라는 말은 그가 규범이라는 뜻이기도 하다.[13] 스힐레벡스는 신약성경의 다양한 관점이 공통적으로 이 규범성을 보여 준다고 주장한다. "신약성경의 증언은 예수가 모든 이를 위한 보편적 하느님 나라와 본디부터 규범으로 연관되어 있음을 그리스도인에게 알려 준다. … (예수를 찬송하는) 성경 구절들은 하느님이

◀12 대화를 촉진함에 있어 예수가 가르쳐 준 진리의 변혁적 힘을 그리스도인에게만 귀속시키려 한 한스 큉의 방식에는 몇 가지 문제가 있다고 생각한다. 그는 종교 '밖'과 '안'의 관점을 구분하면서 그리스도교 '안'에서만 예수를 구원자로 선포할 것을 제안한다. 큉은 그리스도를 믿는 것과 국가의 헌법을 따르는 것을 비교하여, 헌법이 다른 나라 사람에게는 적용될 수 없듯이, 내 종교가 타종교인에게도 타당하다고 주장할 수는 없다고 말한다. 이는 신약성경의 예수 그리스도 안에서 활동하신 하느님의 보편성과 모순된다(Küng 1991, 99-100).

온 인류를 구원하시려는 당신 뜻을 나자렛 예수를 통해 결정적이고 명확한 방식으로 드러내셨음을 분명히 한다"(Schillebeeckx 1990, 144-5, 121).

예수 안의 신적 계시를 결정적이고 명확한 것으로 표현한 스힐레벡스의 주장에 주목하라. 명확하지도 최상이지도 않은 진리가 어떻게 결정적이고 규범적일 수 있을까? 나를 제어하는 규범이 명확하며 어떤 것을 결정하게 한다면, 이 규범은 분명 내가 선택한 행위 과정을 특정한 방향으로 유도한다. 그런데 어떤 규범이 나에게 분명한 결정과 행동 방식을 요구한다면, 이는 또 다른 통찰과 결정의 가능성을 아예 배제시키는 것이다. 하나의 결정적 규범은 또 다른 규범들을 배척하게 만든다. 그래서는 안 된다. 다른 모든 규범을 배척해서는 안 된다. 결정적 규범이 최종적이거나 능가할 수 없는 것은 아니기 때문이다.[14]

로저 하이트Roger Haight는, 예수가 그리스도인에게 타종교인과의 관계를 말할 때 긍정적 규범보다 부정적 규범을 제시했음을 분명하고 구체적으로 밝힌다. 하느님이 예수를 통해 알려 주신 것보다 더 많은 계시를 인류에게 주셨을지 모른다고 우리는 상상할 수 있지만, 그 계시가 예수에게서 발견한 진리의 핵심 내용과 모순된다고는 상상할 수 없다(Haight 1989,

---

13 『오직 예수 이름으로만?』에서 신 중심적 그리스도론의 특성을 정립할 때 내가 사용한 용어를 바꾸는 것이 어떤 의미를 지니는지 정확하게 밝히고자 한다. 더 이상 나는 '비규범적 그리스도론'을 지지하지 않는다. 우리 삶과 입장을 이끌어 주는 규범을 제시할 수 없다면 예수를 통한 하느님과의 만남은 결정적일 수 없기 때문이다(Knitter 1985, chap.9). 그때 내가 반대한 그리스도론은, 예수를 모든 시대와 모든 종교를 위한 절대적이고 최종적이며 완전한 최고 규범이라고 주장하는 그리스도론이었다. 그래서 나는 예수가 규범이며 따라서 보편적임을 분명히 밝히면서도, 그가 유일한 규범이라는 점은 여전히 의심하고 있다.

14 스힐레벡스는 그리스도의 진리가 규범적이고 완벽하다고 선언한 후에, 이 점을 간접적으로 허용하는 듯하다. "이 계시가 타종교에게도 규범인가는 다른 문제다. … 그리스도인은 나자렛 예수를 통해 하느님을 체험했다고 고백한다. 이 고백이, 타종교인이 구원을 어떻게 체험하는가를 판단하는 잣대는 아니다"(Schillebeeckx 1990, 145-6).

262; Ogden 1992, 101-2).[15] 어떤 규범이 하느님을 밝혀 주는 예수의 기쁜 소식이라 할지라도 하느님을 가둘 수는 없다. 어떤 계시를 통해 참된 하느님 인식의 본질을 깨닫더라도 하느님 인식의 전부를 알게 되는 것은 아니다.

예수를 결정적 규범으로 이해하는 새로운 관점은 마지막 예언자로 자처한 예수를 바라보는 그리스도인의 시각과 상반된다.[16] 예수가 스스로를 마지막 예언자로 여기며 하느님 나라가 자신의 메시지와 인성을 통해 도래하고 있음을 인정할 때, 그리고 하느님의 전체 말씀이 아닌 결정적 말씀을 전해 주었음을 이해할 때 우리는 이 '마지막 예언자'라는 칭호를 이해할 수 있을 것이다.

(사뭇 생소했을) '마지막'의 의미를 스스로 깨달은 예수는 모든 이에게 자신의 메시지를 더욱 진지하게 받아들일 것을 요청한다. 하느님 나라를 받아들이거나 또는 반대하거나를 결정짓게 하는 것이었기 때문이다. 하지만 그 자신이 (즐겨 사용하던 표현인) '예언자'를 자청하는 한, 그를 따르는 모든 이가 하느님 나라를 실현하는 데 진실로 개방하기를 바랐다. 예수의 규범적 메시지는 결코 다른 메시지들을 배척하지 않았다.[17]

3) 그리스도인은 예수가 알려 준 진리가 필수적임을 끊임없이 선포한다. 예수의 고유성을 드러내는 이 특징이 이미 살펴본 두 특징보다 강요되는 듯해도, 이는 앞선 두 특징에서 나온 것이다.

---

15 하이트는 너무 성급한 판단을 내리지 않아야 한다. 그리스도교와 불교 사이의 종종 모순되어 보이는 많은 차이는 서로를 보완하는 것으로 밝혀지고 있다. 불교의 무아 개념과 그리스도의 새로운 인격 개념 간 차이가 그 예다. 따라서 그리스도인이 모든 종교에 적용시킬 수 있는 규범으로 예수를 제시할 때, 타종교도 그리스도인의 자기 이해에 도움이 되는 규범들을 제시할 수 있음을 받아들여야 할 것이다.

16 3장 82쪽 볼프하르트 판넨베르크의 경고를 보라.

17 예수가 생전에 세상의 종말을 기대했다는 유명한 관점이 공공연히 의문시된다는 점은 다음 장에서 밝힌다(5장, 각주 4).

참된 진리가 내 삶을 풍요롭게 하고 혁신시켜 준다면, 나는 그것이 타인에게도 동일한 효력을 미치리라는 점을 깨달을 것이다. 그런 맥락에서, 하느님의 실재와 하느님 나라의 비전에 참여하도록 결정적으로 부르는 예수를 체험한 그리스도인은, 예수의 메시지를 '필수적인' 것으로 여기며 이를 통해 하느님의 충만하심과 이 세상 끝 날까지 하시는 일을 볼 수 있을 것이라고 생각했다. 존 소브리노는 말한다. "(그 자신의 말과 행동, 몸소 겪은 고통과 사건들을 통해) 예수는 우리가 하느님 나라에 이르는 길을 이해하기 위한 필수 요소가 된다"(Sobrino 1988, 30).

예수 그리스도를 안다는 것은 불자, 힌두교인, 모슬렘 역시도 예수를 알 필요가 있다고 느끼는 것이다. (그들이 반드시 그리스도인이어야 한다는 의미가 아니라) 그들 역시 예수가 계시한 진리를 인식하고 받아들일 필요가 있다는 말이다. 대다수 그리스도인의 예수 체험 밑바탕에는 복음이 지닌 힘과 메시지를 알지 못하거나 받아들일 길 없는 이들은 진리를 알지 못하며 삶에서 중요한 것을 놓치고 있다는 확신이 깔려 있다. 인간 조건에 관한 다양한 진리가 타전통에 존재한다 해도, 예수가 전해 준 복음과 만날 때 이 진리들은 더욱 향상되고 명확해질 것으로 여기는 것이다.[18]

그리스도 없이는 타종교 교리의 '완성을 이루지 못한다'는 의견이 여전히 존재한다. 예수 그리스도야말로 인간 조건을 보다 완전히 이해하는 데

---

[18] 스힐레벡스는 '필수적'이라는 개념에 대해 확신을 갖고 있다. 이 확신은 예수가 '본질적 중요성'(constitutive significance)을 지닌다는 초기 그리스도인의 주장에 기반하고 있다. "예수를 그리스도로 믿는다는 것은, 가장 진지한 신앙고백인 동시에 우리를 하느님 나라로 나아가게 하고 널리 치료하여 온전하게 하는 데 예수가 변함없는 본질적 중요성을 지닌다는 점을 깊이 인식하는 것이다"(Schillebeeckx 1990, 121). 그는 이 개념을 '예수의 역사적 자기 이해'에서 발견할 수 있다고 주장한다. "이 자기 이해는 하느님 나라의 도래와 나자렛 예수의 인격 사이를 연결한다"(같은 책 144). 나는 많은 불자가 "깨달음의 성취와 고타마 싯다르타의 인격 사이가 연결되어" 있다는 유사한 주장을 할 것이라고 생각한다.

'필요하다'고 말하는 이도 있다. 이런 주장이, 그리스도를 모르는 이들은 불완전하고 열등하다거나 그리스도 없이는 파멸한다는 의미가 아님을 강조하고 싶다. 존 힉은 그리스도가 왜 필수 불가결한지 묻는다. 죽어 가는 이에게 비타민과 페니실린 중 어느 쪽이 절대적으로 필요한가?(Swidler & Mojzes 1996). 나는 그리스도(또는 붓다)의 필수 불가결함을 문맹자에 비유해 보려 한다. 읽기를 배움으로써 삶에 새로운 것이 더해지고, 그는 더 이상 예전 방식대로 행동하지 않으면서 보다 성숙해질 수 있다. 더 나은 인간, 더 깨달은 인간, 더 나은 불자나 힌두교인이 되는 것이다.[19]

이것이 예수의 고유성을 재해석하는 골자다. 예수는 하느님의 완전하고 최종적이며 능가할 수 없는 진리가 아니다. 그는 보편적이고 결정적이며 필수적인 하나의 메시지를 전해 주었다. '하나의'라는 수식어에 주목하라. 예수를 하느님의 유일한 구원 말씀이라고 더 이상 주장하지 않는다면, 우리는 예수 이외의 보편적이고 결정적이며 필수적인 신적 실재의 현현 가능성과 개연성에 개방적일 수 있다.[20] 보편 계시에 대한 그리스도교 교리는 이 개연성을 제시하고 있다. 그러므로 타전통에도 진리가 존재함을 깊

---

[19] 붓다가 가르친 '구원의 진리'를 그리스도인이 알아 가는 경우도 마찬가지다. 이는 문맹자가 글을 배우는 것이 아니라 고뇌하는 사람이 그 순간을 자각하는 법을 배우는 것과 같다.

[20] 『오직 하나의 참된 진리만 있는가?』에서 다원주의에 대한 슈베르트 오그덴의 주요 비판은, 다원주의자가 참된 종교가 많다는 가능성을 성급하게 인정하면서 그 현실성을 당연하다고 결론지었다는 점이다. 많은 다원주의자가 성급하게 모든 타종교를 참되다고 주장하면서, 그들을 인정하고 대화해야 한다고 그리스도인을 재촉하고 있다고 오그덴은 우려한다. 그에게 묻고 싶다. 그리스도교에 다른 참된 종교가 존재할 가능성을 허용할 때만 그리스도교의 출발점을 신뢰할 수 있다는 말인가? 순수하고 무한한 하느님의 사랑에서 그리스도교 메시지의 핵심을 발견하면서도, 인간에게 필요한 이 사랑이 구체적 삶에서 실현되도록 역사와 문화 안에서 살아 숨 쉬는 모습에서는 하느님 사랑을 발견할 개연성을 인식하지도, 참되다고 인정하지도 못한다는 말인가? 구원하시는 하느님의 사랑이 모든 이에게 현실적 효력을 미친다는 점을 긍정하려면, 먼저 오그덴은 많은 참된 종교가 존재할 것이라는 개연성을 인정해야 한다. 그가 다원주의자처럼 타종교 전통들과 대화하면서 그들에게 계시된 하느님 진리를 발견하기를 기대한다는 뜻이다.

이 확신한다면, 변화되고 완성된 말씀을 얻을 수 있고 또한 타종교의 깨달음과 완성과 변혁에 진지하게 마음을 열 것이다. 로저 하이트는 그리스도교 신학자들이 보편성과 특수성 사이의 균형, 자기 규범을 주장하면서 타 규범에 개방하는 것 사이의 균형을 찾는 법을 제시한다.

> 인간 예수를 우리 구원을 위한 규범이라고 주장하는 데서 모순을 피하려면, 예수가 모든 인간을 위한 보편 규범이며 인간과 보편 관계를 맺고 있다고 주장해야 한다. … 예수의 지위에 대한 설명이 배타적이어서는 안 된다. 동등한 지위를 가진 다른 구원자의 가능성을 허용하고 그 인물들 역시 무언가 하느님의 뜻을 드러내는 규범임을 인정해야 한다. 실상 하느님이, 예수가 밝힌 하느님, 예를 들어 보편적 구원자라면, 이 구원이 다른 역사적 중재자들에도 존재할 수 있음을 기대하게 한다(Haight 1992, 280-1).[21]

예수의 고유성에 대한 이 새로운 해석은 타종교와 그리스도교 모두의 변화를 촉진할 것이다. 이 변화는 타신앙과 그리스도교가 대화를 통해 서로를 알 수 있을 때 생겨나고 영향을 발휘할 것이다.

관계적 고유성

유일함이 아니라 참된 고유함, 하느님의 유일한 구원 말씀과 현존이 아니라 하느님의 참된 구원 말씀이자 현존인 예수 그리스도와 관계 맺음으

---

[21] 하이트는 이 장에서 내가 제안한 내용에 기본적으로 동의하지만, 여전히 전통적 용어인 "하느님의 구원을 중재하는 예수의 결정적 특성, 완벽함, 최종성, 절대성"을 고수하고 있다. 그러면서도 그는 "성령이신 하느님이 타종교에게서 활동하실 가능성을 부정하거나 배타하는 것은 아니다"(Haight 1992, 282)라고 덧붙인다.

로써, 우리는 예수의 고유성에 대해 전통적 관점과는 아주 다른 이미지를 갖게 될 것이다. 또 이 이미지가 성경의 예수와 조화를 이룬다는 점도 발견할 것이다. 예나 지금이나 예수를 고유하다고 여기는 것은 그가 동떨어져 있음을 의미한다. 우리가 논의하는 예수의 고유성에서 볼 때 그는 타자와 함께 서 있다. 타자를 밀어내는 외톨박이의 고유함이 아니라 관계적 고유함에 대해 말하고 있다. 예수를 참된 하느님 말씀이라고 확언하는 것은 그가 무엇과도 견줄 수 없는 독특함을 지녔기 때문이다. 예수가 하느님의 유일한 말씀이 아니라고 덧붙이는 것은 그 독특함이 여러 다양한 가능성과 연관됨을 밝혀 준다. 예수는 다른 말씀들과의 대화를 통해 더욱 잘 이해할 수 있는 하나의 말씀이다.

이것은 신학적 이해다. 그리스도교의 삼위일체 교리에 근거한 신관에서는 하느님을 스스로 소통하는 분으로 이해한다. 하느님의 본성은 말씀이시기를 주장한다. 즉, 하느님이 말씀하시거나 말씀이 되신다는 뜻이다. 유한한 역사성을 적용했을 때, 하느님의 말씀은 언술을 통해 스스로를 표현해야만 한다는 뜻이다. 역사에서 육신을 취한 로고스는 '말씀의 씨앗'*logoi spermatikoi*으로, 역사의 장에 뿌려져 다양한 말씀의 싹을 틔워야 할 것이다. 앤서니 켈리Anthony Kelly는 하느님을 역사의 말씀으로 보는 그리스도교의 주장을 '지구적 대화'를 위한 초석으로 여긴다(Kelly 1989, 233-4). 그는 요한복음 머리글을 확장시킨다.

> 말씀이 육신이 되셨다는 그리스도교 신앙은 '육신'이 본질적으로 '대화'임을 깨닫도록 우리를 안내한다. 역사에서 거듭되는 계시는 상호 현존하는 세상을 확장시키기 위해 대화할 시간을 필요로 한다. 말씀은 다른 목소리들을 묻어 버리는 제국주의적 외침 속에서

육화한 것이 아니라, 인간의 목소리와 영원히 독창적이며 상처를 치유해 주는 언술을 통해 육화했다. 하느님이신 말씀은, 모든 진리를 치유해 주는 진리다(같은 책 241).

예수의 고유성을 관계적으로 이해할 때 올바른 철학적 인식이 가능하다. 이미 말했듯이 사실 자체라는 것은 없다. 이는 말 자체가 없다는 뜻이기도 하다. 모든 사실과 마찬가지로 모든 말은 특정 형태와 문화의 옷을 걸치고 있으며 또한 해석된 것이다. 말은 단순히 나무에서 뚝 떨어진 열매가 아니다. 해석과 평가를 받기 이전부터 말은 있어 왔다. 프란스 요제프 반 베크가 인정했듯이, 그리스도인이 예수 안의 하느님 말씀에서 "하느님은 신적 생명을 통해 인간과 세상을 온전히 환대하셨다"고 믿는다면, "하느님 약속의 성취는 희망적이며 신앙고백은 해석된 범주에서 참되다". 최종 계시에 대한 이 같은 주장은 "어떻게 식별하고 해석하는가에 달려 있다"(van Beeck 1991, 559).

예수 안에 존재하는 하느님의 '명백한'definitive 말씀은 해석된 것, 특정 관점에서 해석된 것이다. 이는 변화하는 다양한 역사의 관점들에 둘러싸여 있다는 뜻이고, 역사 안의 다른 여러 말씀과 대화하고 있다는 뜻이다. 그리스도인은 다른 말씀들과 대화하지 않고서는 예수 안에 존재하는 '명백한' 말씀의 뜻을 참으로 이해할 수 없다. '명백한' 주장들은 제국주의적이기보다 관계적이다.[22]

---

[22] 그리스도인이 예수에게 하느님의 '충만한' 계시가 들어 있다고 주장할 때, 이 '충만함'을 여러 타종교의 말씀들과 대화하도록 열어 놓지 않는다면 나는 그들과 토론하지 않겠다. 그들은 타종교의 온갖 진리가 성경 곳곳에 들어 있다고 주장하면서도, 성경의 '완전한 진리'가 관계적이거나 대화적이라는 사실을 인정하고 있다. 타종교인과 대화하지 않고서는 저절로 이해될 수 없는 것들이다(Cobb 1990, 87).

'관계적 고유함'을 '보완적 고유함' 또는 '포용적 고유함'이라 부를 수도 있다(Thompson 1985, 388-93; Moran 1992). 윌리엄 톰프슨William Thompson에 따르면, 우리가 하느님의 자기 비움, 즉 "신은 다양한 종교와 그 창설자들이 속한 제한된 문화 형태에서 자기를 비워 유한성을 취하고 탈은폐한다"는 사실을 믿는다면, 우리는 많은 종교의 고유성과 '결정적 특성'뿐 아니라 종교가 서로 보완할 필요가 있다는 점도 인정해야 한다(Thompson 1987, 22-4). 존 캅은 자문자답하는 과정을 통해 이 보완적 고유함을 이해한다. "나는 그리스도교의 고유함을 지지하는가? 확실히 지지한다! 하지만 유교, 불교, 힌두교, 이슬람교, 유다교의 고유함도 지지한다"(Cobb 1990, 91-2). 그런데 고유한 각 종교는 동떨어져 있을 수 없다.

> 배타적(고유한) 그리스도에 대한 주장이 고타마가 붓다를 실현했다는 불교의 배타적 주장과 갈등을 일으킬 필요가 없다는 것이 그 증거다. … 그리스도인은 타종교에만 있는 것을 인정하듯이 그리스도교에만 있는 것도 나누고자 노력해야 한다. 이로써 그리스도교적 불교와 불교적 그리스도교가 모두 허용된다(Cobb 1984, 177).

캅은 그리스도와 그리스도의 고유함을 말하는 주장들이 "갈등을 일으킬 필요가 없다"고 말한다. 하지만 그리스도는 갈등을 일으킬 수 있으며 때로는 일으켜야 한다. 내가 '보완적' 고유함이나 '포용적' 고유함보다 '관계적' 고유함을 선호하는 이유가 여기에 있다. '보완적'이나 '포용적'은 분홍빛이나 연노랑빛을 띠는 반면, '관계적'은 가시덤불을 떠올리게 한다. 예수가 하느님의 완전하고 최종적이며 능가할 수 없는 말씀이라고 주장하지 않는 한, 그리스도인은 세상에서 활동하시는 '하느님의 순수하고 무한하신 사랑'을 선포하면서 타종교의 참된 신앙인들과 서로를 보완하는 좋은 관계를 가질 수 있을 것이다. 그리스도인이 예수를 통해 하느님의 현존을 보편적이고 결정적이며 필수적인 것으로 체험한다면, 때때로 타종교인의 주장에 단호한 태도를 취하며 반대할 수도 있을 것이다. 종종 고통을 수반하는 관계를 통해 우리는 성장하게 된다.

존 캅의 말을 빌려 그리스도교 신앙과 제자됨에 대해 간략히 정의하자면, 예수가 걸어간 길은 다른 삶들에 개방하는 길이었다(Cobb 1990, 91). 우리가 지지하는 예수의 진리는 더욱 참된 진리가 오리라는 것을 알려 준다. 하느님이 예수를 통해 계시하신 바를 긍정하는 것은 곧 하느님이 여전히 우리에게 알려 주실 것이 있음을 긍정하는 것이다. 다가오는 진리가 놀라움과 혼란을 안겨 준다 해도 우리는 대담하게 열망하며 마주할 것이다. '충만한' 진리를 알려 준 예수를 체험하는 것은, 역설적으로 그 충만함에 우리가 모르는 것이 포함되어 있음을 자각하는 것이다. 그리고 이제 우리는 진실을 깨닫기 위해 굳건히 서 있다. 여기 '멈춰 서 있는 것'은 우리가 다른 곳으로 가서 설 수 있는 발판이 된다. 다른 말로, 예수가 보여 준 하느님의 '충만함'을 통해 우리는 다른 데서 드러난 하느님의 '충만함'에 개방할 수 있는 것이다. 콜로새서 2장 9절의 "온전히 충만한 신성이 육신의 형태로 그리스도 안에 머무르고 있습니다"라는 말씀은, "충만함이 그리스도 개인의 것이 아니라 타자를 포함한 것"(Sobrino 1988, 42)임을 밝히고 있다.

이 역설을 달리 말해 보자. 그리스도를 중심에 놓는 것은 타자를 중심에 놓고 타자와의 관계에 개방하며 머물라는 요청을 수락하는 것이다. 우리가 타자를 바라보지 않고 대화하지 않는다면, 그리스도를 중심에 놓은 것이 아니다. "너희가 내 형제들인 이 가장 작은 이들 가운데 한 사람에게 해 준 것이 바로 나에게 해 준 것이다"(마태 25,40). 이렇게 타자에게 개방하고 대화하는 능력이야말로 그리스도에게 '신실한' 본질이다. 이로써 예수를 따르는 것과 다른 것들을 멀리하라는 빈번한 훈계는 균형을 필요로 한다. 그리스도를 따르기를 잊지 않는 동시에 우리는 타자에게 개방하고 그들과 대화해야 한다. 그리스도는 굳세게 저항하는 동시에 겸손히 배우라고 제자들에게 가르쳤다.

그렇다면 현대 세계에서 그리스도는 무슨 일을 하고 있는가? 우리의 유한성을 인식하면서 우리 의견이 최종적이며 유효적절하다는 식의 생각을 깨야만 이 질문에 접근하기 쉽다. 다른 진리와 지혜에 귀 기울일 때 이 점을 생각하기가 쉽다. … 타종교의 진리들에서 배우는 것은 또한 그리스도 신앙이 담긴 우리 그리스도교 유산에서 배워 온 통찰과 지혜를 선포하는 것이며 완성시키는 것이다(Cobb 1990, 91).[23]

---

23 캅은 그리스도를 믿는 것이 무엇을 요구하는지 덧붙여 말한다. "그리스도를 믿으면서 나는 타자에게 개방해야 한다. … 내가 믿는 교리를 위협한다 할지라도 배울 준비를 해야 한다. … 앞으로 배울 것이 얼마나 큰 효과를 발휘할지 예상할 수는 없다. … 배움을 통해 어떤 변화가 일어날지 알 수 없지만, 나를 부르시는 그리스도께 한결같은 믿음을 가질 것이다. 그리스도인이 될 것인지 여부도 결코 미리 결정할 수 없다. 이 말은 곧 완전히 개방한다는 뜻이다. 그리스도를 믿으면서 나는 그리스도에 대한 믿음을 포기할 준비를 해야 한다. 나를 그리스도인으로 남으라고 강요하는 것은, 그리스도라는 이름 안에서 우상숭배자가 되라는 것이다. 그것은 신성모독이다"(Cobb 1984, 174-5). 캅의 주장에 나는 긍정하기도 하고 부정하기도 한다. 이론을 보면 그가 옳다. 그리스도를 통해 알 수 있는 하느님은 나를 그리스도에게서 떼어 놓는다고 가정한다. 인격적으로나 실존적으로 이것은 상상할 수 없는 일이다. 캅은 '불가능한 가능성'을 제안하고 있다. 마치 내 아내가 나를 타자에게 개방하고 존중하도록 도와줌으로써 자기를 떠나 다른 여자에게 가게 한다는 말과 같다. 머리로는 가능하다고 여기지만 마음은 결코 그렇지 않다.

● ● ● 제5장

유일성
예수가 어떻게 유일한가

앞의 내용만으로는 불완전하다. 더 생각하고 대화를 나누어야 한다. 그리스도인에게 예수가 보편적이고 결정적이며 필수적이라고 끊임없이 선포해야 한다는 선언만으로는 부족하다. 왜 그런지 물어야 한다. 무엇이 그를 유일하게 만들었는가? 제자들에게 그의 메시지가 모두를 위한 것임을 일깨워 준 계기는 무엇이고, 모든 이에게 예수와 그의 비전을 전해야 한다고 마음먹게 한 것은 무엇인가? 예수의 유일성은 무슨 내용을 담고 있는가?

'유일성'의 의미

이런 질문을 불편해하는 사람이 많다. 교회 밖 사람들에게는, 그리스도교의 우월성을 과시하고 모든 이를 그리스도 교회로 몰아넣기 위해 짐짓 가장하는 것처럼 느껴질 것이다. 반면에, 그리스도교 공동체들은 이런 질문에 대해 '그리스도교의 본질', 즉 결코 변하지 않으면서 대번에 그리스도인을 규정해 주는 그리스도교의 내적 핵심을 전제해 주는 것으로 여긴다. 정직한 동기를 가지고 정확히 판단하건대, 내가 그리스도의 유일성에 관해 질문을 던진 데는 그리스도교의 우월성을 입증하거나 그리스도교의 본질을 높이 취급하려는 의도가 전혀 없다.

'유일성'이라는 말을 쓴다고 해서 남들에게는 결코 없는 어떤 것을 가졌다는 뜻은 아니다. 누군가의 유일성이란 그를 특별하고 분명하게 만들어 주는 것, 즉 그것이 없다면 그를 그답게 해 줄 수 없는 것을 말한다. 누군가를 유일하게 만들어 주는 것은 사람들이 그와 교제할 때 특별히 끌리거나 반대로 갈등을 일으키는 부분이 되기도 하다. 이 고유한 특성을 제거해 버린다면 영판 다른 사람이 되어 버리고 만다. 따라서 예수와 복음의 유일성을 인정하지 않는다면, 예수는 신약성경에 묘사된 그 모습이 아닐지 모르며 우리는 지금과 같은 복음을 가질 수 없었을 것이다.

신학적 측면에서 유일성이라는 말은 '경전 속의 경전'the canon within the canon, 즉 신약성경에 있는 모든 것의 중심이 되는 진리나 원리들, 성경의 다른 내용들이 전하는 진리를 판단하고자 이용해 온 진리들, 루터의 말대로 '교회의 존폐가 걸려 있는 조항'articulus stantis et cadentis ecclesiae에 가깝다.

그런 점에서 나는 다음과 같은 로저 하이트의 경고에 전적으로 동의한다: "우리는 그리스도교의 본질이 타신앙과 특별히 다른 가치를 지닌다고 확신하는 오류를 경계해야 한다"(Haight 1994, 231). 예수의 유일성은 예수를 필연적으로 다른 이들과 차별하게 만드는 그 무엇이 아니라, 예수를 예수이게 해 주는 것이다. 그가 지닌 것이자 그리스도인이 지녀야 하는 어떤 것이다. 그리스도인이 세계를 바라보고 이해하며 그것에 응답하는 기준이자 중심이 된다. 그것은 "그리스도인이 타종교에 공통으로 들어 있다고 할 만한 것을 중심에 놓고 해석하며 바꾸는 데 영향을 미친다"(같은 곳). 따라서 예수의 유일성을 그 의미대로 사용할 때, 예수 추종자들은 종교 간 대화에 분명히 공헌하는 바가 있다. 그 중요한 요소가 아니라면 그리스도인은 타신앙인을 대할 때 예수 제자로서 말하거나 행동하지 않을 것이다.

그렇다면 경전 속의 경전, 유일한 핵심이란 것이 과연 있을까? 대답은 '그렇다'도 되고 '아니다'도 된다. 유일한 핵심이라는 말이 세세대대 전해 내려오는 찬란한 가보처럼 불변하는 어떤 것을 의미한다면 대답은 '아니다'이다. 반대로, 세세대대 변해 가는 세상에서 저마다 달리 평가되어 전해지는 보물을 의미한다면 대답은 '그렇다'이다. 핵심, 즉 예수의 유일성이라는 무언가가 분명 존재하지만, 변화하는 그 힘을 파악하고 느끼기 위해서는 자신의 역사와 문화라는 맥락을 해석 수단으로 삼아 다가서야 한다. 그리스도교를 유일하게 지탱해 주는 것은 (역설적이게도) 같으면서 늘 달라진다. 지속적이고 불변하는 어떤 것이면서도, 변화하는 시대와 사람들의 다양한 시각과 언어를 통하지 않고서는 파악될 수 없기 때문이다.

그리스도교 역사는 그리스도교 복음 정신과 계시의 핵심이 다양한 형태로 적응하고 변하는 실재임을 드러낸다. 그리스도인은 살아 계신 그리스도living Christ라는 기쁜 소식을 다양한 역사와 문화에 따라 다르게 경험해 왔다. 살아 계신 그리스도는 어제나 오늘, 내일도 같겠지만, 그 변혁의 힘은 중세 시대 농부의 인식과 오늘날 엘살바도르의 캄페시노campesino(라틴아메리카의 농장 노동자)의 인식에 다르게 작용할 것이다.

유일성과 역사적 예수

그리스도인이 역사 속에서 각자의 길을 걸었던 것처럼, 오늘날 우리도 그리스도교 메시지의 독특한 핵심을 제 나름대로 알아볼 수 있을까?

예수 그 자체, 성서학자들과 신학자들이 말해 온 역사적 예수가 그리스도교 핵심의 출발점이다. 역사적 예수에게서 그리스도교의 특수성을 보려면 학문적 논의가 필요하다. 일단 저명한 신약성경 전문가들이 동의할 만한 (최근 수십 년간의) 주장을 제시하려 한다. 학자들은 (전폭적으로 지지하지는 않더라도) 기본적으로 두 가지 견해에 동의한다.

첫째, 역사적 절차, 이른바 과학적 절차만으로 예수에 대해 알아내고자 한다면, 그가 누구였고 어떤 말과 행동을 했는지 명명백백하게 그려 낼 수 없으며 다만 그가 움직여 간 역사의 궤적만을 알 수 있을 뿐이다. 먼저 그 '없음'에 있어서, 우리는 역사적 예수를 결국 충실하고 명확하게 알 수 없을 것이다. 역사적 예수에 대한 의문은 결코 끝나는 일 없이 영원히 계속될 것이다. 존 마이어John Meier가 지적하듯이 역사적 예수, 즉 "현대 역사 연구의 과학적 방식을 이용해 '복원'하고 검토할 수 있는 예수"에 대해 알 수 있는 것은 많다. 그 의미 있는 결론들은 언제나 한정적이고 단편적이며 다른 질문을 불러일으킨다. "바로 그런 성향 때문에 이 탐구는 여러 해석이 가능한 모자이크의 단편들과 빛바랜 프레스코화의 희미한 윤곽만을 재구성할 뿐이다"(Meier 1991, 25, 21-3). 우리는 "부활 이전 예수를 언뜻 비쳐 주는 특징"(Borg 1994, 29)만을 얻을 뿐이다. 복음서에서는 역사적 예수에 대한 그림을 제시해 주지 않는다. 다만 그것을 통해 "성경 주석의 타임머신 속에서 우리를 계몽주의 시대로 데려다 주는 운송 수단"(Meier 1991, 26)을 발견할 수 있어야 한다.

다양한 해석이 가능한 프레스코화를 통해, 예수를 이해하고 따르려는 그리스도인이 예수의 발자취를 충실히 따르는지 여부를 파악할 수 있다. 수많은 해석의 여지 가운데 어떤 해석이든 괜찮다는 것은 아니다. (인종차별주의자 예수, 정복자 예수, 여자를 교회의 권위 있는 자리에 앉지 못하게 하는 가부장적 예수 같은) 일부 예수에 관한 모습들은, 분명 역사와 어긋난 모습이라 할 수 있겠다. 역사적 예수에 대한 우리 지식은, 대부분의 예수 모습이 특정 경계를 넘었는지를 판단하는 일종의 부정적 심판 역할을 주로 담당한다(Tracy 1980, 36-9). 이는 극소수 견해임에도 매우 타당하고 중요하다.

더 적극적인 의견을 펴는 이들도 있다. 영으로 충만한 예언자나 냉소적이고 비판적인 예언자로서의 예수 모습과 메시지만 보아도, 그가 어떤 입장에 있었고 사회에 어떻게 반응했는지 충분히 알 수 있다고 주장하는 이들이다(Borg 1987; 1994; Crossan 1991). 그들은 예수가 '실제로 사용한 말'ipsissima verba은 알 수 없어도, 예수의 '본디 의도'ipsissima intentio는 알 수 있지 않겠느냐고 주장한다(Nolan 1978, 10).[1] 예수가 무슨 생각을 했는지 명확한 그림을 그릴 수는 없어도, 왜 사람들이 그에게 관심을 기울이고 그를 따르거나 반대했는지에 대해 믿을 만한 견해를 얻을 수 있을 것으로 진단한다(Segundo 1985, 13-21). 그의 메시지에 대해 서술하지는 못해도 그가 이루고자 했던 것, 그 실천과 정신은 분명히 알 수 있을 것으로 생각한다(Sobrino 1994, 51).[2] 실천과 정신을 안다면 추종자들이 어떻게 그로부터 벗어나 그에게 맞섰는지 역시 볼 수 있을 것이다. 예수 자신의 신학이나 그리스도론을 알지 못한다 해도, 기본적으로 예수에게 하느님은 어떤 분이었는지, 또 그에게

---

[1] "예수가 직접 한 말을 우리가 안다고 확신할 수 없지만, 그가 했을 법한 말들과 주제와 참뜻을 어느 정도 확신할 수는 있다. 그가 했을 법한 행위들, 즉 치유, 소외된 이들과의 친교, 열두 제자를 신중히 부름, 이스라엘인에게 직접 선교함, 예루살렘에 입성함 등에 관해서도 비교적 확신할 수 있다"(Borg 1987, 15).

[2] "역사적 예수의 가장 역사적인 측면은 그의 처신과 이를 실천케 한 성령이다. 여기서 말하는 '실천'은, 예수의 활약이 하느님 나라를 특별히 지향하는 사회 변혁 행위에 다름 아니었음을 의미하는 것이다. 따라서 '역사적'이라는 것은 예수 당대의 역사와 오늘의 역사를 움직이는 예수의 실천을 가리킨다"(Sobrino 1994, 51).

영감을 불러일으킨 하느님의 가치는 알 수 있다고 주장한다. 또한 우리는 예수의 도전과, 그 도전으로부터 우리가 언제 등 돌리는지를 충분히 자각할 수 있다.

어떻게 역사적 예수가 그리스도와 그리스도교의 유일성을 우리에게 알려 줄 수 있는지 그 둘째 이유를 살펴보자. 역사적 예수에 관해 선명한 그림을 가지고 있다 하더라도, 그리스도교 공동체에게는 여전히 충분하지 못할 것이다. 사실상 역사적 예수조차 순수하고 유일한 예수로 실존하는 것이 아니다. 지상 생활 동안의 예수를 메시아나 예언자 또는 구원자로 경험했다면, 그 경험은 공동체로부터 생겨나고 해석된 것이다. 예수의 공생활 초기부터 추종자들은 그를 해석했고, 이 해석은 그의 죽음과 제자들의 부활 체험 이후에 강화되었다.

이것은 역사적으로 늘 보아 오고 이해해 온 예수가 언제나 '신앙의 그리스도'라는 이름과 더불어였음을 의미하는 것이다. 그가 누구였고 어떤 말과 처신을 했든 간에 타인의 삶을 어루만지고 변화시킨다면, 예수는 신앙의 그리스도로 남을 것이다. 따라서 우리가 역사적 예수에 대해 선명한 그림을 가지고 있다 해도, 신앙의 그리스도가 지닌 힘과 현존에 대한 지식을 해석하고 적용해 보아야 한다. 역사적 예수와 신앙의 그리스도의 관계는 그리스도인이 예수의 신성과 인성을, 다르면서도 분리할 수 없는 것이라고 말하는 방식과 유사하다. 하나를 다른 하나로 환원시키지는 않는다 해도, 이것 없이는 저것도 알 수 없다(Thompson 1994).

신앙의 그리스도를 가리키는 다른 용어나 상징은 '그리스도의 영'*Pneuma tou Christou*(2코린 3,17 참조) 또는 성령이다. 따라서 무엇이 '그리스도교 메시지의 유일성'인지 확증하려면 성경 속의 역사적 예수는 물론, 죽음에서 부활하신 그리스도 영의 인도하심으로 회귀해야 한다. 성경에만 매달리면,

전형적 성경문자주의Biblicism로 마감하는 셈이다. 또 성령의 인도에만 의지한다면, 성령은 '자기 안에 갇힌 영'the spirit of subjectivism이 되고 말 수도 있다. 우리에게는 역사적 예수와 신앙의 그리스도 둘 다 중요하다. 신약성경의 증언은 공동체에 함께하는 성령을 통해 감지되고 해석되기 때문이다. 그리스도론 없는 하느님, 즉 신약성경의 예수 이야기와 무관한 하느님에 대해 말할 수 없다면, 성령론 없는 그리스도론, 성령의 임재臨在를 의식하지 않는 그리스도론에 대해서도 말할 수 없다. "살아 있는 교회 공동체와 최소한의 교회론 없이 그리스도론과 성령론에 대해 말하기란 불가능하다"(Schillebeeckx 1990, 109-10).

따라서 예수의 유일성과 그의 공동체는 세상의 '해방'과 변혁에 연관된다. 역사적 예수에 관한 주장의 기초를 놓되 상대적 확실성relative certainty을 가지고 할 것이다. 물론 역사적 예수에 관해서만 그런 것은 아니다. 나는 공동체에서 활동하는 그리스도의 영과 오늘날 신약성경의 증언을 이해하고 해석하려는 공동체의 노력 속에 현존하는 성령에게 호소할 것이다. 성령의 바람은 다양한 맥락과 요구에 따라 (옛 방식대로만 의미를 지니지 않도록) 다양하게 분다.

자유와 해방을 복음의 핵심으로 볼 때, 해방과 지구적 책임감이라는 오늘의 요청이 곧 내가 복음에서 취하는 핵심이다. 해방자 예수가 타인의 참살이와 특히 고통에 관심이 있었다는 역사적 주장에는 이유가 있을 것이다. 나는 마크 테일러Mark Taylor의 고백에 담긴 진정성을 수긍한다. "(예수와 그의 메시지에 담긴) 해방은 예수를 증언한 본문을 가지고 직접 토론할 때 발전시킬 수 있다. … 해방을 앞세우는 것은 예수나 성경이 '우리에게 그렇게 말했기 때문'이기도 하지만, 수많은 이가 그것을 요구했기 때문이기도 하다"(Taylor 1990; 1980, 177-9).

하느님의 다스림 — 예수 메시지의 초점

그렇다면 예수가 우선시한 것과 그의 사명과 메시지의 핵심은 무엇이었을까? 주류 학자든 복음주의적 학자든 간에 성서학자들 사이에는 놀랄 만한 공감대가 형성되어 있다. 복음서에 따르면, 예수라는 존재와 그 실천의 핵심은 바로 하느님의 다스림Reign of God/*Basileia tou Theou*이었다. 더모트 레인Dermot Lane은 다음과 같이 진술한다.

> 실상 시종일관 예수의 모든 말과 처신은 세상에 도래하는 하느님의 다스림을 위한 인격적 투신을 보여 준다. 하느님 나라Kingdom of God는 예수의 사명과 활동을 조정하는 준거가 된다. 예수의 생애와 죽음과 부활의 의미는 하느님 나라를 공표한 데서 연유한다(Lane 1991, 11).

이는 예수의 생애를 근거 짓고 인도해 준 어떤 궁극적·절대적 기준이 당시 많은 이의 생각과 달랐음을 의미한다. 소브리노는 우리가 예수의 궁극적 관심에 한발 한발 접근하도록 도와준다. 첫째, "예수는 자기 자신을 궁극으로 삼지 않았다. … 예수를 궁극적 존재로 만들려는 어떤 시도도 성경 주석의 증거 앞에서는 무너진다. 역사적 예수는 물론이요 부활한 그리스도의 경우도 마찬가지다"(Sobrino 1988, 82). 둘째, 좀 더 놀라운 것은 "예수가 궁극으로 본 것은 단순히 '하느님'이 아니"라는 점이다. 즉, "예수는 단순히 '하느님'을 설교하지 않았다. '하느님'은 온전하고 절대적이며 궁극적인 준거 틀이 아니다"(같은 곳). 하느님을 언급할 때 예수는 하느님 자체를 판단 기준으로 이용할 수 있는 어떤 실재로 보지 않았다. 하느님의 절대성을 '매개해 준' 무엇이 있는데, 그것을 신적 절대성과 동일시했다. 셋째, 핵심은 '교회나 하늘나라'가 아니다(같은 책 83-4). 신적 실재는 하늘나라나 교회에서 제일 먼저 찾을 수 있거나, 궁극적으로 거기서만 발견되는 것이 아니다. "예수에게 궁극적인 것은 하느님 나라다." 하느님은 하느님 자신의 관계에 머물지 않고 이 지구와 인류 역사와 관계 맺고 계신다. 유다의 참예언자들처럼 예수에게도 "하느님은 그 무엇의 하느님God-of, 그 무엇을 위한 하느님God-for, 그 무엇 안에 계신 하느님God-in이다. 자신 안에 계신 하느님God-in-himself이 결코 아니다"(Sobrino 1994, 69).

현대 신학에서 보면, 예수는 교회 중심이 아니었고 심지어 그리스도 중심도 아니었다. 그의 으뜸 목적은 교회를 세우는 것이 아니었다. 하느님이 주신 사명을 모든 이에게 각인시키는 것도 아니었다(그가 그런 노력에 반대했다는 뜻이 아니다. 다만 우리는 그가 으뜸으로 삼은 것이 무엇인지를 말하려 한다). 하느님 중심theocentric이라는 말도 주의해야 한다. 예수가 아빠Abba라 부른 하느님 체험과 하느님에 대한 헌신은 분명 그의 삶의 원동력이었다. 그러나 자신이 오로지 하느님을 믿고 경배하며 숭배하게 하려고 사람들을 인도한다는 해석을, 예수 본인은 불완전하고 위험하게 여겼다. 예수가 선포한 아빠는 하느님의 다스림Basileia과 분리하여 이해하거나 숭배할 수 없는 분이다. "그(예수)에게 최종 실재는 단순히 '하느님'이 아니라 '하느님 나라'였다 …. 예수는 '하느님'조차 '하느님 나라'라는 보다 폭넓은 실재에서 보았다"(Sobrino 1994, 68). 이 다스림과 별개로 하느님을 아는 것은 거짓이다. 이 점에서 예수는 하느님 나라 중심Kingdom-centered이었다고 말할 수 있다. 다시 말해, 하느님 중심이기 위해 하느님 나라 중심이어야 했다.[3]

---

3 교황 바오로 6세는 이 주장에 동의한다. "그리스도께서는 복음 선포자로서 먼저 하느님 나라를 알리셨다. 그리스도에게 있어서 하느님 나라는 가장 중요하기에 하느님 나라와 비교할 때 다른 모든 것은 부수적인 것에 불과하다. 하느님 나라만이 절대적인 것이며 다른 것은 모두가 상대적인 것이다"[「현대의 복음 선교」(*Evangelii Nuntiandi*) 1975, 8].

그렇다면 하느님의 다스림에 중심을 두고 그에 투신한다는 것은 무슨 뜻인가? 예수는 결코 하느님 나라를 정의 내린 적이 없다. 그것은 하나의 상징으로, 그 의미는 결코 포착되지 않을뿐더러 다양한 역사와 문화를 통해 탐구되고 재정비되어야 할 것이다. 심원한 다양성과 풍요로움을 지닌 하느님 나라의 근본 특징이 예수 메시지에 뿌리박혀 있으며 후대의 해석에도 포함되어 있다. 이는 하느님의 다스림이 이 세상 실재임을 의미한다. 예수는 하느님 나라를 사후생死後生을 위한 약속으로 여겼을 뿐 아니라 세상과 인간의 변혁으로도 보았다. 예수는 하느님 나라라는 비전을 가지고 그 나라가 자신을 통해 도래할 것을 확신하면서 주위 사람들, 특히 고통받는 이들의 회개와 안녕과 온전한 삶을 추구했다. 그것은 세계와 정신을 모두 바꾸는 실재였다. "예수 자신의 설교와 활동을 기반으로, 창조와 역사를 위한 하느님의 가치와 뜻을 구현함으로써 하느님 나라는 존재한다"(Haight 1994, 249). 달리 말해 보자: "예수의 청중은 한 가지만큼은 완전히 이해했다. 예수가 말하는 하느님 나라 배후의 힘은 … 하느님이 분명하지만 그 나라는 지상에서 실현될 것이었다. 따라서 이 세상 전체는 하느님의 뜻을 반영한다"(Segundo 1984, 88).[4]

스힐레벡스는 우리가 아는 역사적 예수가 요청한 하느님 나라를 현대적으로 진술한다.

---

[4] 예수가 사후 영생뿐 아니라 이 세상의 변혁까지 꾀했다는 생각은, 예수의 종말론과 말세관을 연구하는 신약학자들의 사고방식을 변화시켰다. 마커스 보그는 "예수의 말세관에 관한 합의는 사라졌다. 학자들 대다수는 더 이상 예수가 당대에 말세를 예상했다고 생각하지 않는다"(Borg 1987, 14). "지난 10여 년 동안, 20세기 중반 내내 신학을 주도했던 예수의 종말론적 예언자 이미지는 극히 일부 의견이 되어 버렸다"(Borg 1994, 29). 따라서 예수가 경고한 최후의 심판은 그동안 상식적으로 배우고 생각해 온 종말이 아니었다. "예수는 최후의 심판을 말했지만 그 심판을 절박한 것으로 생각했다고 여길 이유는 없다. 그보다는 이스라엘 멸망 전에 예수보다 먼저 살았던 예언자들처럼, 당대 사회의 역사적 파국을 우려했다고 볼 수 있다"(Borg 1987, 157; 1988; 1991).

하느님 나라는 우리가 인정하고 받아들이는 만큼 우리에게 생기를 주는 하느님의 구원 현존이다. 하느님이 주시고 사람들이 자유롭게 받아들이는 구원 현존이다. 그것은 무엇보다 사람과 사람 사이에서 이루어지는 정의와 평화 속에서, 질병과 불의와 억압이 사라지고 죽은 자와 죽어 가는 자 모두의 생명이 회복되는 곳에서 드러난다. 하느님 나라는 하느님을 향한 새로운 인간관계인 회심*metanoia*으로 우리를 초대한다. 그 선명한 모습은 사회를 평화로운 자연 환경과 조화시키면서 사람들을 새로운 해방으로 이끈다(Schillebeeckx 1990, 111-2).

예수에게 하느님은 모든 '하느님 나라의 활동'Kingdom activity으로, 인간의 참살이를 증진시키고 고통을 제거하는 모든 활동에 현존하시고 활동하시며 드러나신다. 그런 사건들이 벌어지는 곳마다, 평화 · 사랑 · 정의를 키우고 빈곤 · 전쟁 · 착취를 줄이는 곳 어디에나 예수가 하느님 나라로 여긴 힘과 실재가 존재한다(Sobrino 1988, 84-5; Lane 1991, 27-9, 46-9). 어떤 면에서 예수에게 예레미야의 선언은 역으로 해석될 수 있다. "하느님을 아는 것은 정의를 행하는 것"(예레 22,13-17 참조)이라는 말은, "정의를 행하고 하느님 나라를 위해 일하는 것은 하느님을 아는 것"이라는 말과 다르지 않다.

루카 복음서를 보면 하느님 나라는 모든 이를 포용하면서도 특히 고통받는 이들, 또 식민 지배하의 사람들에게 의미를 둔다(Horsely 1985, 23-87). 잘 차려진 식탁에 초대받지 못한 이들에게 하느님 나라의 식탁이 열려 있음을 분명히 확인할 수 있는 장면들이 있는데, 유다 사회의 '상것'들인 거지, 창녀, 세리와 함께한 예수의 파격적 식탁 친교(열린 밥상 공동체)가 그것이다(Nolan 1978, 39-40; Crossan 1991, 261-4). "먹보요 술꾼이며 세리와 죄인들의 친구"(마태 11,19)라는 비난 뒤에는 분명한 역사적 이유가 있다. 소외된 이들에게 식탁을 개방한 예수의 행보는 성전 환전상의 탁자를 뒤엎는 사건으로 이어진다. 새로운 하느님 나라에서 희생자들은 환대와 옹호를 받으며 존엄성을 회복한다.

'해석학적 열쇠'가 성경의 주요 메시지를 밝혀 주거나, '경전 속의 경전'이 유다 및 그리스도교 성경의 다양한 목소리를 정리하고 수정하는 한, 하느님 나라의 상징을 통해 하느님 나라를 발견함으로써 마음을 쇄신하는 영적 회심으로 인해 사회관의 구조적 변혁이 이루어졌다고 본다. 후안 루이스 세군도는 이 해석학적 열쇠가 어떻게 작용할 수 있는지 설명한다.

> 예수를 따르고 하느님을 해석하기 위한 열쇠는, 인간을 소중히 여기며 인간성을 충만하고 온전케 하는 데 있다. … 가난한 이웃의 고통에 함께하는 사람만이 하느님과 율법과 예언자뿐 아니라 궁극적으로 예수를 올바로 해석하기 위해 마음을 열 것이다(Segundo 1984, 128, 131).[5]

영으로 가득 찬 예언자 — 예수 칭호들의 핵심

부활 이후 예수의 하느님 나라 중심성이 새롭게 부각됨을 인정해야 한다.

> 부활 전 예수 설교의 키워드인 '회개'는 억압적 종교 이데올로기에 대한 그의 철저한 비판을 이해하고 추구하는 것과는 무관하게, 예

---

[5] 세군도의 해석학적 열쇠는 엘리자베스 쉬슬러 피오렌자가 여성주의 관점에서 비판적 성경 해석에 사용한 '계시적 정경'과 본디 동일하다. 그녀가 "억눌린 이들을 옹호하는 태도"라고 본 것, 곧 평등 공동체를 지향한 예수의 원래 비전에 헌신하는 것은 "성경의 권위 있는 주장이 제시하는 해석과 평가의 적절한 표준"이 된다(E.S. Fiorenza 1983, 32-5).

수가 메시아임(사도 2,36 참조)을 믿는 것과 관계있다. 이제 '예수 이름' 안에서 이루어진 '구원'을 통해 '은총의 때'가 펼쳐진다. 즉, 이 땅에서 하느님 나라의 가치를 실현하는 것은 이스라엘 사회의 가장 가난하고 천대받는 이들의 비참한 처지를 변화시킬 것이다(참조: 사도 2,47; 4,10-12)[Segundo 1984, 186].

예수의 하느님 나라 중심성은 초기 공동체의 그리스도 중심성으로 바뀐다. 탄원할 때 부르는 칭호를 예수에게 쌓아 올린다. 메시아, 그리스도, 구세주, 중재자, 하느님의 어린양, 하느님의 말씀, 그리고 결국 그리스도교 전례와 교리 중심에 있는 하느님의 아들 ….

이 모든 칭호는 분명 필요하며 삶을 북돋워 준다. 이 칭호들로 초기 공동체가 체험한 하느님 나라의 실체가 드러나고, 그리스도의 영원한 성령을 통해 지금도 드러나고 있는 것이다. 그리스도 중심주의는 하느님 나라 중심주의를 더욱 들어 높인다. 그리스도교에서 그리스도를 중심에 놓는 것은 곧 하느님 나라를 중심에 놓는 것이다. 예수가 우리에게 전해 준 바와 같이, 하느님 나라에 초점을 맞추는 것이 예수에게 초점을 맞추는 것보다 중요하다.

따라서 하느님의 다스림이라는 상징이 성경 메시지의 해석학적 특권을 지니고 해석의 열쇠로 사용될 수 있듯이, 영으로 가득 찬 예언자라는 칭호 역시 신약성경의 예수에 관한 수많은 그리스도론적 칭호를 이해하는 해석학적 빛줄기로 작용할 수 있다. 그것은 또한 하느님의 외아들과 구세주라는, 그리스도교 전통과 신념을 지배해 온 칭호를 포함하여 예수 칭호들에 대한 우리 이해를 평가하는 해석학적 리트머스 시험지로 사용될 수도 있다. 현대 신약학을 적용하여 읽을 때, 예수를 영으로 가득 찬 예언자로 보는 관점은 성경과 역사라는 탄탄한 기초 위에 서 있다. 마커스 보그Marcus Borg는 현대 신약학의 논의를 정리(하고 교회와 이 세상에 살아 있는 그리스도의 영에 응답하려고 노력)하면서 역사적 예수에 대한 네 가지 상대적 확실성을 꼽을 수 있다고 결론 내린다.

- 역사적 예수는 영적 인격spirit person으로서, 인간 역사에서 하느님의 실재를 체험으로 깨달은 인물 가운데 하나다.
- 예수는 지혜 교사teacher of wisdom로서, 뒤집어엎고 대안이 되는 지혜를 가르치고자 고전적 형태의 지혜 설교(비유와 격언으로 알려진 인상적 단문들)를 반복하여 활용했다.
- 예수는 고대 이스라엘의 전형적 예언자들과 유사한 사회적 예언자social prophet였다. 그는 당대의 (경제·정치·종교) 엘리트들을 비판했고 대안 사회관을 주장했으며 권력층과 자주 부딪쳤다.
- 예수는 당대의 사회적 장벽에 도전하고 이를 깨부수면서 유다교를 쇄신하고 새 생명력을 불어넣으려 한 운동의 주창자movement founder 였다. 이 운동은 마침내 초기 그리스도 교회가 되었다(Borg 1994, 30).

이 특성들은 두 가지로 나뉜다. 예수는 영으로 가득 찬 신비가며 사회적 예언자인 것이다. "예수는 성령이 종교적 체험의 불가결한 기본 요소임을 증언했으며, 자신이 속한 사회와 시대의 문화에 깊이 개입하여 두 특성을 연결시켰다"(Borg 1987, i). 성령과 예언자라는 두 가지 본성은 신약성경에 나오는 예수에 관한 다른 모든 칭호를 이해하고 식별하는 데 도움이 된다. 4장에서 살펴본 대로, 이 칭호들은 실천의 소명(수행 언어)을 가장 잘 보여 준다. 이 칭호들은 그리스도인을 같은 성령 체험으로 인도하면서, 저마다의 문화와 사회에서 예수 제자로 일하도록 힘을 주면서 이끌어 준다. 예수를 '하느님의 외아들'이나 '하나뿐인 유일한 구세주'로 이해하면서 이 '소명'을 알아듣지 못한다면 유감스러운 결과를 낳게 될 것이다. 그러나 예수에 관한 새로운 칭호를 연구하며 그의 고유성을 재해석하려는 노력이 그리스도교 공동체에 예수의 영의 힘을 느끼게 하고 하느님 나라를 위한 현세의 예언자적 실천을 이끌어 내는 한, 우리의 새로운 해석이 정통이라는 사실을 확신할 수 있다.

역사적 투신을 요청하는 역사의 하느님

성급한 감이 있지만, 이로써 그리스도인이 어떻게 역사적 예수에 호소할 수 있으며 하느님 나라가 그의 메시지에서 핵심을 이룰 수 있는지, 또 그리스도나 그리스도교의 유일성을 어떻게 현대적 맥락에 맞게 재구성할 수 있는지 깨닫는 데 도움이 되기를 바란다. 예수 메시지 가운데 현대에도 살아 있는 메시지의 본질은 무엇인가? 예수와 그리스도교에 충실하고자 할 때 그리스도인은 대화 석상에서 무엇을 준비해야 하는가?

이런 물음들에 대해서는 역사적 예수와 신앙의 그리스도를 두고 논의된 그리스도의 제자됨에 관한 내용으로 답할 수 있을 것이다. 하느님의 다스림에 관한 예수의 메시지를 듣고 그에 따라 살면서, 불안과 위협으로 고통받는 인간 사회와 생태계에서 영으로 충만한 예언자인 예수를 따르려면, 하느님을 알(거나 초월을 경험하거나 진리를 깨닫)기 위해 먼저 그리스도인부터 깨닫고 타인에게 전하면서, 다음 세 가지 측면에서 투신할 수 있어야 한다: 1) 이 세상의 생명을 위한 투쟁에 활발히 참여하고, 2) 이 참여 속에서 불의와 억압으로 고통당하는 존재들에게 각별히 관심을 기울이며,

3) 실패와 죽음을 맞더라도 이 세상이 더 나아질 수 있다는 희망을 버리지 않는 것이다.

예수가 하느님으로 경험한 궁극적 실재는 역사에 드러난 하느님이자 억압받는 이들의 안녕을 추구하고 하느님 나라를 위해 이 땅에서 일하는 이들을 신뢰하는 분이다. 그 하느님이 계시고 그분을 체험할 수 있다는 선포가 그리스도교의 정체성과 종교 간 대화에 공헌하는 그리스도인의 고유성을 구성한다. 그리스도인의 종교 체험을 통해 파악할 수 있는 하느님의 세 가지 본질적 특성을 간략하게 살펴보겠다.

역사의 하느님

선한 유다인 예언자의 경우처럼[6] 예수에게도 하느님은 초월적 존재로만 남을 수 없는 초월적 실재다. 그런 신적 본성상 하느님은 (당신 자신을 표현하기 위해) 유한한 것, 즉 역사와 관련되어야 한다. 예수가 하느님을 하느님 나라와 관련지은 방식을 철학적으로 해석하면, 신적인 것과 역사적인 것은 둘로 나뉘지 않는다고 말할 수 있다. 이는 신적인 것을 역사적인 것으로 환원시키는 것이 아니라, 신적인 것을 찾거나 신적인 것의 일부가 되려면 역사와 이어져야 한다는 사실을 긍정하는 것이다.

예수가 당대 사회에서 예언자로 인식되지 않았다면 그는 영으로 충만할 수 없었을 것이다. 두 실재는 다르지만 상대가 있음으로써 존재할 수 있다. 예수는 참된 인간 체험과 의식을 가지고 이웃을 사랑하는 예언자적 행위를 으뜸으로 여긴 듯하다. 예수의 역사적 실천에서 어떤 이는 성령을 느

---

[6] 내가 제시하는 그리스도교의 고유성은 그리스도교의 부모 종교 격인 유다교가 강조하는 것과는 다르다. 그리스도교와 유다교의 관계를 '하나의 계약'으로 볼지 '두 가지 계약'으로 볼지를 다루는 논의에서, 나는 '하나의 계약'이라고 보는 입장이다. 유다인과 그리스도인은 하느님이 시나이 산에서 맺으신 역사적 계약을 각기 다른 방식으로 줄곧 따르고 있다.

끼고, 어떤 이는 하느님 나라의 현존을 감지한다. 역사적 실천이 없는 신비 체험은 불구일 수밖에 없다.

따라서 그리스도인은 신적 본성과 역사적 본성 사이의 "양극성"bipolarity(Sobrino 1988, 4), "분화된 단일성"differentiated unity(Sobrino 1988, 56), "깨지지 않는 결속"an unbreakable bond(Schillebeeckx 1990, 171)에 대해 말해야 한다. 그리스도인의 실존은 하느님의 다스림, 정의, 지식, 인간에 대한 봉사 같은 역사적 요소와, 하느님에 대한 인식 같은 초월적 요소를 포괄해야 한다. 초월적 요소는 직접 다가갈 수 있는 것이 아니라 역사적 매개를 통해 도달해야 하는 것이다.

> 한 가지는 명백하다. 하느님 나라를 위한 실천 행위 없이 하느님을 고백하기란 불가능하다는 것이다. … 역사적인 실제 삶 없이 영적 삶을 살 수는 없다. 영이 육이 되지 않으면 영적으로 사는 것은 불가능하다(Sobrino 1988, 4).

따라서 기도와 노동 모델을 그리스도인의 특수한 존재 양식으로 양립하는 것은 타당하지 않다. 기도와 노동ora et labora은 확연히 분리될 수 없기 때문이다. 먼저 묵상하고 난 후에야 소통할 수 있다는 묵상 후 나누기contemplata tradere 모델도 적절하지 않다. 그리스도인에게 더 적절한 것은 행위하며 묵상하기in actione contemplativus 모델이다. 신적 실재는 역사 참여 행위를 통해 느낄 수 있다. 따라서 누군가 자기 방이나 교회에서 침묵하며 묵상하는 것으로만 신에게 나아가려 한다면 그는 신적 본질을 놓치는 셈이다. 무엇보다 우선적으로 역사 참여 행위를 통해 묵상해야 한다(Knitter 1987). "하느님을 실천하고 묵상한다"(Sobrino 1988, 68).[7]▶

여기서 말하고 있는 '역사 참여'란 무엇인가? 이웃 사랑이다. 이것이 그리스도인(유다인도 마찬가지다)의 으뜸 계명인 하느님 사랑과 이웃 사랑을 서로 분리할 수 없는 이유다. 이 둘은 동일한 경험적 실재의 두 측면이다. 이웃 사랑은 하느님이 우리에게 준 단순한 계명이 아니다. 이웃 사랑 행위 속에서 우리는 하느님을 사랑한다. 그럼으로써 이웃과 하느님이라는 두 실재를 사랑하고 경험한다(Rahner 1983, 71-4).

예수의 생애와 메시지가 명시하듯이, 이웃 사랑은 단순히 감정이나 고통에 대한 연민compassion이나, 감정이 개입된 친교communion만이 아니다. 그것은 서로를 위해 함께 행동하는 협력collaboration이기도 하다. 그리스도인의 사랑은 타인의 참살이를 추구하되 바로 지금 그렇게 한다. 그런 참살이가 방해받으면 그리스도인은 상황을 바꾸고자 소매를 걷어붙이고 행동한다. 이렇게 역사 참여는 현세 조건을 개혁하는 행위를 뜻하기도 한다. 역사의 방관자가 아니라 역사의 동인動因이 됨을 의미한다. 그것은 세상과 역사를 하느님 나라라는 예수의 비전에 더 가까워지게 하기 위한 특별한 결정·계획·사업을 가리킨다.

그러므로 오늘날 그리스도인은 타종교인과 대화함으로써 그들의 전통에서 하느님과 진리를 경험할 수 있다. 분열과 불의로 가득 찬 이 세상을 사랑과 평화의 세계로 변혁시키라고 부르시며 능력을 주시는 하느님과 진

◂7 마크 테일러는 '구체적 실천'이야말로 "그리스도에게 존재하는" 주요소라고 주장하면서 똑같은 비이원론을 말한다. "인간 행위는 '그리스도에게' 돌아간다. … 그 행위는 굶주린 이, 목마른 이, 이방인, 헐벗은 이, 감옥에 갇힌 이의 구체적 필요를 보고 그들을 살리는 것이다. 이것은 단순히 그리스도의 신적 명령에 충실히 봉사하는 것이 아니다. 더 정확히 말하면, 이 섬김이 그리스도를 섬기는 것임을 알려 준다. … 그리스도인은 이들의 구체적 필요를 위해 이들과 함께 일하면서 그리스도 안에 살게 된다. 이 행위는 그리스도를 알고 그리스도 안에 존재한 이후에, 또는 그것에 뒤따라오는 이차적 행위가 아니다. 그리스도를 알고 그리스도 안에 존재하는 것은, 북아메리카 그리스도인 대다수가 세상의 수많은 가난한 이를 고통에 처넣는 체제에 저항하지 않고 묵인하는 영성, 바로 그것이다"(Taylor 1990, 234-5).

리를 인식하면서 그리스도인으로서의 고유함을 드러내야 할 것이다. "인간성을 성숙시키고 정의와 평화를 지향하는 세계로 변혁시키는 것은, 그리스도교 신앙의 관용과 보편성의 본질을 이룬다"(Schillebeeckx 1990, 171).

예수가 알려 준 하느님과 진리는 우리에게 이 세상의 개선을 위해 투쟁할 것을 요청하고 있다. 우리 모두 깨닫고 있듯이 오늘날 인류 개선은 생태계 개선과 서로 얽혀 있다. 한때 그리스도교의 고유함을 교회 밖에 구원 없다extra ecclesiam nulla salus로 규정했다면, 오늘날에는 세상 밖에 구원 없다 extra mundum nulla salus라는 선포에서 고유함을 찾을 수 있다. 구원과 안녕이 현세에 있고 현세를 위한 것임을 깨닫지 못한다면, 우리는 예수가 알려 준 구원을 깨닫지 못하는 셈이다(같은 책 5-9).

억눌린 이들의 하느님

하느님이 혼란한 역사에 개입하시고 모든 이를 사랑하라고 부르신다는 주장은 그리스도교의 유일성을 인상 깊게 드러내지 못한다. 우리는 역사의 하느님에 주목해야 한다. 모세의 하느님과 예수의 하느님은 억눌린 이들의 외침에 각별히 귀 기울이시는 분이다. 라틴아메리카의 해방신학자들과 가톨릭 주교들이 말하는 '가난하고 억눌린 이들의 우선적 선택'은 최근의 정치 상황이나 신학에서 대두된 것이 아니다. 학자들이 '부활 이전 예수에 자연스레 주목하는 특징', 특히 예수의 열린 밥상 친교에서 찾아낸 것은 유다 성경 기저에 분명히 흐르는 특성이다. 예속과 착취로 고통에 울부짖는 온갖 피조물에 야훼/아빠Yahweh/Abba는 각별히 귀 기울이신다.

유다 그리스도교의 하느님 개념은 억압 현실의 가난한 이들 관점만을 중시한 것은 아니지만, 그들 관점에서 현실을 비판하며 계속 정교해져 왔다. 이 비판적 변화가 히브리 성경을 수정해 온 과정이다. 예수의 육화가 억눌리고 짓뭉개진 이들에 대한 사랑을 역사적 실천으로 보여 준 것이라면, 예수의 부활은 무시당하고 버려진 이들의 고통을 종말론적으로 옹호해 준다(O'Brien 1992, 121).

성경은 "문화적·정치적 억압을 받는 이들의 해방에 주목"(Taylor 1990, 182)한다. 폭넓은 성경 해석 연구를 통해, 크로아토Croatto는 억압당하는 이들에 대한 관심이 세 측면에서 성경의 중심 주제임을 확인할 수 있다고 밝힌다. 첫째, 역사적 측면에서 유다인의 기원을 볼 때, 이집트 탈출을 통한 '구원' 체험이다. 둘째, 성경의 구조적 측면에서, 해방을 향한 희망이 성경 전반에 걸쳐 거듭되며 구체화된다. 셋째, 주제 측면에서, 해방은 선포와 실천의 중심 요소다(Croatto 1987). 그러므로 "고통받는 인간은 분명 하느님이 선택한 사람"(Schillebeeckx 1990, 187)이라고 아무런 과장 없이 말할 수 있다. "가난한 이를 선호하여 계시가 펼쳐지며 ⋯ 이때 정교orthodoxy는 의심받게 된다"(같은 책 186).

그러므로 예수의 하느님과 이 하느님께 탄원하는 모든 이는 세상의 억압받는 이들과 "해방을 위해 연대"(F.S. Fiorenza 1975; Haight 1994, 249)하고 있다. 가난한 이들을 우선적으로 선택하는 것은 본디 정의에 주목하는 것이다. 억압받는 이들의 피울음은 억압의 뿌리에 항거하는 외침과 어우러진다. 다시 말해, 이웃 사랑은 사회정의와 생태 정의에 투신하는 것과 내밀하게 연결되어 있다. 특히 오늘날 가난한 이웃이 수백만 명에 이른다는 사실과 그들의 빈곤이 사회경제적 이유 때문임을 이해할 때, 정의를 위해 일하지 않으면서 이웃을 사랑한다고 선포하는 것은 사랑에 대한 능멸이다.

역사적 예수가 가난한 이들에게 각별히 관심을 보이며 이 세상에서 그들의 삶을 개선하려 했음을 확신한다면(Sanders 1985, 228-41), 그가 선포한 이웃 사랑은 오늘날의 사고방식을 가지고 정의를 위해 적극 투신하지 않고는 실천할 수 없음이 너무나 자명하다. 이웃을 사랑한다는 것은 그들이 고통에서 벗어나기를 바라는 것이다. 오늘날 우리의 이웃은 대부분 불의한 정치경제 정책으로 인해 고통당하고 있다.[8] 따라서 오늘날의 그리스도인은 "이 세상의 약자들과 연대한 모습을 통해 알아볼 수 있을 것"이다.

계약의 하느님

예수 제자이며 하느님 나라의 협력자라는 증거는 포기하지 않는 태도에서 두드러진다. 이 점이 그리스도인의 고유한 정체성인 파스카 신비로 이어진다. 예수는 하느님이 패배를 거슬러 승리로, 죽음을 거슬러 생명으로 이끄시는 분임을 그리스도인에게 전해 주었다. 그리하여 우리가 모든 것을 잃고 절망했을 때조차 희망하고 인내하게 해 준다. 이 하느님은 사랑의 계약에 충실하시며, 죽기까지 우리를 사랑하여 생명으로 이끄신다.

예수가 당신 제자들에게 전해 준 이 신비로운 과정과 힘을 추론해 보자. 하느님은 이 세상에 구원을 펼치시고 하느님의 사람들은 자유롭게 되었다. 하느님은 충실하시고 신뢰할 만하며 무한한 원천과 창조력을 지니신 분이다. 따라서 어떤 일이 벌어지든 간에 이 세상은 하느님 나라에 더욱 가까워질 것임을 확신할 수 있다. 희망을 대담하게 선포하면서 예수는 자신이 물려받은 유다교 유산을 확실하게 이끌어 갔다. "이스라엘 신앙의 핵심이자 고유한 특성은 그들 역사가 야훼의 통치를 받는다는 것과, 이스라엘 백성의 역사에 언제나 야훼가 현존하신다는 점이다. 시시각각 변하는 목표와 목적에 따라 역사는 끊임없이 변화한다"(Lane 1991, 14).

---

[8] 이것은 슈베르트 오그덴의 입장이다. 그는 역사적 예수에 직접 근거하여 해방신학을 주장하지 않는다. 그는 가난한 이들의 해방을 위해 투신하는 것이 그리스도교의 사랑의 율법을 현대에 맞게 적용하고 실천하는 것이라고 본다(Ogden 1979, 43-65).

이 비전과 확신이야말로 나자렛 예수가 추종자들에게 확신시키고 구체화시키려 한 것이다. 이 가운데 가장 중요하고 희망찬 내용은 예수의 수난과 죽음과 부활 이야기에 담겨 있다. 고통과 죽음을 감수하는 투신과 신앙 없이 하느님 나라는 실현될 수 없고, 이 고통과 죽음이야말로 새로운 삶의 비전과 인간성을 낳는다.

이것이 바로 타신앙인, 타종교, 역사, 세상, 구원 등을 놓고 대화할 수 있게 하는 유다 그리스도교 계약의 가장 중요한 특성이다. 예수 추종자들은 선과 악이 비슷한 능력을 지니고 있다고 생각(하거나 인간의 이기심이 사랑의 능력보다 월등하지는 못하더라도 그에 못지않다고 생각)하는 사람이 바로 무신론자라고 힘주어 주장한다!(Nolan 1978, 85). "예수를 믿는 사람은 선이 악을 이길 수 있고 또 그렇게 될 것을 믿는다. 오늘날 특별히 풀리지 않는 복잡하고 중대한 체제와 문제점들이 있다 해도, 인간은 해방될 수 있으며 필경 해방되고 말 것이다"(같은 책 140).[9] 이 희망을 말하지 않고 실현하려 노력하지 않는다면, 죽음과 패배에 맞닥뜨리거나 포위되었을 때, 예수 그리스도의 참된 유일성을 보여 주지 못할 것이다.

다시 관계적 고유성으로

예수의 고유한 특징들, 곧 억압받는 이들을 위한 정의를 실천하는 사랑으로 우리를 부르며, 패배와 죽음을 극복할 희망을 안겨 주는 역사의 하느님

---

[9] 놀런은 더 구체적으로 말한다. "체제에 저항하여 그것이 우리를 파멸시키지 못하게 막을 수 있는 힘이 존재한다. 이익을 대신할 만한 크나큰 동기가 존재한다. '가진 자들'의 생활수준을 낮추고 세상의 부를 재분배하도록 우리를 자극하는 충동이 존재한다. 이것은 예수에게 동기를 부여한 것과 똑같은 충동이자 자극인 연민과 신앙이다. 일반적으로 이것을 믿음과 소망과 사랑이라고 불러 왔거니와, 무엇이라고 부르기로 하든 그것은 신적이면서도 철두철미 '자연적인' 진선미의 힘이 발로되는 것으로서 이해해야 하겠다"(같은 책 141).

을 체험하고 계시한 예수의 고유성을 오늘날 이론화한 것이 관계적 고유성이다(4장 127쪽 참조). 예수의 고유성에 관한 시각은 『하나의 지구, 많은 종교』에서, 세상을 긍정하는 힘과 세상에 잠재된 힘을 종교가 지닌다고 밝힌 내 주장과 연결된다. 모든 종교 전통은 나름의 방식과 범위 안에서 인간이 이 세상에서 보다 생기 있고 편안하게 살 수 있는 방법을 모색한다(Knitter 1995, chap.5). 인간을 괴롭히는 상처를 어떻게 이해하고 위로하며 실천하게 하는가, 현세적 관심에 얼마나 치중하는가 따위의 관점들이 종교들 사이에 풍요로운 차이를 만드는 것임이 분명하다.

세상에서 인간이 처한 상황을 개선시키고 치유하는 방식에 있어 그리스도교의 고유성이 타전통들과 어떻게 다르며 또 어떻게 교류할 수 있는지를 제시하려 한다. 인간을 자기중심에서 타자 중심으로 나아가게 하는 그리스도교 방식의 독특하고 고유한 점은 무엇인가? 그것은 예수가 그 자신과 메시지를 통해 보여 준 것이다. 이웃 사랑이야말로 이 세상을 변혁할 본질적 실천이다.

불교와 그리스도교의 차이를 연구한 알로이시우스 피어리스는, 그리스도인과 (특히 인도의) 타종교인의 차이에 이것을 적용할 수 있다고 보았다. 불자가 반야*prajna*(지혜)를 말한다면 그리스도인은 아가페(*agape*)(사랑)를 내세운다. 지혜와 사랑이라는 두 가지 길은 두 종교의 결정적 차이를 드러내지만 또한 이 둘은 서로 소통하는 듯하다. 불자와 (그리스도인을 포함한) 많은 영성가는 일정한 시간에 성전에 앉아 내면에 침잠할 것을 강조한다. 그 순간 깨달음과 내적 변화가 찾아올 뿐 아니라 타인에게로 사랑이 흐르게 된다. 그리스도인과 (불자를 포함한) 많은 영성가는 항상 이웃과 함께해야 한다고 가르친다. 우리는 성전에 가기 전에 우선 이웃과 진실한 관계를 맺어야 한다. 실천상 사랑이 지혜를 포함한다(Pieris 1988b, 110-36).

불교, 아시아 종교, 원시 종교[10]에서 이웃 사랑은 신 체험이나 깨달음의 결과다. 그리스도교와 셈족 종교[11]에서 이웃 사랑은 신 체험을 받아들이는 것이다(Spretnak 1991, chap.5). 분명 차이가 있지만 서로 배척하지는 않는다.

그리스도인은 세상의 그릇된 점과 치유할 점을 특정한 방식으로 진단한다. 예수와 히브리 예언자들의 가르침을 전해 받은 그리스도인은 희생자, 억압받는 이, 착취당하는 지구에 관심을 갖는다. 그리고 고통의 원인은 사람이 서로를 대하는 방식, 불의한 관습이나 체제에 있다고 진단한다. 노예에 관해서는 파라오를 주목해야 하고, 성전이 도둑 소굴이 되고 있다면 최고 사제나 원로와 대면해야 한다.

고통은 개인의 정신과 마음이 세상을 대하는 방식과 관련 있다는 힌두교도와 불자들 말에 동의하더라도, 그리스도인은 인간의 탐욕과 무지가 불의를 조장하고 구조화시켜 고통을 낳는다는 고유한 분석을 덧붙일 것이다. 그 진단과 치유책은 사회적인 것이어야 한다. 인간 마음뿐 아니라 정치와 경제 정책도 진단해야 한다. 마음의 변화나 깨달음 외에 파라오, 법률가, 고위 성직자, 왕, 교황, 대통령에 주목해야 한다. 나는 그리스도교와 유다교의 핵심 가르침과 독특성에 관한 스프레트낵의 의견에 동의한다.

> 그들 경전은 착취, 악, 부패에 맞서는 행위야말로 영적 선교를 완수하는 길이라고 가르친다. 정의와 의로움은 우주 안에 신이 창조

---

10 여기서 아시아 종교란 힌두교, 불교, 자이나교, 도교를 가리킨다. 유교는 제외된다. 원시 종교는 오래된 토착 종교들, 가령 아메리카, 아프리카, 오스트레일리아 등지의 토착 영성을 가리킨다.

11 셈족 종교의 경전은 아브라함에서 유래되었다. 샬린 스프레트낵(Charlene Spretnak)은 유다교, 그리스도교, 이슬람교가 세상을 긍정하고 역사에 뿌리내린 종교라고 말한다. 그녀는 역사를 이루시는 하느님의 시선을 인식하고 이해하려는 이 전통들 각각의 차이와 긴장을 인정하지 않는다(Spretnak 1991, chap.5).

하신 것들과 인간이 소통하기 위한 영원한 조건이다. 정의 실현은 영적 수행의 부산물이 아니라 핵심 가르침의 본질 요소다. 무엇보다 중요한 것은 가난과 억압으로 고통받는 이들과 연대하는 것이다(Spretnak 1991, 158-9).

셈족 전통의 핵심 가르침은 언제나 우리의 영성을 시험한다. 불의를 허용하는 한, 진실한 친교를 나누지 못할 것이라고 말이다(같은 책 195).[12]

  셈족 종교가 정의와 억압받는 자들에 대한 관심을 공유한다는 지적에, 그리스도인은 자신의 고유하고 중요한 특성을 덧붙인다. 불의에 항거하고 하느님 나라의 의로움을 찾을 때, 우리는 고통과 좌절을 맛보게 될 것이다. 그러나 하느님마저 포기하신 듯 느껴질 때조차 그 고통과 실패는 헛된 것이 아니며, 더 위대한 삶과 사랑의 승리가 되어 되돌아온다. 우리는 십자가와 부활이라는 그리스도교의 고유한 상징으로 돌아온다.

  약자를 각별히 돌보시는 역사의 하느님 체험을 그리스도교의 고유성으로 간직한 채, 이것이 구원이나 참살이를 도모하는 타종교 방식과 다르다는 점도 인정하면서, 우리는 종교적 타자나 비종교적 타자와 관계 맺게 될 것이다. 하느님 나라는 모두를 위한 것이므로 모든 이의 도전을 받아들일 것이다. 이것이 내가 그리스도와 그리스도교의 고유성을 보완적 · 포용적 고유성이 아닌 관계적 고유성이라고 말하는 까닭이다. 이로 인해 우리는 곤란한 상황에 맞닥뜨릴 수도 있다.

---

  12 스프레트낵은 셈족 종교인 유다교, 그리스도교, 이슬람교에 대해 설명하고 있다. 코란과 모슬렘의 지침이 성경과 거의 다르다는 점도 인정한다. 나는 아브라함의 종교가 인도 종교나 원시 종교보다 역사와 사회정의 문제에 적극적인 관심을 보여 왔다고 생각한다. 하지만 유다인과 그리스도인과 모슬렘이 현세의 행복에 투신해 온 이유와 방식에는 차이가 있기 때문에 그들을 동일한 해방의 틀로 묶을 수는 없다. 서로 배워야 할 점이 여전히 많이 남아 있다(Engineer 1990; Cohn-Sherbok 1987).

1-2장에서 논의한 신학 모델들로 그리스도인이 예수의 고유성을 하느님 나라나 예수의 죽음과 부활 상징에서 찾을 때, 타종교와 배타적 관계나 포괄적 관계, 다원적 상호 관계를 정립할 수 있다. 예수의 고유성을 배타적으로 이해한다면 사랑과 정의, 특히 억압받는 이들과 착취당하는 지구를 위해 노력하지 않는 타종교(와 그리스도교)의 신념이나 실천에 이의를 제기할 것이다. 포괄적으로 이해할 경우에는 그리스도인이 추구하는 하느님 나라를 위해 타종교의 가능성을 인정하려 할 것이다. 다원적으로 이해한다면 타전통들이 인간과 지구에 생명을 불어넣고 더욱 풍요롭게 해 줄 수 있다는 새로운 통찰을 받아들이고 성취하려 할 것이다.

상호 관계적이며 지구적 책임감을 지닌 그리스도론이 얼마나 쓸모 있고 생명력이 있는지 탐구하기 위해, 다음 장에서는 그리스도교 공동체들에서 그리스도론을 실천하는 길과, 어떻게 이 그리스도론이 그리스도인에게 교회 역할과 선교를 이해시키고 생기를 불어넣는지 살펴보겠다.

● ● ● 제6장

선교 노선 수정
상호 관계적이며 지구적 책임감을 지닌 교회

상호 관계적이며 지구적 책임감을 지닌 대화에서 그리스도인이 느끼는 혼란은 예수뿐 아니라 교회와도 관계가 있다. '서로 동등한 입장에서 종교 간 대화 제안하기', '불자나 모슬렘도 그리스도인만큼이나 (다르지만) 확실하게 신적 진리와 구원을 경험할 수 있음을 제시하기', '그리스도교로 개종시키기보다 인간의 생태적 참살이를 위한 협력에 우선 관심을 기울이면서 타신앙인과 만날 것을 제안하기' …. 그동안 그리스도인이 자신과 교회의 정체성으로 삼아 온 인식을 뒤흔드는 주제들이다.

대개 선교라는 주제와 연관되면 자기 정체성이 위협받는 느낌을 받는다. 그리스도교 공동체의 역사를 보면, '사명을 부여받고' 이 사명을 '모든 민족에게 선포하여' 영원한 창조 드라마에서 중요한 역할을 맡아야 한다는 인식과 활기로 유지되어 왔음을 알 수 있다. 교회의 목적이나 공헌이 모든 시대 모든 이에게 '필요한' 어떤 것이 아니라면, 선교 확장 노력은 기껏해야 소일거리로 전락하게 된다. 이제 선교는 필수적인 어떤 것, 그리스도의 몸인 교회의 핵심 사안이 아니다. 그렇다면 다원적 관점이나 상호 관계적 관점에서 교회는 필요한 것인가? 교회는 선교를 실천해야 하는가?

교황 요한 바오로 2세와 바티칸은 이 질문에 묵묵부답이다. 3장에서 살펴본 '그릇된 신학 통찰들'은, 선교 회칙 「교회의 선교 사명」에 따르면 선교 활동의 "의미를 상실하게" 만든다(RM 2, 34). 교황청 인류복음화성의 톰코 추기경이 지적하듯 선교의 구심점은 둘이다. "오늘날 선교 문제는 궁극적으로 그리스도론과 구원론의 문제다"(Tomko 1990, 241).

그리스도론 문제: "하느님께서 (예수를 통해) 확실히 결정적으로 자신을 드러내신 이 계시로 인하여 교회는 본성적으로 선교적인 것이다"(RM 5). 그리고 "그리스도께서 만민의 유일한 구세주요, 그분 홀로 하느님을 계시하고 하느님께로 만민을 인도할 수 있는 분"(RM 5)이기 때문에, 타종교 인물들을 "그와 나란하거나 그를 보완한다고 이해하게" 만드는 그리스도론은 교회 선교에 장애가 될 것이다.[1]

구원론 문제: 그리스도인의 구원 체험에 대한 이해는 "사람들이 더욱 인간답게 되도록" 돕지만, "정의와 자유와 평화와 단결을 위하여 일하는 공동체"(RM 46) 건설을 가로막고 억누르는 선교 행위는 교회의 선교적 특성

---

[1] 그리스도론의 포괄주의나 완성 모델은 「대화와 선포」(Dialogue and Proclamation)의 토대이기도 하다. 이 문서는 「교회의 선교 사명」 반포 직후 종교 간 대화 평의회와 인류복음화성에서 주목한 것이다. 여기서는 "예수 그리스도를 중심으로 하여, 인류를 위한 하나의 구원 계획"(DP 28)이 있을 뿐이라고 분명히 주장한다. 타종교에 계신 하느님의 현존과 은총은 "온 인류를 위한 새롭고 결정적인 계약을 세운 예수 그리스도에게서 완성"(DP 19)된다고 본다. 따라서 그리스도인이 타신앙인과 대화하여 좋은 점을 발견한다고 해도, 그들은 계속 "그리스도 안에서 완전해지기 위해 교회 선교 활동의 필요성을 타종교를 통해 발견했다"(DP 18)고 확신해야 한다. 「새 교리문답」(The New Universal Catechism)은 그리스도가 최종 계시를 전해 주었음을 보다 분명히 주장한다. 심지어 타종교에서는 하느님에게서 오는 어떤 공식 계시도 예상해서는 안 되고, 그리스도를 능가하는 계시 진리를 찾을 수 없을뿐더러 계시를 따르는 데 도움이 되지 못한다고 강조한다(66-7). 따라서 타종교는 "복음을 받아들이기 위한 예비"(843-5, 839)로 보아야 하며, 로마 가톨릭교회에서 완성되도록 부름 받고 있는 것이다.

을 망치며 깡그리 파괴해 버린다. 교황은 가톨릭과 개신교를 막론하고 그리스도인에게, 그리스도를 "역사의 중심이요 목적"(RM 6)으로 선포하지 않고 지상 행복 너머의 것을 목표에 포함시키지 않는 한, 그 누구도 복음의 구원이 지닌 참뜻과 힘을 선포하는 것이 아님을 밝힌다.

그리스도인의 정체성과 사명을 망치거나 약화시킬 것을 우려하는 교황의 관심사는, 3장의 비판자들을 통해 이미 살펴보았다. 그들은 예수가 이 세상에서 '결정적 차이'를 보여 주지 않는다면, 매일 그리스도인이 자기 십자가를 지고 그리스도를 따를 힘과 끈기를 얻을 수 없을 것이라고 거듭 경고한다. 개인의 헌신은 예수가 하느님에 대한 진리를 전해 주었다는 굳건한 확신을 필요로 한다. 예수를 끝까지 따르려면 그리스도인은 예수가 하느님의 진리를 뛰어넘는다는 사실을 보고 느껴야 한다. 자신이 헌신하는 대상이 보다 위대한 이상으로 확대되거나 기대를 넘어서지 못할 때, 그들은 모든 것을 남겨 둔 채 떠나고 말 것이다. 예수 제자들은 하느님 나라의 가치를 살 때, 자신의 명성이나 생명을 위협하는 문화와 정치에 저항하도록 요구받을 것이다. 그 길을 지켜 낼 힘과 가치가 불확실하다면, 누가 그 길에 남으려 하겠는가.

그러므로 상호 관계적이며 지구적 책임감을 지닌 타종교관이 그리스도교 공동체에서 타당하다고 인정받으려면, 어떻게 이것이 공동체의 삶과 투신을 풍성하게 하고 떠받쳐 주는지 밝혀야 한다. 제자들을 충실히 따르게 하고, 복음의 진리에 힘이 있음을 보여 주며, 만민에게 기쁜 소식을 선포하러 지구 끝까지 나아가도록 열망하게 만드는 능력이 있음을 보여 주어야 한다. 이 장에서는 우선 4장과 5장에서 살펴본 상호 관계적이며 지구적 책임감을 지닌 그리스도론이 어떻게 개인의 헌신을 북돋우며 그리스도교 공동체 조직을 한데 모으는지 논구할 것이다. 다음으로는, 타종교에 개방하는 만큼 복음에 헌신하게 하는 이 그리스도론이 어떻게 선교 사명의 수정을 요구함과 동시에 재긍정을 약속하는지 밝힐 것이다. 7장에서는 일반적이지만 우선은 놀랄 만한 교회론과 선교학의 결론을 밝힌다. 즉, 교회 선교에 대화를 포함시킬 뿐 아니라 선교를 대화로 이해하는 것이야말로 가장 바람직하며 생명력을 지니게 된다는 주장이다. 마지막으로 7장 후반부에서는 교회의 생명력을 지속하는 신학 작업을 '하나의 종교'만으로는 더 이상 수행할 수 없는 이유, 그리고 신학 자체가 종교 간 대화여야 하는 이유를 제시할 것이다.

그리스도인의 헌신과 공동체

예수에 대한 상호 관계적/다원적 이해가 하느님의 유일하고 보편적인 구원 말씀은 아니지만 예수께 헌신하려는 노력을 언제나 지탱해 주었음을, 신앙을 실천하는 그리스도인으로서의 체험을 통해 증언하려 한다. 내 체험이 동료 그리스도인들의 체험을 돌아보게 하고 밝혀 줄 것으로 믿는다.

헌신적 신앙과 추종

내가 예수를 하나이며 유일한 구세주나 하느님의 말씀이라고 더 이상 확신하지 않을 때조차도 그에게 온전히 헌신하는 것이 참으로 가능할 것인가? 그렇다, 나는 하느님이 예수를 통해 참으로 구원 말씀을 전하셨음을 확신한다. 이렇게 확신할 수 있는 이유는 그것을 줄곧 경험하기 때문이다. 4장에서 본 대로 '참으로'는 결정적이고 보편적이며 필수적이라는 뜻이다. 나는 특별히 예수를 통해 하느님을 만나고 삶이 변하여 새로운 곳을 향함으로써 그 말의 의미를 깨닫게 된다. 상호 관계나 다원주의를 지향하는 그리스도인에게 예수 이야기는 자신의 이야기가 되며, 힘을 주고 부르시는 사랑의 하느님에게 자신의 삶이 뿌리내렸음을 일깨워 준다. 빵을 나누고 성경을 읽으면서 다원주의적 그리스도인은 공동체와 개개인의 삶 속에 살아 계신 그리스도의 영을 느낄 수 있다. 성령은 자기중심주의에서 벗어나게 해 주고 더 이상 자기가 사는 것이 아니라 자기 안의 그리스도가 사는 것(갈라 2,20 참조)임을 느끼게 해 준다. 이 모든 것은 상호 관계적 그리스도론과 아울러 하느님이 참으로 예수 안에서 예수로서 행동하셨음을 증언하는 것이다. 다원주의적 관점을 가지고도 예수가 진정 하느님 아들이며 우주적 구세주임을 알리고 선포하라는 촉구를 거스르지 않는 주장이다. 예수의 신성을 인정하고 선포하는 것은 상호 관계적 그리스도론의 필연적 본질이다. 내 경험 말고도 칼 라너(1978a, 176-228), 폴 틸리히(1957, part 2), 에드바르트 스힐레벡스(1963), 한스 큉(1976, 117-65), 모니카 헬비히(1983) 같은 그리스도인 신학자들이 예수가 지닌 신성의 의미를 인정한다.

예수의 신성을 느끼고 선포하는 것은 그를 하느님의 성사로 만나고, 또 나를 향한 하느님의 참되고 인상적인 체현이자 역사적 현실, 상징, 이야기로 만나는 것이다. 예수를 만나는 것은 살아 계신 신의 실재와 만나는 것이다. 이것이 초기 그리스도인이 그를 하느님의 아들로 선포했고 다원주의적 그리스도인이 그렇게 선포하고 있는 이유다. 하느님과 철저히 일치한 그가 하느님과 나를 이어 줄 수 있고 내 하느님일 수 있다. 이는 예수를 참으로 신으로 보는 다원주의자의 확신을 포괄한다.

하지만 5장에서 강조했듯이, 예수와 그의 메시지에 참으로 충실한 것이 그에게 부여한 적절한 칭호를 강조하거나 그를 열렬히 숭배하는 것은 아니다. 오히려 예수를 향한 충실함과 정통 신앙 여부는 그를 따르고자 제자로 처신하는 이의 결단과 추진력을 보고 가늠해야 한다. 여기서 내가 예수를 유일한 구세주라고 규정할 필요를 느끼지 않더라도 나는 여전히 예수에게 내 운명을 걸고 참된 구세주로 체험한다. 예수가 계시한 하느님 나라, 사랑과 정의의 하느님 자녀로 결속시키는 예수의 인간관, 예수가 죽은 후 공동체에서 발현된 비전의 힘 … 이 모두가 하느님 나라를 믿고 하느님 나라를 위해 일하라고 우리를 초대한다. 다원주의 그리스도인은 (나치나 엘살바도르 과두 정권처럼) 사랑과 정의라는 복음적 가치를 짓밟는 이들에 저항하여 복음적 가치를 드높이기 위해 투신한다. 자신의 진리를 말살하기 위해 예수를 유일한 진리로 확정 지을 필요는 없다.

다른 이름들, 심지어 하느님의 다른 아들딸들 이름이 존재할 가능성까지 인정하는 그리스도인의 영성에서 볼 때, 예수는 분명 독특하다. 하지만 가브리엘 모란Gabriel Moran이 제시한 대로 그의 고유성은 우월성이나 월권 따위의 문제가 아니다. 타인과 분명 구분되지만 반드시 더 낫지는 않은 특수성의 문제다(Moran 1992). 이는 다른 것을 흡수하거나 배척하는 능력이 아니라, 이 세상에서 하느님을 알아보고 하느님의 생명을 살도록 고유하고 구체적이며 결정적인 길을 우리에게 보여 주시는 능력이다. 버로우스 말대로 "그리스도와 그리스도인 삶의 고유함은 독특한 실존 구조에 있다. 그리스도교에서 성인의 존재 방식은 … 독특하다".[2]

성숙한 신앙

따라서 하느님이 예수를 통해 주신 계시와 공존하는 타문화의 계시로 사람들을 풍요롭게 하셨을 것이라는 인식은, 그리스도를 향한 헌신과 신앙을 위협하지 않는다. 실제로 이 인식은 그리스도인의 헌신을 더 깊고 성

---

[2] 1993년 2월 11일 자 사신(私信).

숙하게 해 준다. 제임스 파울러의 신앙 단계에 진리가 들어 있다면(Fowler 1981), 신앙 안에서 한 사람이 성숙해지는 만큼 두려움과 더불어 기쁨을 안고 진리의 신비와 그 다양성을 끌어안게 될 것이다. 하느님과 하느님의 진리를 알아 갈수록 나는 다음 두 가지를 잘 인식하게 되었다: 첫째, 진리는 인간의 역사 속에서 포착할 수 있는 것 너머에 있다. 둘째, 이 진리는 완전히 신뢰할 수 있기에 다른 역사를 통해 계시된다 해도 결코 두려워할 필요가 없다. 여기서 우리는 심리학적 종교 체험의 역설에 당황할 수 있다. 즉, 신성의 특수성을 깊이 경험하고 투신할수록, 신성의 보편성을 보다 강하게 느끼고 마음을 열게 된다. 나는 이 역설이 신앙과 종교 체험을 성숙시킨다고 생각한다.

또한 이 역설은 인간의 사랑과 헌신에 담긴 심리 상태를 반영한다. 이웃이나 동료에게 오래 헌신하다 보면, 남과 다른 그들의 진정성과 아름다움을 훼손하지 않고도 그들에게 마음을 더 열게 된다. 결혼 생활을 해 본 사람이라면 누구나, 배우자에게서 느끼는 특별한 사랑과 강한 애착을 남과 공유할 수 없다는 것을 안다. 이 특별함은 배우자와 나누는 성적 표현에서도 드러난다. 그러나 (성적 표현처럼) 배우자를 향한 매우 특별하고 배타적이기까지 한 사랑을 통해 타인에 대한 사랑과 반응을 엿볼 수 있다. 한 사람에게 전념하고 특정 관계 속에서 안정을 찾을 때, 타인과 더 좋은 관계를 이룰 수 있다. 역설적으로, 내가 아내를 특별한 방식으로 깊이 사랑하는 만큼, 남도 색다르고 참된 방식으로 사랑할 수 있다.

이것은 내가 『하나의 지구, 많은 종교』에서 탐구한 '상대성'과 '절대성' 사이의 역설을 반영한 것이다(Knitter 1995, 129-32). 내가 아내의 '상대성'과 개성을 잘 알고 있고, 그녀 못지않게 아름답고 정직하며 민감하고 강인한 다른 여성들을 인정하더라도, 여전히 아내만의 독특성은 내게서 완전한 헌신을 이끌어 낸다. 그녀는 내가 사랑하고 헌신하도록 '결혼까지 인도할 수 있었던 단 한 명의 유일한 여인'이거나 '최고의 여인'이 될 필요는 없다. '최고의'(가장 매력 있고 정직하며 지적인) 결혼 상대를 찾아 오직 특정한 그 사람과 혼인해야 한다면 그 혼인은 지난할 것이다. 하지만 특수한 개성을 지닌 한 여성이 내 사랑과 절대적 헌신을 이끌어 낼 때, 그녀는 나로 하여금 타인이 갖춘 최고의 절대성을 통찰하게 해 준다.

5장에서 밝힌 대로, 예수 그리스도를 알고 완전히 그에게 헌신할 때 우리는 타인을 헤아리고 그들에게 마음을 열게 된다. 그리스도는 우리를 다른 길로 열어 주는 길이다.

대학 강의와 교구의 교육 프로그램을 통해 나는 앞의 진술을 그리스도인들이 받아들이고 있음을 체험했다. 자기 신앙의 감정과 내적 흐름을 면밀히 살펴보라는 요청에, (나처럼) 자신이 예수에게 헌신하는 이유가 예수가 '하나이며 유일하기' 때문만은 아니라고 대답하는 사람이 대부분이었다. 대다수 그리스도인은 예수 못지않은 구원자들이 존재한다고 해서 예수를 따르고 기도하고 받아들이는 데 영향받지 않음을 확인할 수 있었다. 그들은 예수에게서 발견한 어떤 것 때문에 헌신하는 것이지, 그것이 오직 예수에게만 있기 때문에 헌신하는 것은 아니었다.

헌신에 앞서 하나이며 유일한 진리를 독점하여 확신하려는 것은, 인간에게 생각할 수 있는 능력이 있음을 간과한 결과다. 그리고 이로써 두 가지 상태 중 하나에 처할 수 있다. 진리와 헌신을 포기하게 만드는 불가지론과, 여하한 오류도 없이 확실하고 안전함을 내세우는 근본주의가 그것이다.

내 수강자들은 예수가 실천을 중시하며 수행 언어를 제시했다는 신약성경 풀이를 (열렬히는 아닐지라도) 대부분 흔쾌히 받아들였다. 그들은 주님, 구세주, 하나이며 유일한 중재자, 하느님의 외아들 같은 용어들이 모든 이를 위한 그리스도를 규정함을 인정하면서, 다른 구원자들을 배척하는 교리 언어가 아니라는 사실도 수긍했다. 예수의 메시지를 "실천하라"는 고백 언어나 행위 언어로 이해할 때, 더욱 뜻 깊은 참여와 해방에 이를 수 있음을 그들은 이해했다. 예수에 관한 전통적 언어를 실천의 메시지로 이해할 때, 우리는 충실히 응답하는 힘을 발휘하게 된다.

그리스도교와 타종교가 상호 관계적이며 지구적 책임감을 갖는 진술을 신중하게 제시할 때, 공동체 내의 충실한 이들은 이 진술을 자기 신앙과 공동체의 결속을 강화시키는 방법으로 수용하곤 했다. 북아메리카 가톨릭교회와 주류 개신교 공동체에서 교사로 일할 때, 내가 다원주의적이거나 상호 관계적인 그리스도 이미지를 추구하기 때문에 "신앙 공동체들을 갈라놓을 것"(Küng 1991, 101; 이 책 3장 86쪽 참조)이라고 우려하는 동료는 없었다. 이런 관점은 일부 그리스도인을 혼란에 빠뜨릴 수도 있겠다. 하지만 반대로, 오랫동안 의문을 품어 오면서도 자유롭게 탐구할 수 없다고 느꼈던 것들을 밝혀 주는 다원적 그리스도 이미지를 열린 마음과 감사하는 마음으로 받아들이는 이들도 많다. 그들은 신학자들과 교회 지도자들이 이 점을 충분히 공정하게 다루지 않는다는 사실에 분통을 터뜨렸다. 오히려 다른 길을 통해 만나게 되는 그리스도야말로 기꺼이 따를 수 있는 그리스도라고 여기는 이가 많다.

선교 명령의 수정과 재금정

상호 관계적이며 지구적 책임감을 지닌 그리스도론이 제시한 그리스도 이미지는 신자들의 개인적 신앙을 고양시킬 뿐 아니라, 선교를 통해 모든 민족을 지향하도록 그들을 고무하기도 한다. 이 책이 제안하는 그리스도교와 타종교관의 맥락에서 선교 활동은 수정되어야 한다. 나는 이 수정이 선교 사명을 재규정하고 쇄신하는 기초를 놓을 것으로 생각한다.

교회 중심에서 하느님 나라 중심 선교로

제2차 바티칸 공의회 이래 전개된 선교신학(선교학)의 수정은, 5장에서 살펴본 그리스도론과 동일한 성서신학적 기초 위에서 이루어진다. 그 기초는 예수 메시지와 실천의 중심을 이루는 하느님 나라다. 다시 말해, 예수의 사명이 하느님 나라였다면 교회의 사명도 다르지 않을 것이다.

앞으로 더 자세히 보겠지만 그리스도교, 특히 로마 가톨릭교회에서는 교회에 관한 전반적 이해를 놓고 두드러진 변화가 있었다. 로마 가톨릭교회의 아시아 주교들이 교회 중심적 선교를 '왕국 중심적' 또는 '하느님 나라 중심적' 선교로 이해하게 된 것이다(Dupuis 1993, 27). 오늘날 가톨릭과 개신교 신학자들은 교회와 하느님 나라가 동일하지 않다는 데 동의한다. 두 실체는 심원한 차원에서 이어져 있으나 같은 것은 아니다. 하느님 나라는 그리스도 교회보다 광범위할 뿐 아니라 더 중요하다.

그리스도인이 세상에 파견된 주목적이자 충분한 이유ratio sufficiens는 교회가 아니라 하느님 나라를 세우는 데 있다. 바티칸 공의회에서 표현한 둘 사이의 관계에서 '종'은 바로 교회다(RM 20; DP 35). 교회는 다른 무엇이 아닌 하느님 나라를 섬겨야 한다. 따라서 교회는 자기중심이 아니라 하느님 나라 중심일 때 참본성을 발휘한다. 제2차 바티칸 공의회에서 선포한, '현대 세계의 교회에 관한 사목 헌장' 「기쁨과 희망」Gaudium et Spes에 의하면, "교회의 단 하나의 목적은 하느님 나라를 다가오게 하고 온 인류의 구원을 이루는 것이다"(45).

다양한 신학자가 이 하느님 나라 중심적 전환을 설명하고 있다. 예수회 사제 마이클 아말라도스Michael Amaladoss는 인도에서의 체험과 예수회 주요 실무를 담당하면서 겪은 일들을 바탕으로, "복음 선포 신학에서 코페르니쿠스적 혁명이 진행되고 있다. … 그 틀의 중심이 교회에서 하느님 나라로 바뀌고 있다"(Amaladoss 1986, 63)고 결론 내린다. 선교 확장을 목적으로 한 기존 논쟁과 관련하여, 이는 선교사를 파견하는 근본 이유가 교회를 세우고 키우려는 것이 아니라 하느님 나라를 건설하려는 것임을 뜻한다.

교회의 씨를 뿌리고 그리스도교 공동체를 세우는 일도 중요하지만, 그것은 하나의 목표를 이루기 위한 수단으로서 중요한 것이지 그 자체가 목적은 아니다. 아시아 주교들은 이 점을 간단히 정리하여, "복음 전파라는 교회 사명의 초점은 하느님 나라를 세우고 하느님 나라를 섬길 교회를 세우는 것이다. 따라서 하느님 나라는 교회보다 더 광범위하다"(Dupuis 1993, 27)고 밝히고 있다. 이런 코페르니쿠스적 전환이 가리키는 바를 아말라도스는 다음과 같이 지적한다.

> 교회는 두 가지 섬김을 요청받는다. 첫째는 하느님 나라를 증언하고 이 세상에 하느님 나라를 실현하도록 촉진하는 것이다. 둘째는 예수를 선포하고 제자 공동체를 세우는 것이다. 후자는 전자를 위한 수단이다. 섬김을 실천하면서 교회는 하느님의 신비가 어디서나 다양한 방식으로 작용함을 발견한다. 교회는 아무런 배타적 주장도 하지 않는다. 교회는 신앙 공동체를 찾는다. 교회는 대화하고 협력할 것을 요청받는다. 교회는 하느님 나라의 온전한 통합에 특별히 기여한다(Amaladoss 1985, 112).

하느님 나라 중심 선교신학에서 그리스도인은 자신이 선취先取한 것들을 보다 올곧게 지킬 수 있다. 교회는 "자신을 중심에 놓지 않는다"(Dupuis 1993, 30). "교회는 스스로에게 봉사하지 않는다. 교회는 곧 도래할 하느님 나라를 철저히 지향한다. 하느님은 온전히 현현하는 하느님 나라를 위해서만 절대화된다"(Dupuis 1994, 158). 교회를 섬기도록 하느님 나라를 이용하는 것은 하느님 나라의 우위성을 뒤엎는 것일 뿐 아니라 우상숭배라고까지 말할 수 있다. 예수가 하느님 나라를 지향했던 것처럼, 교회도 하느님 나라를 지향해야 한다. 오직 하느님 나라만이 절대적이다.

그런데 오해는 피해야 한다. 이 모든 진술은 선교 활동의 다른 목표들을 부정하지 않는다. 하느님 나라를 위해 선교사들은 교회의 정착, 공동체 건설, 말씀 선포, 타신앙 공동체와의 대화에 관심을 가져야 한다. 이 모든 일이 선교 목적의 본질을 이룬다. 그러나 그것들이 본질을 이루는 동시에 하느님 나라를 위한 실천의 가장 주요한 핵심 목표에 종속된다는 점도 인식해야 한다. 그것들은 본디 으뜸 목표를 위한 수단일 뿐, 결코 자체로 목표일 수 없다. 하느님 나라 중심의 변화를 인식한 데이비드 보슈David Bosch는 권위 있는 논문에서 교회 변화를 보는 시각이 얼마나 다양한지 밝힌다.

> 하느님 나라에 속한 이들은 하느님 나라와 그 정의를 우선시한다. 교회에 속한 이들은 종종 교회를 정의와 자비와 진리 위에 놓고 어떻게 하면 교회에 사람들을 끌어들일지 고심한다. 반면에 하느님 나라에 속한 이들은 어떻게 하면 세상 속으로 교회를 파견할지 숙고한다. 교회를 중시하는 이들은 세상이 교회를 변질시킬까 봐 걱정하지만, 하느님 나라를 중시하는 이들은 교회가 세상을 변화시키는 모습을 보려고 일한다(Bosch 1991, 378, 377, 390-1).

나는 신학과 교회 생활과 선교를 통해 '하느님 나라 중심'의 온전한 의미가 드러나기를 희망한다. 그리스도인이 하느님 나라의 종이라는 교회 역할을 진지하게 받아들이고 교회 가치를 능가하는 하느님 나라의 '절대' 가치를 인정하며 하느님 나라의 목표를 이루기 위해 교회 생활을 한다면, 그들은 하느님 나라가 교회에서 '완성된다'거나 이 세상의 다른 모든 하느님 나라 형태가 그리스도 교회의 '명령을 받는다'거나 교회는 하느님 나라를 위해 '필요한 존재'라는 전통 신학 언어를 경계해야 할 것이다. 예수는 '보편적이고 결정적이며 필수적인' 계시 전달자라는 진술이 옳기 때문에 이 모든 주장은 타당성을 지닌다. 따라서 교회는 참으로 이 지구에 하느님 나라를 차근차근 실현하기 위해 긴급히 필요하며 이에 공헌해야 할 것이다.

하지만 '구원에 필요한'이나 '완성' 같은 용어를 신학자와 교회 직무자는 여전히 사용하며, 종으로서 교회가 주인에게 할 것과 허락된 것을 말하면 된다고 여긴다. 교회를 초월하여 실현되는 하느님 나라가 교회를 통해 완성되고 교회에 부합되어야 한다는 주장은, 교회가 드넓은 하느님 나라에서 활동하시는 하느님을 따르는 것이 아니라 하느님을 교회에 억지로 구겨 넣는 꼴이다. "핵심은 교회 혼자 하느님 나라를 이해하고 실천한다는 주장이 아니라 하느님 나라를 실현하는 것"(Sobrino 1987, 139)임을 망각한 셈이다. 나는 많은 신학자와 선교사가 하느님 나라 중심을 말하면서도 진지하게 결론으로 받아들이지 않는 점이 염려스럽다. 하느님 나라를 '완성'시키기 위해 '필요'한 교회를 우상화하지 않으려면, 이 지구에서 하느님 나라를 실현하고 완성시키기 위해 그리스도 교회가 필요하고 고유한 하나의 수단일 뿐 대표가 아님을, 그리스도인 자신과 타종교인에게 납득시켜야 한다. 하느님의 영과 하느님 나라 특유의 보편적 활동을 알려 주는 매우 색다르고 적절한 길이 여럿 있음은 분명하다.

성령과 교회 — 교회론과 성령론

교회 중심에서 하느님 나라 중심 교회론으로 전환하는 것은 최근 선교학이 재조명한 또 다른 전환의 깊은 뿌리를 반영한다. 그것은 교회 선교를 하느님 선교missio Dei의 일부로 놓는 것이다. 교회의 목적과 임무는 교회와 동일하지 않다. 오히려 더욱 광대한 어떤 것이다. 교회 선교는 교회 자체를 위한 것이 아니다. 교회보다 더 큰 무언가의 일부가 되고 섬기기 위한 '파견'이다.

> 선교가 교회 활동이 아니라 하느님에 속한다는 것이 선교의 새로운 개념이다. 하느님은 선교하시는 하느님이다. … 더욱이 선교는 하느님으로부터 세계로 나아가며, 교회는 선교를 위한 도구다. 선교가 있기에 교회가 있는 것이지, 그 반대가 아니다. 선교에 참여하는 것은 인류를 위한 하느님 사랑의 활동에 동참하는 것이다. 하느님은 사랑을 보내시는 원천이기 때문이다(Bosch 1991, 390).

또한 하느님의 신성 발현은 그리스도 교회가 결코 포괄할 수 없는 영원하고 역동적이며 신비한 움직임이자 현존이다. 하느님 나라가 교회보다 더 크듯이 "하느님 선교가 교회 선교보다 더 크다"(Bosch 1991, 391). '하느님 나라'와 '하느님 선교'는 동의어다. 이 둘은 교회 선교의 가치와 필요성을 확인하면서 교회 선교를 한계 짓는다.

하느님 선교의 일부이며 이를 섬기는 교회의 필요하고도 종속적인 역할은, 하느님과 신적 선교에 대한 그리스도교 전통의 삼위일체적 이해를 탐구할 때 분명하고 설득력 있게 포착할 수 있다. 교회사 초기 몇 세기 만에 이미 예수로 말미암아 하느님이 '삼위일체'이심을 체험하고 깨달은 그리스도인은, 하느님의 상이한 '위격'이나 '선교'에 대해 진술했다. (신학 전문 용어로는 신격 안의 실재적 관계relationes subsistentes인) 이 위격들이나 선교가 신격 밖에ad extra 스스로를 드러내는 한, 그들은 하느님의 창조 행위(아버지 또는 부모님)요, 하느님의 소통하는 선교(말씀)요, 하느님의 신성하고 활기를 주는 선교(성령)로 상징화될 수 있다. 이를 명확히 구별하려면 신중해야 한다. 이후 삼위일체 신학은 "삼위일체의 모든 외적 행위가 신적 위격 모두에 공통된다"고 덧붙인다. 그리스도인은 체험과 성찰을 통해 아직도 한 분 하느님 안에서 그분의 관계나 행위, 선교에 참된 차이가 있음을 인식하려 노력한다.

교회를 하느님 선교의 일부로 말하는 것과 하느님 나라의 종으로 말하는 것 사이의 연계를 더욱 고찰하면서, 나는 다른 신학자들과 함께 교회와 선교에 대한 이해가 삼위일체의 둘째 위격인 말씀을 선교하는 데만 매달려 왔음을 인정하며, 셋째 위격인 성령의 선교를 숙고하여 확장시키고 균형 잡을 필요를 지적하고자 한다. 신학적으로 우리의 교회론과 선교학은 지나치게 그리스도론 틀에서만 발전되어 왔으니 이제는 성령론의 틀에서 수정해야 한다. 육화한 말씀인 예수 없이 교회를 이해할 수 없다면, 성령 없이 교회와 교회 선교를 이해할 수도 없다.

성령을 '그리스도의 영', 예수에게서 육화한 말씀과 연관되며 교회에서 예수를 그리스도로 계속 살게 하는 성령으로만 이해한다면, 위 진술의 보다 깊고 폭넓은 내용은 무시될 수 있다. 우리는 성령이 참으로 말씀과 다르고 '세상을 충만하고 새롭게 하며' 교회를 초월하여 활동하시는 분으로 보아야 한다. 달리 말하면, 하느님 나라는 예수에게서 육화한 말씀과 세상에 가득 찬 성령 둘 다를 통해 세상에 현존하고 작용한다. 하느님 나라는 진정 이토록 다른 방식을 통해 인류에게 다가와 살아 있는 것이다.

정교회 신학자 게오르게 코드르George Khodr의 진술은 성령론을 토대로 한 교회 이해의 놀라운 의미를 일깨워 주었다(Khodr 1991; Knitter 1991). 코드르는 주로 전통적 삼위일체 신학을 창조적으로 숙고하여 성령신학적 교회론과 종교신학 가능성을 펼친다. 이 고찰의 핵심은 그가 말씀과 성령의 관계를 밝히면서 타종교를 향한 교회 선교에 그 관계를 적용하는 데 있다.

> 그리스도의 섭리는 성령의 섭리 없이 이해할 수 없다. 성령은 아들과 구별된 섭리로 온갖 것을 채운다. 말씀과 성령은 '아버지의 양 손'이다. 우리는 여기서 위격의 독자성을 인정하며 종교를 통해 모든 것을 포용하는 은총을 볼 수 있어야 한다. 오순절 성령강림은 … 육화의 연속이 아닌 결과다. … 이 두 섭리 사이에는 상호 관계와 섬김이 있다(Khodr 1991, 27).

전통적 삼위일체 신학의 흐름에서, 코드르는 말씀과 성령은 서로 다르면서도 본질적 상호 관계에 있음을 인정한다. 결코 성령을 말씀과 무관하게 이해하거나 경험할 수 없다고 하면서도, 성령을 말씀으로 축소하거나 말씀에 종속시키거나 말씀의 다른 '양식'으로만 이해할 수 없다고 말한다. 실질적으로 다른 '위격의 독자성'hypostatic independence이 있다. 이것이 오순절 성령강림과 역사에 나타난 해방의 힘을 '육화의 연속', 즉 말씀에 성령을 종속시키거나 양태론Modalism 형태[3]로만 이해해서는 안 되는 이유다. 성령은 육화의 결과Filioque[4]지만 성령 자신의 위격hypostasis이 있다. 그런데 말

---

[3] 양태론은 세 신적 위격의 차이가, 하나이며 동일한 하느님의 행위 '양식들'에 지나지 않는다고 주장한 초기 삼위일체론의 이단이었다. 하느님이 때로는 아버지처럼, 때로는 말씀처럼, 때로는 성령처럼 행동하신다는 설명이다. 초기 공동체는 세 위격의 참된 차이를 밝히고자 했다.

씀의 섭리와 성령의 섭리 양자가 본질상 서로 묶여 있기 때문에, 그 '독립성'은 신에게서는 완전한 관계를 이루지만 창조 역사에서는 여전히 스스로 계시하고 인간이 발견해 내야 하는 존재로 한정된다.

이 삼위일체 신학을 선교학과 종교신학에 적용할 때, 성령이 교회를 뛰어넘어 타종교에서 활동할 것이라는 주장은, 육화한 말씀이 교회에 계시되었다는 것과 다를 수 있다. 하느님의 다스림은 성령의 호흡 아래서 일어날 수 있는 것처럼 '모든 것을 끌어안는 은총의 현상'으로 보일 수도 있다. 즉, 은총의 섭리는 (물론 예수에게서도 성령은 활동하셨지만) 진정 예수에게서 육화한 말씀을 통해 아는 것과는 다르다. 그리고 이 인식 속에서, 교회를 초월하는 하느님 나라가 자존한다. 즉, 하느님 나라는 그리스도 교회에서 내세우는 말씀의 섭리 안으로 함몰되거나 흡수되지 않는다.

코드르는 "그리스도교에서 모든 종교를 즉각 이해하고 그들의 진실을 부정하기"란 "너무 쉬운 일"이라고 선언한다. 성령과 보다 폭넓은 하느님 나라의 섭리가 진실임을 거부하는 것이다. 그는 그리스도교를 "다른 모든 것을 파괴하라고 판결하는 섭리"로 이해해서는 안 된다고 경고한다. "빵 전체가 아닌 반죽 속 소량의 누룩, 결코 음식 자체가 아닌 거기 들어간 소금"(Khodr 1991, 26)으로 이해해야 한다. 그러나 종교의 독자적 경륜은 말씀과 성령의 본질적 관계, 교회에 형성된 하느님 나라와 교회를 초월한 하느님 나라 사이의 본질적 관계에 있다. 성령은 분명 말씀과 다르지만 말씀에 존재한다. 말씀이 성령에 존재하는 것과 같은 이치다. 이리하여 타종교의 참으로 다른 하느님 나라는 그리스도 안에 육화하여 교회 안에 살아 있는

---

4 서방 교회와 동방 교회 간 '필리오크베'(Filioque, 그리고 성자에게서도) 논쟁은 성령이 성부에게서만 유출했는지, 성부와 '성자에게서도' 유출했는지 다루었다. 추상적으로 보이는 이 논쟁은 '필리오크베'를 의문시하면서 해결된다. 동방 신학자들은 성령과 성자의 참된 차이를 강조하고 싶어 했다. 이것이 코드르가 자신의 논문에서 강조하는 바다.

말씀과 이어져 있고 분명히 이해된다. 말씀과 성령이 서로에게 존재하는 것처럼, 교회 안의 하느님 나라와 교회를 초월한 하느님 나라도 그러하다.

코드르의 제안은 교회의 '필요성'뿐 아니라 타종교의 '필요성'을 존속시킬 방법을 찾는 신학자들 사이에서도 울려 나온다. 이 성령론적 선교학은 "육화의 고유함을 해체시키지 않은 채 하느님의 보편적 구원 목적을 포착할 수 있는 열쇠를 제공한다"(O'Donnell 1989, 45). 그리스도론과 성령론에서 교회와 선교에 대한 이해를 정초하는 일은, 예수에게서 육화한 말씀에 현존하는 하느님 나라의 고유함이, 온 세상에 하느님 나라를 촉진하는 성령의 고유함과 어울려 활발하고 열린 대화로 이끄는 것을 보여 준다(Bingemer 1990). 그런데 이 대화는 대화 상대가 서로를 동등하게 존중할 때 참되고 생기 넘친다. "성령의 역사하심은 로고스에 종속될 수 없다"(Panikkar 1990b, 121). 그리스도교 선교사들은 "성령의 행위를 예수 그리스도의 행위에 축소"(Amaladoss 1989, 413)시켜서는 안 된다.

서방 라틴 교회가 동방 교회의 활성화된 성령신학의 관점을 통해 그리스도인의 삶과 선교를 더욱 진지하게 다룰 수 있다면, 보다 폭넓은 하느님 나라와 교회의 관계를 균형 있게 이해할 수 있다. 사무엘 라얀이 권고하는 절박한 진리에 귀 기울여 보자: "서방 교회는 사도신경 중간 부분과 그리스도에만 집중한 신학(과 교회론)을 체계화시켜 왔으며, 가난한 이들의 주인이거나 여주인이며 생명을 주시는 아버지 어머니인 창조주 하느님과 성령에 관한 숙고를 발전시키지 못했다"(Rayan 1990, 129).

먼저 하느님 나라를 찾아라

교회와 교회 선교를 '하느님 나라 중심'으로 이해하라는 요청에는, 그리스도인이 교회의 안녕보다 "먼저 하느님 나라를" 추구한다면 "모든 것도 곁들여 받게"(마태 6,33)되고 교회도 번성하리라는 확신이 깔려 있다. 먼저 하느님 나라를 찾으라는 의미는 무엇인가? 회의 석상이나 강의 계획서에서 쓰이는 용어로 설명하자면, 이는 교회의 지향점과 실천 프로그램 가운데서 목적과 목표의 순서를 재배열하는 것이라고 생각한다.

목적과 지향점에서 먼저 하느님 나라를 찾는다는 것은 교회에 흐르고 있는 주 에너지가 수렴되기(구심성)보다 확산됨(원심성)을 뜻한다. 교회가 하느님 선교의 일부라면, 교회의 본성과 존재 목적은 파견에 있고 "밖으로 뻗어 나가는 것"(Hoekendijk 1960)이며 교회를 넘어 교회 아닌 세상을 향해 나아가는 것이다. 교회는 하느님 나라를 섬기기 위해 스스로 밖으로 나감으로써 자기 정체성을 깨닫는다. 교회 공동체가 원심성을 버리고 자기 구성원을 돌보는 데만 집착한다면, 그것은 '먼저 하느님 나라를 찾는 것'이 아니므로 그리스도 교회가 아닌 일개 종교에 그칠 뿐이다(Haight 1988).

교회의 원심적 움직임을 중시할수록 구심적 에너지의 흐름에도 주의를 기울여야 한다. 진정 자기를 넘어서기 위해 공동체는 자아를 세우고 돌보아야 한다. 에너지는 나뉘기 전에 발생해야 한다. 그러므로 하느님 나라 중심의 사목 관심사인 전례, 교리문답, 경건함, 모임, 치유 등은 교회를 이루는 본질적 요소다.

그리스도교 공동체에서 하느님 나라를 실현하고 구체화하여 밝히지 못한다면, 교회의 하느님 나라 증언은 큰 사회에 제대로 먹히지 않을 것이다. 그리스도인은 세상에 하느님 나라를 세우는 데 기여하기 전에 먼저 자기 공동체에서 하느님 나라를 이루어야 한다. 그들의 사랑, 그들이 형성해 놓은 사랑과 기도와 투쟁의 공동체를 보고 타인은 그들을 그리스도인이자 하느님 나라로 인식할 것이다. 따라서 내적 생활과 공동체 생활을 지향하는 교구 사목 활동이 요구된다.

하지만 이는 부차적인 것에 불과하다. 더불어 내면화할 궁극 목적은 밖으로 뻗어 가는 데 있다. 그리스도인이 하느님 사랑과 이웃 사랑을 느끼고 향유하기 위해 함께하는 참이유는 공동체 밖에 있는 이들, 특히 사회 주변부로 밀려나 사랑받지 못하는 이들과 사랑을 나누기 위해서다. 그리스도인은 아무것도 소유하지 못한 이들과 빵을 나누기 위해 성찬의 빵을 한데 모아 쪼갠다. 성체가 개인의 경건함을 위한 하나의 '사물'이나 도화선에 그친다면, 더 이상은 우리 형제자매 중 가장 작은 이에게서 발견되는 그리스도의 몸이라 부를 수 없다(Hellwig 1992).

5장에서 살펴본 예수와 그분 메시지의 고유함으로 돌아가 보자. 유다인 예수의 하느님은 역사의 하느님이며 역사에서 활동하시고 부르신다. 따라서 예수의 '유다인을 위한' 하느님은 우리 개개인의 가치나 마음이 목표와 평화로 가득 차 있기 때문만이 아니라 우리를 통해 타인을 사랑하기 때문에 우리 개인을 사랑하신다. 또 우리가 하느님을 사랑하고 경배하는 까닭은 이것이 우리에게 기쁨과 평화와 인격의 충만함을 줄 뿐 아니라, 그 사랑이 본디 의도하는 대로 다른 존재의 생명 안으로 흘러들게 하기 위해서다. 하느님 사랑과 이웃 사랑은 뗄 수 없이 밀착된 두 계명이며 같은 에너지의 두 흐름이다. 교회 공동체가 구심적 관심에서 수렴할 때조차, 교회가 실제 나아가는 방향은 그 반대이며 먼저 하느님 나라를 찾기 위해 원심적으로 세계를 향한다.

그런데 이것이 교회의 목적이자 기본 지향점이라면, 어떻게 이 지향점을 추구해야 하는가? 먼저 하느님 나라를 찾기 위한 교회 목표는 무엇인가? 5장에서 살펴본 대로 하느님의 다스림은 예수의 목적이었고, 그 제자 공동체의 목적으로 남았다. 이 역동적 상징은 결코 정확하게 규정지을 수 없다. 하느님 나라의 분명하고 정확한 의미와 요구를 안다고 선언하는 것은, 그것을 개인적 목적에 이용하는 것이나 마찬가지다. 또 5장에서 살펴본 것처럼, 성서학자들은 예수가 설교한 하느님 나라의 본질적 특성 중 하나가 세속성이었다는 데 점차 동의한다.

예수와 현대 교회의 하느님 나라 추구는 이 유한한 세상에서 인류의 행복을 찾는 길이다. 에드바르트 스힐레벡스는 최근 자신의 신약성경 주석과 신약성경 증언에 관한 해박한 연구를 토대로, 예수 설교의 목적이 하느님 나라라는 말은 예수의 주요 관심이 '인류의 행복'이었음을 의미한다고 결론 내린다(Schillebeeckx 1980, part 4). 하느님의 영광은 피조물의 행복에 있다Gloria Dei vivens homo(이레네우스). 따라서 존 소브리노가 보는 성경적 관점에서 하느님 나라는 생명을 가리키며, 하느님의 뜻은 생명이 존재하는 모든 곳 그리고 모든 사람(피조물)이 생명을 간직하면서 더욱 풍요로워지는 데 있다(Sobrino 1984; 1987).

예수 당대에 명백했던 것은 오늘날 우리에게도 명백하다. 이 세상에서 행복을 누리기 위해, 우리는 이 세상을 바꿔야 할 것이다. 행복을 증진시키고 풍요로운 삶을 지속시키려면 분명 세상을 변혁시켜야 한다. 무수한 국가와 국제 공동체의 관행과 구조는 수많은 사람에게 생명을 주기보다는 통탄스러운 죽음을 거래하는 것이 분명하기 때문이다. 인간과 지구의 참살이는 사회 변혁과 발전, 정치적 해방, 때로는 혁명을 요구한다. 스힐레벡스는 간단명료하게 교회 선교 확장의 본디 목적에 주목해야 한다고 말한다. "선교는 정의와 평화, 정신적·물질적 가치 분배, 노동의 분배와 보다 정당한 교역 조건에 관한 문제와 관련되어 있다"(Schillebeeckx 1990, 185).

같은 목적을 다룬 바티칸의 진술은 한층 명료하고 강력하기까지 하다. 1971년 세계 주교 대의원 회의는 명백한 입장을 밝혔다. "정의를 위해 일하고 세계 변혁에 참여하는 것은 복음에 대한 설교, 다른 말로 인간 구원과 온갖 억압 상황에서 해방을 추구하는 교회 선교의 본질적 차원을 요구한다"(Gremillion 1976, 514). 더 최근에 바티칸 종교 간 대화 평의회는 "인류, 사회정의, 인권과 자유, 불의한 사회구조 개혁을 위한 투신"이 "교회 선교의 본질을 이루며 교회와 나뉠 수 없이 결합되어 있다"고 재긍정했다(DP 12; F.S. Fiorenza 1984, 207-12).

세계 구조 변혁을 교회 선교의 본디 목적으로 선포하는 것만으로는 충분치 않다. 내적 구조를 변혁하지 않으면 외적 구조도 바뀌지 않는다. 세계 변화를 위해 인간의 마음도 변화시켜야 한다. 우리는 동일한 변혁 과정의 다른 두 측면을 이야기하고 있으며, 정치적 회심과 영적 회심은 구별될지언정 결코 나뉠 수 없다(Knitter 1995, chap.5). 1985년 주교회의는 하느님이 교회 선교에 동참하지 않거나 반대한다는 의견에 정면 대항했다. "세계를 향한 교회의 구원 사명은 통합적인 것으로 이해해야 한다. 교회 선교는 영적 측면과 아울러 인간의 한정된 지상 삶의 진전도 포괄하기 때문이다. … 따라서 영적 선교와 세상을 위한 봉사를 양극으로 갈라놓는 그릇되고 무익한 시도를 무시하고 뛰어넘을 필요가 있다"(Geffré 1990, 66-7).

예수는 평범한 예언자가 아닌 영으로 충만한 예언자였다. 오직 영으로 충만한 예언자만이 자신의 불가능한 꿈을 성취하는 데 가까이 갈 수 있다. 행복이라는 하느님 나라를 실현하기 위해 개개인의 마음을 변화시키는 것만으로는 충분치 못하다. 더욱이 좀처럼 마음을 바꾸지 않고, 새로운 정의와 사랑의 새 구조를 자신 안에 창조하도록 스스로를 초월하게 하는 변혁의 힘을 인식하고 체험하는 내적 회개를 거치지 않는다면, 이는 하느님 나라를 모래 위에 세우는 꼴이다.

따라서 하느님 나라는 인류의 내적 회심이나 열정에 뿌리내린 사랑과 정의와 평등 사회의 이상향이라 정의할 수 있다. 하느님 나라에 속한 이들은 다른 방식으로 존재하고 느낄 것이므로 다른 방식으로 함께 행동하고 살아갈 사회를 이룰 것이다. 그 하느님 나라는 사회정치적이면서 영적이다. 그 나라는 발전과 복음화를 통해 실현된다.

종교: 하느님 나라의 중개소

선교 확장의 으뜸 목표인 하느님 나라, 또 선교에서 가장 중시하는 모든 피조물의 참살이를 추구하는 그리스도교 선교사는 자신의 타종교관을 재조명할 필요를 느낄 것이다. 이 재조명은 제2차 바티칸 공의회 이후 특히 로마 가톨릭교회의 변화된 관점이다. 이는 타종교를, 파괴해야 할 '악마의 작업들'로 보는 데서 구원 은총의 '합법화된' 도구인 '구원의 길'viae salutis로 인정하는 것에서도 한발 더 나아간 것이다. 교회와 선교의 하느님 나라 중심적 관점에서 볼 때, 타종교는 '구원의 길'일 뿐 아니라 한층 더 분명하고 매력적인 '하느님 나라의 길'viae Regni이다.

이 종교신학은 그리스도인에게 타종교를 "하느님이 좋게 의도하신 것"(Rahner 1966a)으로 여기게 한다. 또 교회가 그리스도인의 성사이듯 타종교를 타신앙인의 '성사'로 바라볼 수 있게 하여, 최근 로마 교회 공식 교육 기구의 강력한 승인을 얻었다. 타종교를 긍정하는 신학은 1970년대 이후 주류 가톨릭 신학과 개신교 신학의 공통 분모가 되었지만, 과연 제2차 바티칸 공의회가 타종교를 구원 성사로 인정하는 신학을 지지했는가를 두고는 상당한 신학 논쟁(Ruokanen 1990; Knitter 1990b)이 벌어졌다. 공의회가 타종교 전통을 인정했다는 옹호자들(Knitter 1985, 121-4)은 그 진술들이 참으로 불분명하다는 점 또한 인정해야 한다. 공의회는 구원이 교회 밖 모든 사람에게 유효하다고 분명히 선포했지만, 그 구원이 타종교에도 있다는 말까지는 할 수 없었다. 기껏 「우리 시대」Nostra Aetate (NA)에서 이들 전통에 '진리의

한 줄기 빛'이 있다고 조심스레 인정할 뿐이었다.

최근 종교 간 대화 평의회와 인류복음화성은 타종교를 구원과 빛을 비추는 성령의 전달자로 명백히 승인하기에 이른다. 이 내용은 1991년 5월에 공포된 「대화와 선포」에 나온다. 타종교의 가치와 역할을 다룬 이 문서는 "권위 있는 중심 가르침이 나오는 기존 공식 문서에는 없었지만 그 신학 내용을 과소평가해서는 안 될 주요 진술"(Dupuis 1994, 137)을 지적한다. 제2차 바티칸 공의회의 의기소침한 타종교관을 포기하면서 「대화와 선포」는 곧바로 "타신앙인들의 종교 생활뿐 아니라 그들이 속한 종교 전통 안의 긍정적 가치들"을 언급한다. 이 긍정적 가치들은 단지 인간 노력의 결과가 아니라 "당신 말씀을 통한 하느님의 생생한 현존"과 "성령의 보편적 현존"에서 나온다. 친숙한 신학 용어를 사용하여 「대화와 선포」는, 종교가 "신의 구원 경륜에서 섭리에 합당한 역할"(DP 17)을 수행한다고 더욱 강조한다. 「대화와 선포」는 더 분명히 "구체적으로는 타종교 성원들이 자기네 종교 전통의 장점들을 성실히 실천하고 양심이 명하는 바를 따름으로써, 하느님의 초대에 적극 응답하고 구원을 받아들이게 된다"(DP 29)고 말한다.[5] 이것은 진정 로마 가톨릭의 공식 가르침이 얼마나 발전했는지 보여 주는 것이다.

그러나 하느님 나라 중심 교회론에서, 종교가 구원 은총을 중개한다는 입장은 그들이 하느님 나라의 참살이를 중개한다는 관점이다. 이것은 타종교에 대한 바티칸의 진술과 현대 그리스도교 시각을 떠받치는 신학, 주로 칼 라너 신학에 담겨 있다. 하느님의 구원 의지와 은총은 타종교를 멸

---

[5] 「대화와 선포」 첫 번째 초안은 타종교를 구원의 길로 보는 이 진술을 더 분명히 다룬다. 「대화와 선포」 작성자들은 톰코 추기경과 인류복음화성의 보수성에 영향을 받아 "그리고 그들 양심의 명령에 따라"를 덧붙였다. (첫 번째 초안 작성에 참여한) 드퓌는 "타종교가 구원을 구성하는 길임을 흔쾌히 인정하는 것을 분명 두려워한다"(Dupuis 1994, 136)고 지적했다.

시하는 데서가 아니라 그들을 수단으로 함으로써 이루어지고, 타종교 신조와 실천 밖에서가 아니라 그 안에서 이루어진다는 것이 라너의 설득력 있는 입장이다. 이를 수용하는 것은, 구원 은총이 인간 마음뿐 아니라 인간 사회까지 변혁시킬 수 있다는 사실을, 라너가 죽은 1960년대보다 오늘날 더 분명히 인식하는 것이기도 하다. 해방신학자와 제3세계 그리스도교 공동체들은, 은총이 현대 세계의 불의와 억압을 없애고 사랑과 정의의 새 세상을 창조할 때만 온전한 효력을 발휘한다는 사실을 전 세계 그리스도인이 깨닫도록 도와준다. 따라서 은총이 있는 모든 곳에 하느님 나라가 탄생한다. 그리스도인이 타종교를 은총의 도구로 보는 한, 그리스도인은 그들을 하느님 나라를 위해 함께 일하는 동반자로 여겨야 한다.

그렇다고 여기서 종교가 인간의 행복을 빈번히 가로막아 왔고 지금도 그러하다는 추하고도 명백한 실상을 부정하는 것은 아니다. 종교는 억압당하는 자에게는 아편으로, 억압하는 자에게는 이데올로기의 도구로 봉사해 왔다. 이 점은 그리스도 교회도 타신앙 못지않다. 그러나 죄의 실체를 인정한다고 은총의 가능성이 막히는 것은 아니다. 아우구스티누스가 도나투스파를 반박했듯이, 은총은 죄악의 도랑을 통해 흐를 수 있다. 하느님 나라는 불완전한 도구를 통해 건설될 수 있다. 그리스도 교회처럼 세계종교들도 의인인 동시에 죄인simul justus et peccator일 수 있고, 하느님 나라를 방해하는 동시에 도구가 될 수 있다.

여기서 주의할 점이 있다. 그리스도인이 타종교인을 '하느님 나라의 중개자'로 여기고 그들과 상호 작용하는 변화 양상을, 최신 '익명의 그리스도인' 이론으로 여기는 사람들이 있다. 1960~1970년대 그리스도인은 선한 의지를 가지고 타종교인에게 친절하고 점잖게 다가갔다. 그리고 매 순간 양심에 따라 선을 행하는 힌두교인과 불자를 (본인은 모를지라도) 이름 없는 그리스도인으로 천명했다. 오늘날은 매 순간 친절하고 사회정의를 위해 일하는 타종교인을 '하느님 나라의 익명의 중개자'라고 주장하고 있다.

물론 유사점도 있지만 두 신학적 통찰에는 질적 차이가 두드러진다. 모슬렘이나 힌두교인을 '익명의 그리스도인'이자 그리스도 교회의 숨은 신앙인이라 부르면서, 그리스도인은 자신들이 이야기하는 바, 즉 그리스도교와 그리스도 교회는 타종교인이 은총과 진리의 충만함을 발견하는 한 반드시 협력하리라는 사실을 안다. 다른 한편, 하느님 나라에서는 물리적 세계가 분명치 않다. 하느님 나라를 바라고 이를 위해 일하면서도 그리스도인은 자신의 말에 관해 참으로 완전하고 분명하게 알지 못한다. 앞서 밝힌 대로 하느님 나라는 종말론적 실체이며, 언제까지나 보다 위대한 완성을 도래케 하고 인간 이해 범주를 초월한 실체를 가리키는 열린 상징을 뜻한다. 그러므로 하느님 나라에서 인간과 지구의 '참살이'를 실현할 것이라고 말할 때, 우리는 바로 그 참살이가 무엇을 포함하며 어떤 일을 도모해야 할지 제대로 알지 못한다. 항상 더 깨우치고 배워야 할 것이 있다.

하느님 나라의 잠재적 중개자로 타종교인을 본다는 것은, 그리스도인이 이미 확정 지은 계획과 비전에 그들을 포함시키지 않겠다는 뜻이다. 그리스도인 자신은 하느님 나라가 포함하는 보편적 의미와 결정적 열쇠를 지녔고, 인간의 새로운 존재·공존 방식을 크게 실현할 또 다른 의미의 긴급하고 중요한 공헌을 할 수 있다고 고백한다. 따라서 그리스도인이 타인을 하느님 나라의 중개자로 볼 때는 그들을 도와주는 사람이 아닌, 함께 일하는 사람으로 본다. 타인이 찾고 있는 것을 그리스도인이 안다고 가정한다면, 타인 역시도 그리스도인이 찾고 있는 것을 알고 있다고 보아야 한다. 그리스도인이 종교 간 대화의 공통 토대를 위해 하느님 나라를 주장하는 것은, 모든 사람이 함께 배우는 대화의 장을 요청하는 것이다.

하느님 나라 중심 선교는 제3세계 교회를 주목한다. 알로이시우스 피어리스(1988a), 사무엘 라얀(1989; 1990), 마이클 아말라도스(1992a), 스탠리 사마르타(1991), 펠릭스 윌프레드Felix Wilfred(1994), 티사 발라수리야Tissa Balasuriya(1980), 에이브러햄 아이루쿠지엘Abraham Ayrookuzhiel(1994) 같은 아시아 신학자들은 라틴아메리카 신학자들에게 특히 관심이 많다. 고통과 불의에 직면한 라틴아메리카 교회에서 발생한 해방신학이 아시아 종교 사이에서도 유사한 효과를 낳기 때문이다. 일반 신자와 종교 지도자들은 자기네 전통과 거룩한 경전들을 재점검하고 그리스도교 신학자들이 말하는 '의심의 해석학'을 적용하여 자기 종교의 이데올로기적이고 억압적인 오용을 본 다음, '복원의 해석학'을 통해 자신의 경전과 주요 신조의 내용을 재발견하고 복구시키고자 한다. 그들의 발견과 시도의 도움으로 그리스도인은 자신이 상상한 하느님 나라를 이해하고 실현할 수 있다. 특히 아시아 그리스도인은 하느님 나라를 세우는 일이 한 종교가 맡기에는 너무나 엄청나고 복잡한 일임을 고통스럽고 행복하게 깨달았다(Knitter 1995, chap.9).

개종(회개)

이렇게 수정한 하느님 나라 중심 선교관은 오랜 세월 선교를 부채질해 온 개종 또한 재긍정하게 만드는가? 제자들이 배와 동료와 모든 것을 버리고 예수를 따른 동기 가운데는 "사람 낚는 어부"(마르 1,17)가 되려는 도전의식이 있었다. 그들은 타인을 위해 필요한 무언가를 감지하고 있었다. 사람들이 '그것을 받아들여' 더 나아지기를 바랐다. 그리스도인은 하느님 나라 중심 선교 개념을 지니고 선교의 열정을 불사를 수 있을까?

그리스도인은 할 수 있다. 개종은 모든 선교사의 최우선 과제다. 무엇보다 하느님 나라로 개종시키는 것이다. 온 인류를 하느님 나라의 구성원으로 만드는 일은 교회의 일원으로 만드는 것보다 더 중요하다. "선교는 더 이상 협소한 교회 확장이 아니라, 하느님 말씀의 힘을 인간 상황에 끌어와 그 메시지와 이어 주는 것이다"(Amaladoss 1992b, 2). 말씀의 힘이 지닌 첫째 목적은 주일 미사 참례자를 늘리는 것이 아니라, 하느님의 다스림에 따라 인간 삶과 사회를 세우는 것이다. 이런 의미에서 하느님 나라보다 교회를 더 중시하는 것은 우상숭배일 수 있으므로, 세례를 통해 교회로 개종시키는 것을 선교의 최우선 목표로 삼는 것 역시 우상숭배다.

이 선교 이해는 우리를 침착하게 위로할 수 있다. 세례를 베풀지 않더라도 힌두교인과 불자와 그리스도인이 함께 사랑과 정의를 실천하며 살도록 돕는 선교사야말로 그리스도의 충실한 제자다. 반면 교회를 개종자로 가득 채웠다 하더라도, 혼인 지참금으로 인한 살인이나 강제 노동을 용인하는 사회를 개혁하려 하지 않는 선교사는 실패자다.

이것은 개종에 대한 이해와 선교 노력의 목표를 명확히 하고 발전시켜야 함을 뜻한다. 타종교 공동체는 예수 메시지를 따라 실제로 개종할 수 있어도 교회의 새 구성원이 되지는 못한다. 「대화와 선포」(DP)는 '개종'(회개)이란 단어의 두 가지 의미와 목표를 분명히 알아보고 인정한다. 기본적으로 회개는 "겸손하게 참회하며 하느님께 마음을 돌리는 일"이지만 "더 특수하게는 자기가 충성을 다하는 종교의 변경, 특히 그리스도인의 신앙을 신봉하는 개종"(DP 11)을 가리킨다. 개인이나 공동체에서 발생하는 변화나 변혁은 '개종'이 의도하는 선교의 본질과 목표를 완성시킨다.

하느님과 하느님 진리로 마음을 돌리는 개종의 폭넓은 의미에 따라, 어떤 힌두교인이 복음과 그리스도교 공동체에 현존하시는 하느님과 만나 변화되는 진정한 인격적 개종에 대해 말해 보자. 그는 힌두교인으로 남는다. 달라진 힌두교인, 더 나아진 힌두교인이지만 여전히 힌두교인인 것은 분명하다. 이런 개종이 진짜다. 간디는 자신의 힌두교적 정체성을 심원하게 변화시키면서도 복음과 만나 더 확고해진 최고 본보기다. 최근에는 선불교 학자인 아베 마사오가 그런 '개종'을 보여 준다. 그는 자신의 불교 이해가 그리스도인과의 만남, 특히 역사와 사회윤리를 바탕으로 한 만남에서 엄청난 영향을 받았음을 인정했다(Knitter 1987).

여기서 구별과 선호는 반대가 아니다. 하느님 나라로 개종하는 것과 교회로 개종하는 것은 매우 다르며 때로 둘 사이에 긴장이 있을 수 있으나 서로 모순되지는 않는다. 선교사는 하나를 선택하기 위해 나머지를 버릴 필요가 없다. 앞서 본 것처럼 하늘에서와 같이 이 땅에 하느님 나라를 도래하게 하는 것이 선교의 중심 목표라면, 교회 공동체를 뿌리내리고 자라게 하는 일은 그 목표에 필요한 수단이다. 그러므로 선교사들은 하느님 나라뿐 아니라 그리스도교 공동체로의 개종에도 힘써야 할 것이다! 예수 그리스도의 제자인 그리스도인은 예수와 그분 영의 비전과 힘을 추구하지 않고서는 하느님 나라와 인간 행복의 온전한 잠재력을 실현할 수 없음을 확신한다. 그리하여 복음을 전하러 밖으로 나간다. 또 복음이 진정 새로운 문화에 살아 있도록 복음 추종자와 설교자 공동체를 세우려 할 것이다.

그런 후에야 "교회가 구원을 위해 필요하다"고 말할 수 있다. 그리스도인 공동체는 하느님 나라 건설에 필요하고 중요한 지원을 아끼지 말아야 한다. 그렇지 않고는 하느님 나라를 제대로 세울 수 없다. 선교사는 바다와 육지를 종횡무진하며 하느님 나라에 대한 그리스도인의 비전을 이웃에 전하려는 이들을 모으는 데 열중할 것이다. 그리스도인은 억지로 개종시키려 하지 않을 것이고, 개종자 수로 자신의 성공을 가늠하지도 않을 것이다. 그들은 사회에서 예수의 비전을 실현하려는 제자 공동체에 자유롭게 참여하려는 이들을 환대하는 데 머물지 않고 계속 찾아 나설 것이다.

그리스도교 공동체로 개종시키려는 선교사는 '영원한 구원'이 불확실하다는 이유로 주저하지 않을 것이다. 교회 말고도 다른 여러 수단을 통해 구원이 이루어진다는 것은 로마 가톨릭교회의 기본 가르침이자 '공식' 가르침이다. 대다수 주류 개신교 역시 하느님의 이런 무한한 사랑에 대한 확신을 공유한다. 따라서 모든 선교사는 세례를 통한 개종을 추구하며 그리스도교 공동체에 속하고 싶어 하는 이들을 북돋는 한편, 개종을 강요하지 않도록 주의해야 한다. 하느님 나라로 개종시키는 것에 교회로의 개종도 덧붙일 때, 지혜와 성령은 그 문제를 안내하고 결정하도록 자극할 것이다.

특별히 긴급하고 필요한 상황에서 선교사는 교회 공동체로 개종시키려 할지 모른다. 예수처럼 하느님 나라의 가치를 선포하려 노력하는 가운데 문화나 종교의 지배적 가치가 하느님 나라의 가치와 다를 뿐 아니라 명백히 배치될 때, 존 소브리노가 엘살바도르에서 경험한 것처럼 슬프게도 '반-하느님 나라'와 정면으로 부딪혔을 때(Sobrino 1994, 16-79) 복음 선포는 그 문화나 종교의 가치 실현을 거부할 것이다.

선포는 고발이다. 협력을 바라기에 저항을 선택한다. 그 상황에서 선교사는 의식 있게 교회 공동체의 회개를 긴급히 촉구한다. 자기 공동체에서 정의, 사랑, 가난한 자에 대한 관심 같은 하느님 나라의 가치들과 통합될 수 없다면, 선교사는 신중하지만 단호하게 하느님 나라의 가치를 확신하고 실천하는 공동체로 사람들을 회개시키려 할 것이다. 예수의 제자 공동체에 동참하도록 이들을 초대할 것이다. 그리스도교로 개종시키는 것이 선교의 목표가 아니라고 앞에서 말했지만, 때로는 그럴 수도 있다.

그러나 개종이 여전히 선교 활동의 타당하고 필요한 목표인 한, 하느님 나라 중심 교회론에서 개종은 유익한 양날의 칼이다. 하느님 나라 중심적 선교사는 선교 목적이 타종교인의 개종뿐 아니라 선교사와 교회의 회개임을 인식할 것이다. 선교사는 교회 일원의 증가뿐 아니라 새로운 진리, 새로운 문화, 교회 내 새로운 도전의 증가를 통해 교회 확장을 도모한다. 다른 말로, 교회는 타자의 변화뿐 아니라 자기 변화를 위해 선교사를 필요로 한다. 교회의 선교 활동 없이는 교회가 추구하는 행복의 핵심 원칙을 수행할 수 없다. 교회는 늘 개혁되어야 한다ecclesia semper reformanda.

따라서 복음을 선포하는 선교사는 타인도 자신에게 복음을 선포할 수 있음을 인정한다. 그들은 단순히 철학의 특정 진리에 기초해서가 아니라 예수 그리스도에게서 발견한 것 때문에, 예수의 하느님 그리고 그분의 사랑과 지혜는 선교사가 예수를 통해 이미 알고 있는 것보다 항상 더 크시다는 사실을 안다. 선교사는 예수 때문에 진리가 현존하는 곳 어디서나 진리를 찾고 섬길 수 있다. 더 구체적으로 선교사는 예수가 계시한 하느님 나라에 깊이 투신했기에, 타인과 만나 하느님 나라에 대한 자신의 인식을 더욱 분명히 하고 바로잡을 준비가 되어 있다. 가장 영향력 있는 선교사는 자신의 회개를 통해 개종을 이루는 이들이다.

● ● ● 제7장

로마 가톨릭교회의 상호 선교
바티칸의 선교관과 대화하기

하느님 나라 중심 교회론의 기본 특성을 받아들이는 가톨릭교회 평신도와 신학자들이 염려하는 바가 있다. 로마 가톨릭교회 공식 문헌들과 교육 담당 기구의 근엄성, 교회와 교회 선교에 대한 '하느님 나라 중심' 모델을 완전히 부정하는 입장이 그것이다. 이런 입장은 1990년에 발표한 교황 요한 바오로 2세의 회칙 「교회의 선교 사명」, 종교 간 대화 평의회와 인류복음화성이 공동 작성한 「대화와 선포」(1991)에 나온다. 물론 '가톨릭' 교회만이 점에 주목하는 것은 아니다. 개신교 그리스도인들과 선교사들도 열정적으로 관심을 표해 왔다(Swidler & Mojzes 1990; Braaten 1981; Tippit 1987; Yates 1994). 바티칸이 공식 표명한 경고를 진지하게 다루어 참된 관심사에 응답하려 노력하고 모순점을 지적함으로써, 지구적 책임감을 지닌 대화에 호의적인 하느님 나라 중심 선교의 가능성과 함정을 모두 밝힐 수 있을 것으로 나는 믿는다. 동시에 신학자들 간, 신학자와 로마 교회 지도자 간의 의견차를 줄일 수도 있을 것이다.

「교회의 선교 사명」과 「대화와 선포」는 교회와 하느님 나라의 관계에 대한 가톨릭교회 공식 가르침의 이정표다. 교회론의 흐름을 살펴보면, 하느님 나라에 대한 어떤 언급이 있든지 간에 하느님 나라와 교회를 아무 의심 없이 동일하게 볼 뿐 아니라 '교회'와 '로마 가톨릭교회'를 동일시한다. 교황 비오 12세는 1943년에 발표한 회칙 「그리스도의 신비체에 관하여」*Mystici Corporis*에서 이 점을 분명히 했다. 제2차 바티칸 공의회 문헌은 교회와 하느님 나라 간의 명백한 차이를 밝히고, 세상에 존재하는 하느님 나라와 종말론적 충만함을 지닌 하느님 나라 간의 큰 차이를 지적한다.

'교회에 관한 교의 헌장' 「인류의 빛」*Lumen Gentium* (LG)은 구분되는 두 실체가 여전히 깊이 결속되어 있다고 주장한다. 교회는 "지구에 있는 하느님 나라의 씨앗이며 시작이다"(*LG* 5). 신적 실재는 이 세상에 도래할 미래 모습을 취할 것이고, 지금 여기 지구의 그리스도 교회에 '씨앗과 시작'으로 현존한다. 그러므로 "신비에 이미 현존하는 그리스도의 나라, 곧 교회는 하느님의 힘으로 세상에서 볼 수 있게 자라고 있다"(*LG* 3). 여기서 교회는 이 세상에 있다고 전제하는 그리스도의 하느님 나라와 동일시된다. 자크 드퓌Jacques Dupuis는 "「인류의 빛」이 그 역사적 실현과 종말론적 완성에 있어서 교회와 하느님 나라를 여전히 동일하다고 결론 내린 것은 옳다"(Dupuis 1993, 7; *LG* 9, 48)고 지적한다.[1]

「교회의 선교 사명」과 「대화와 선포」의 신학적 맥락은, 제2차 바티칸 공의회 이후 지향하는 가톨릭교회 공식 가르침의 변화를 알려 주는 이정표 구실을 한다. 그리스도 교회는 더 이상 (제2차 바티칸 공의회 '일치 운동에

---

[1] 제2차 바티칸 공의회 문헌에 자주 나오듯이, 「인류의 빛」의 교회와 하느님 나라를 동일시하는 명백한 관점은 다른 문헌들 관점에 의해 제약을 받는다. '현대 세계의 교회에 관한 사목 헌장' 「기쁨과 희망」에서는 하느님 나라의 성장, 역사의 그리스도, 종말론적 완성을 교회와 명백히 관련짓기보다 인간 전체와 관련지어 다루었다(39).

관한 교령' 「일치의 재건」Unitatis Redintegratio에서 고백한 대로) 가톨릭교회와 동일하지 않고, 하느님 나라도 더 이상 그리스도 교회와 동일하지 않다. "「교회의 선교 사명」과 「대화와 선포」는 역사상 최초로 하느님 나라의 실재와 지상의 순례 교회를 구분한 최근의 주요 교의적 전거를 담은 문헌이다. 두 문헌은 하느님 나라가 교회보다 폭넓은 실재라고 공언한다"(Dupuis 1994, 148-50). 두 문서는 교회와 하느님 나라를 뚜렷이 구분하여 더 커다란 실재인 하느님 나라를 교회에 포함시킬 수 없음을 인정했으며, 교회를 하느님 나라의 충실한 종이라 밝혀 하느님 나라에 확실히 종속시킨다.

- 교회는 교회 자신의 목적이 아니고, 하느님 나라의 싹이요 표지요 도구로서 하느님 나라를 지향하고 있다(RM 18).
- 교회는 (구체적 영향력으로) 하느님 나라에 봉사한다(RM 20).
- 교회의 사명은 교회를 세우신 분께 봉사하여 "우리 주님과 그분이 세우신 그리스도의 나라"(DP 35, 59)를 키우는 일이다.

이 진술들이 하느님 나라 중심 교회론에 대한 교황청의 승인을 확인한다.

바티칸의 반박

그런데 같은 문헌에서 요한 바오로 2세는 '하느님 나라 중심' 교회관을 경계한다. 아래 인용문에서 그는 거부되어야 할 교회상을 언급한다.

> 그들(하느님 나라 중심 선교 주창자들)은 교회의 모습을 교회 자체에서 보지 않고 전적으로 하느님의 나라에 대한 증언과 봉사에서만

찾는다. 즉, 그리스도께서 '타인을 위한 분'인 것처럼 교회도 '타인을 위한 것'이라 한다. 그들은 교회의 임무를 마치 두 가지 방향으로 나아가야 할 것처럼 서술한다. 한편으로는 평화, 정의, 자유, 우애 등 소위 '하느님 나라의 가치들'을 추구해야 하고, 다른 한편으로는 민족들과 문화들과 종교들 사이의 대화를 추진하여 서로 강화함으로써 세상을 쇄신하여 하느님의 나라에로 접근시켜야 한다고 주장한다(*RM* 17).

교황은 하느님 나라 중심 교회상의 '긍정적 측면'을 인정하지만, '부정적 측면'에도 무게를 둔다. 부정적 측면은 두 가지다. 첫째, 인간의 참살이를 선교 실천의 핵심으로 삼는 것은, 교회 역할을 '인간 중심'으로 '축소시키려는' 유혹에 빠질 수 있다. 선교의 초점을 '인간의 현세적 필요'에 맞추면서 "하느님 나라가 순전히 인간적이고 세속적인 것이 되어 버리고, 여기서 모든 계획과 노력은 초월의 세계를 배제한 범위 내에서 인간의 사회적·경제적·정치적 심지어 문화적 해방을 위해서만 가치가 있는 것이다". 이는 "현세의 진보만을 추구하는 이데올로기로 쉽게 전락한다"(*RM* 17).

둘째, 그런 하느님 나라 중심 선교 모델은 '교회 중심주의'를 피하는 데만 집중하여 '그리스도께 대하여 침묵'하는 결과를 낳는다. "그들(하느님 나라 중심주의 주창자들)은 소위 '신 중심주의적' 국가를 주장한다." 하느님과 하느님 나라에 너무 몰두한 나머지 그리스도인이 그리스도라는 중심을 잃게 될 것을 교회는 우려한다. 이 하느님 나라 중심주의는 "창조의 신비"와 환경 보존의 필요성을 지나치게 강조하는 반면 "구원의 신비에 대해서는 침묵하고" 있으며, 창조와 인간 세상의 혼돈을 구원하시는 그리스도 역할에 대해서도 침묵한다고 지적한다(*RM* 17 참조).

따라서 하느님 나라 중심 교회 선교에 대해 교황은 "우리가 계시를 통하여 알고 있는 하느님 나라는 이런 것이 아니다"라고 판결하고, 이어서 그 근거와 하느님 나라 중심적 시각을 거부해야 하는 이유를 밝힌다. "하느님 나라는 그리스도와 교회에서 분리할 수 없는 것이다"(RM 18).

하느님 나라와 교회는 분명 다르기 때문에 동일시할 수 없다는 주장과 하느님 나라를 교회나 그리스도와 '떼어 낼' 수 없다는 단언을 구별하고 연결시키려 하면서, 하느님 나라와 교회를 구분할 수는 있어도 분리할 수는 없다고 바티칸은 주장한다. 그 둘은 다르지만 하나 없이는 다른 하나도 없다. 교회를 북돋우지 않는 한, 하느님 나라도 북돋울 수 없다. 물속의 산소와 수소처럼, 그것들을 분해하면 물이라는 실체는 사라지고 만다. 이것은 동일화가 아닌 불가분리다. 하나의 요소가 다른 요소에 종속되어 '섬기는 종'이라고 주장할 수 없는 불가분리성을 뜻한다.

교황이 하느님 나라와 교회의 분리를 거부하는 까닭은 하느님 나라와 예수를 동일하다고 보기 때문이다. 그 동일함을 강조하면서, 그는 신약성경의 증언들을 제시한다. "초대교회의 설교의 중점은 하느님의 나라와 동일시된 예수 그리스도를 전하는 것이었다"(RM 16). 교황은 문자 그대로 이 동일시를 취한다. "하느님 나라는 개념이나 이론이나 멋대로 해석할 수 있는 계획이 아니고, 무엇보다도 얼굴이 있고, 나자렛 예수라는 이름이 있고, 보이지 않는 하느님의 형상이신 그리스도의 인격이다. 만일 이 나라를 예수에게서 분리하면 이미 그분이 계시하신 하느님의 나라는 존재하지 않는다"(RM 18). 그는 시종일관 예수와 하느님 나라를 동일시하면서 교회와 하느님 나라 간 불가분리성을 주장한다. "하느님 나라를 교회에서 분리할 수도 없다. … 비록 교회가 그리스도와 그 나라에서 구별되는 것이지만 불가분의 유대로써 이들과 결합되어 있다"(RM 18).

「대화와 선포」는 적어도 작성 초기 단계에서는 교회와 하느님 나라의 동일시나 불가분리성을 뛰어넘으려 시도했던 듯하다. 본문 전개 상황을 보면 「대화와 선포」는 이것을 매번 시도하지만, 나중에 첨가된 것이 그 '진전'을 가로막고 「교회의 선교 사명」의 교황 시각으로 후퇴한다. 「대화와 선포」 34항은 겸허하게 "교회와 하느님 나라의 관계는 신비스럽고 복합적"이라고 인정한다. 의미인즉 이 관계를 한 방식에 얽어매어 진술하는 것을 주의하라는 것이겠다. 1990년 4월 종교 간 대화 평의회 총회에서 승인한 「대화와 선포」 5차 개정 초안에는 신앙교리성이 강조한(요한 바오로 2세가 1989년에 인도 주교들에게 말한) 진술을 34항에 첨가시킨다: "하느님 나라는 교회와 분리될 수 없다. 왜냐하면 양자가 예수 자신의 인격과 일로부터 분리될 수 없기 때문이다."

「대화와 선포」 첫 번째 초안은 35항에 "하느님 나라의 불완전한 실재는 교회의 범위를 넘어서 예를 들면 타종교 전통의 신봉자들의 마음에서도 발견될 수 있다"고 부드러우면서도 대담한 주장을 펴지만, 마지막 발간에서는 다음 진술을 덧붙인다: "그럼에도 불구하고 이것은 이제 막 시작된 실재이며, 이 실재는 이미 교회에 있긴 하나 다가올 세계에서만 완전히 실현되는 그리스도의 나라에서 완성됨을 기억해야 한다." '교회의 범위를 넘어서서' 발견되는 하느님 나라의 어렴풋한 모습들은 너무나 '불완전한' 것이기에, 그것을 교회에 포함시켜 완성할 '필요'가 있다.

이렇게 완성과 실현이 필요하기 때문에, 교황은 「교회의 선교 사명」에서 하느님 나라와 교회에 따라 두 가지 다른 방식으로 개종을 이해할 수 있다고 지적한다. 「대화와 선포」는 두 가지 개종을 지적하고 그 둘이 각각 선교 확장이라는 목표를 완수할 수 있음을 밝혔다. 교황 요한 바오로 2세는 예수의 복음이 사회 복리를 촉진하면서 "모든 종류의 악에서의 해방을 위하여 일할 것을"(RM 15) 제자들에게 요구했음을 인정했으나, 그 노력이 선교 임무의 목적을 완수하지는 못한다고 선포했다. 세례를 주고 교회를 새 일원으로 채우려 애쓰지 않는다면 선교사가 아니다. "외방 선교는 이러한 목적을 가지고 있다. 그리스도교 공동체를 설립하는 것과 설립된 교회가 성숙되도록 하는 것이다. 이것이 선교 활동의 하나뿐인 고유한 목적이므로 어떤 지역에 새 교회가 그 임무를 정상적으로 수행할 수 있게 건설되기까지는 선교했다고 말할 수 없다"(RM 48).

교황은 여기서 교회로 개종시키는 것만이 더 폭넓은 하느님 나라를 도모하려는 선교사의 유일한 계획이라고 말한 것은 아니다. 세례를 통한 개종을 선교사의 최고 주요 사항으로 남겨 두어야 한다고 주장한 것이다. "제일 먼저 어디서나 … 그리스도교 공동체를 건설하고 그것이 교회로 발전하도록 노력해야 한다"(RM 49). 그리고 "그리스도께로의 회개를 세례성사에서 분리하여 세례는 필요 없는 것으로 여기는"(RM 47) 사람을 호되게 나무란다. 그러므로 교황은 하느님 나라 중심주의가 진전시킨 결론을 분명히 거부한다. 그 결론이란, 선교사들이 "사람들이 더욱 인간답게 되고 자기 종교에 더욱 충실하도록 도울 때"나 "정의와 자유와 평화와 단결을 위하여 일하는 공동체"를 건설할 때(RM 46) 선교 목적이 달성된다는 주장이다. 교황은, 그토록 고귀하고 중요한 목표는 사회운동가에게는 어울릴지 몰라도 그리스도교 선교사에게는 적합하지 않다고 보았다.

바티칸의 관심사와 그 불명료함

하느님 나라 중심적이고 지구적 책임감을 지닌 교회와 선교 패러다임은, 바티칸의 가르침, 특히 「교회의 선교 사명」이 말하는 교회론이나 선교학과 완전히 다르지는 않아도 첨예한 긴장을 야기하는 것만은 분명하다. 가톨릭교회는 신학자와 교도권 간의 이런 불협화음을 가벼이 취급하거나 신학 잡지 더미에 묻어 두어서는 안 된다. 이 차이점들을 교회 생명의 일부로 인식하면서, 공동체에서 개방적이고 관대한 태도로 다루어야 한다. 칼 라너가 지적했듯이, 다른 관점과 날카롭고 강하게 충돌할 때 성령의 숨결과 역동성이 제대로 느껴진다(Rahner 1964).

차이점들을 놓고 대화를 진행하면서, 교황이 주목하는 내용과 교황이 그 내용을 주장하기 위해 이용하는 신학의 타당성을 구분하고자 한다. 가톨릭 신자만이 아니라 그리스도인 다수가 교황이 주목한 내용의 타당성을 인정하리라고 나는 확신한다. 그 내용이란, 참된 복음이 선포되었고 예수에게서 육화한 '은총과 진리'가 모든 이에게 유익하며 새로운 제자 공동체들이 하느님 나라를 밝히고자 이 세상에 세워졌다는 것이다. 소위 다원주의자요 상호 관계적 그리스도인이며 지구적 책임감을 지닌 교회 선교 옹호자인 나는, 이 관심사를 교황과 깊이 공유한다. 5-6장에서 제시한 상호 관계적 그리스도론과 하느님 나라 중심 교회론의 주요 내용이, 분명 교황의 관심사를 존중하고 맞닿을 수 있음을 밝히기 위해 몇 가지를 재검토하려 한다.

우선, 구원이나 이 세상의 참살이를 실현하겠다는 지구적 책임감을 선교 목표로 삼는 것은, 오직 사회·정치·경제적 측면으로 선교 실천을 '축소'시킨다는 교황의 주장으로만 귀결되지 않으며 진정 그럴 수도 없다. 비록 선교사들과 사회운동가들이 동일한 목표를 공유하고 어깨를 맞대어, 혼인 지참금으로 인한 살인을 고발하거나 죽어 가는 땅을 되살리려 애쓴다 해도, 그리스도교 선교사로 자기 정의와 자기 이해를 얻은 이들은 무언가 고유한 의미를 추구할 것이다. 그것은 복음의 비전과 가치다. 이 비전과 가치는 많은 이가 인간·사회·정치적 가치로 삼는 것과 상통한다. 간혹 그 의미가 오용되어 온 '인본주의'가 여기서는 성령이 생기를 불어넣어 살리는 인본주의로서 가치를 지닌다. 사회운동가의 목표나 정치가의 대의를 진실로 성취했을 때의 인간 활동은 곧 영적 활동이다. 조직화된 연대나 열대우림을 구하려는 노력에서 성령이 드러나는 경우, 인본주의는 호소력을 얻는다.

진실로 선교사는 인간의 생태 정의를 위한 노력이 열매 맺을 때 기뻐할 것이다. 그들은 하느님 나라 중심 신학에 따라 종종 성령이 활동한다는 사실을 인정한다. 그 신학은 인간의 갖가지 사랑 실천이나 정의를 위한 투쟁, 타자에게 자기 생명과 힘을 내주는 행위를 통해 성령이 현존함을 증언한다. 하느님 나라 중심적 선교사는 이 성령을 분명히 알아보고 힘을 얻음으로써, 세상에서 일하는 사회운동가나 정치인 모두가 더 강해지고 더 인내하며 희망으로 충만해질 수 있다고 주장한다.

교황의 정통적 관점에 응답하고자 노력하면서, 나는 현세에서 하느님 나라를 실현하기 위한 실천을 으뜸으로 꼽는 것이 성령에 대한 관심을 덜 가지겠다는 뜻은 아님을 분명하고 진지하게 밝히고자 한다. 가난한 이들과 고통받는 지구의 울부짖음에 응답하는 것이 우리의 가장 중요한 과제임을 선교사가 밝힐 때, 그들은 살아 있는 성령의 힘이 현존하는 곳에서 그것을 체험했으며 또 누구나 체험하게 될 것이라고 주장한다. 하느님 나라를 위한 활동과 성령 체험 사이의 일원적인 이 관계는 내가 앞에서 제시한 두 가지 확신으로 더 잘 설명할 수 있다.

첫째, 지구적 책임감을 지닌 대화와 하느님 나라를 중심으로 한 선교가 근본적으로 확신하는 것은 사회 변혁이 인격의 회심을 요구한다는 사실이다. 예수를 성령 충만한 신비주의 예언자로 보는 것이 가장 참된 이해이듯이, 그리스도교 선교사도 성령 충만한 활동가로서 사회적·정치적 변혁과 인격적·영적 회심을 같은 프로펠러의 두 날개로 보아야 마땅하다. 라틴 아메리카 해방신학자들이 사회악과 권리에 관한 '의식 각성'을 항상 주장해 왔고 최근 더욱 강조하듯이, 선교사도 인간과 사회의 깊은 내면에 자리한 영성에 관해 '심원한 의식'을 지녀야 한다(Gutiérrez 1984; Sobrino 1988). 교회 선교를 이것 아니면 저것, 물질적인 것 아니면 영적인 것으로 축소하려는 것은 복음에 폭력을 가하는 것이다.²

둘째, 본디 그리스도인의 '심원한 의식'은 인간적인 것이나 유한한 것으로 축소될 수 없는 것, 즉 교황이 말한 초월적인 것을 발견하고 유념하는 데 있다. 하느님 나라 중심 선교 모델은 하느님 나라를 목표로 이해한다. 이 나라를 위해 이 나라에서 일하는 것은 분명 순전히 인간적인 일일 수만은 없다. 인간의 노력만으로 하느님 나라의 가치가 구현된 사회를 건설하려는 시도는 물에 섞지 않은 시멘트를 쌓으려는 것과 같다. 초월적인 것, 인간 너머의 것이 그리스도인의 증언과 하느님 나라를 건설하려는 노력의 본질이다. 초월적인 것을 성령으로 부르든 어버이로 부르든 '종교적 차원'으로 부르든, 그리스도인은 신을 믿지 않는 사회운동가들과 함께 일하면서 '그 너머의 어떤 것'에 개방할 때, 이 세상을 유익하고 끊임없이 변혁시

---

2 교황은 영적인 것을 극단적으로 억누르려 하지 않는다. 그는 교회가 "모든 종류의 악에서의 해방을 위해"(*RM* 15) 일해야 하며, 선교사는 "가난한 사람들, 고통받는 사람들과 어울리도록"(*RM* 60) 해야 한다고 강조한다. 일단 영적 상태가 적절해야 사명도 수행할 수 있다고 보는 견해를 상당히 강조하는 듯하다. "'더 많이 가지는 것'이 아니라 '더욱 인간답게 되는 것'을 백성들에게 제시하는 것이 교회 선교의 본질적 사명"(*RM* 58)이라고 주장한 것이 적절한 예다. 자녀들을 먹이기 위해 더 많이 가져야 하는 농부라 해도 자신의 인간다움을 등한시해서는 안 된다는 것이다. 또 발전은 "돈이나 물질적 원조나 기술적 방법에서 우선적으로 초래되는 것이 아니고, 양심과 정신과 행동 방식의 성숙에 기인하는 것"(*RM* 58)이라고 주장하면서, 삶의 물질적 기초가 충분해야 한다는 통념이 인간을 위험으로 내몬다고 지적한다. 그는 물질적 필요를 충족시켜 준다고 해서 저절로 양심이 성숙되는 것은 아니라고 본다.

킬 수 있다고 주장하고 싶다. 인간 사회를 틀에 가두려는 복잡하고 무익하기 짝이 없는 과제를 유익하고 필요한 것으로 만드는 에너지나 '은총'이 분명 존재한다. 그리스도인은 이 실재가 무엇인지 타자로부터 많은 것을 배울 수 있고, 자신이 하느님 나라를 위해 공헌한 본질적 부분을 이 실재를 통해 이해할 것이다.

내가 주장하는 하느님 나라 중심 선교관이 오직 인간적 수단으로, '순전히 인간만을' 지향하는 '인간 중심'으로 축소되어 전체 교회를 파괴할 것이라는 지적에 전적으로 동의한다. 나는 그런 축소가 별로 두렵지 않다.

교황의 또 다른 주요 관심사는 개종, 교회로의 개종이다. 앞에서 살펴본 하느님 나라 중심 선교학을 다시 요약하며 교황의 관심사에 의견을 나누겠다. '하느님 나라로 개종시키는 것'이 교회로 개종시키는 것보다 더 중요하다는 주장은, 그리스도교 공동체로 개종시키는 것이 중요하지 않다는 의미가 아니다. 모든 사람에게 복음을 선포하기 위해서는 선포하는 공동체가 필요하므로, 지역 교회를 '가꾸는 일'은 중요할 뿐 아니라 필요한 일이다. 하느님 나라 중심 선교가 이것을 인정하지 않는다면 선교의 중심 거점을 잃을 것이다. A를 B보다 높인다고 해서 B를 배제하거나 비하하는 것은 아니다. 「교회의 선교 사명」에서, 하느님 나라로 개종시키는 것보다 교회로 개종시키는 것이 더 중요하다고 주장하면서, 교황 자신의 본디 의도와는 무관하게 하느님 나라보다 교회를 더 중시하도록 결론 내린 점에 나는 주목한다. 그러나 이 문제에서도, 교황이 하느님 나라 중심 선교를 최후의 핵심 문제로 삼았음을 우리는 기억해야 한다.

요한 바오로 2세는 새로운 선교관과 타종교관이 "구원의 신비에 대해서는 침묵하고 있다"(*RM* 17)고 보았다. 그리고 하느님 나라나 하느님 중심에 치우쳐 그리스도라는 자신의 중심 기반을 잃었다고 생각했다. 나는 앞에서 밝힌 상호 관계적 그리스도론이 교황의 염려를 누그러뜨릴 수 있기를 바란다. 반복하건대, 예수가 하느님의 '유일한' 메시지임을 의심하는 것이 예수가 '참으로' 하느님의 구원 메시지를 주었다는 점을 부정하지는 않는다. 그리스도인은 예수가 하느님의 '완전하고 최종적이며 능가할 수 없는' 계시라고 주장할 필요가 없는 반면, 예수가 진실로 세상을 향한 하느님의 '보편적이고 결정적이며 필수적인' 계시라고 자신이 느끼는 바 그대로 타인에게 전해 주어야 한다. 오늘날 그리스도인은 자기 자신과 타인에게 예수의 독특함, 즉 예수 메시지에서 보편적이면서도 결정적이고 결단력 있는 무언가를 보여 줄 책무가 있다. 하느님 나라 중심 선교가 어떻게 그리스도 중심적 의미를 담고 있는지 밝힌다면, 그때는 교황의 승인을 받게 될 것이다.

하지만 승인을 받아도 문제가 있다. 「교회의 선교 사명」과 「대화와 선포」는 전통적 그리스도론의 배타적 주장을 수정할 수 있는 준비가 되어 있지 않다. 로마 가톨릭교회의 공식 가르침은 예수를 하느님의 구원하시는 사랑의 결정적 재현·구현·계시로 보는 재현 그리스도론representational christology과, 예수보다 앞선 하느님의 사랑은 하느님의 본성과 창조 본성에 따라 '무한히' 우주로 펼쳐진다는(Ogden 1994, 9-10) 가능성에 개방하지 않는다. 오히려 공식 교도권은 본질 그리스도론constitutive christology을 주장하면서 예수의 죽음과 부활을 구원하시는 하느님의 보편적 사랑의 근거이자 본질로 삼는다. 예수 없이는 하느님의 구원하시는 사랑이 현세에 펼쳐질 수 없었고, 현세의 신적 현존 체험은 모두 예수에 기인하므로 반드시 교회의 일원이 되어 완수할 필요가 있다는 것이다. 예수는 하느님의 구원 행위를 단순 재현한 것이 아니라 본질이기 때문에, 예수를 '완전하고 최종적이며 능가할 수 없는' 계시로 선포해야 한다고 공식 교도권은 주장한다.

예수 그리스도에 관한 이런 주장이 「교회의 선교 사명」에서 교황이 말한 내용의 결정적 기초가 된다. 교황의 그리스도론 주장은 너무 강해서 예수 외에 교회 밖의 다른 '중재자들'을 통해 구원받을 수 있다는 인식과 화해하기는 어려워 보인다(RM 5). 그는 "그리스도께서 만민의 유일한 구세주요, 그분 홀로 하느님을 계시하고 하느님께로 만민을 인도할 수 있는 분이십니다. … 모든 이는 예수 그리스도에게서만 구원을 얻을 수 있기 때문입니다"(RM 5)라고 확언한다. 이것은 예수 이외의 다른 어느 누구도 구원을 계시하고 인도할 수 없다는 뜻이다. "그리스도 안에서만 모든 종류의 소외와 혼란에서 … 해방된다"(RM 11). 따라서 예수의 고유성 주장은 그가 역사상 다른 모든 것을 능가하는 위치에 있다는 주장이다. "이런 그리스도의 특별한 유일성은 그에게 절대적·보편적 의미를 부여하여, 역사에 속하면서 그 역사의 중심이요 목적이 되게 한다"(RM 6). 예수의 절대적 우월성을 강조하는 교황은 타종교에 있을지 모를 하느님 사랑의 다른 '중재'들이 "결코 그와 평행하거나 그것을 보완할 수는 없다"(RM 5)고 주장한다. 여기서 교황은 모두가 동등한 계시뿐 아니라, 서로에게서 배울 수 있는 보완적 계시도 거부한다.

「대화와 선포」는 「교회의 선교 사명」처럼 그리스도론을 공공연히 주장하지는 않지만, 예수가 "만인을 위한 결정적 새 계약"(DP 19)이라는 주장에 근본적으로 동의한다. "사람이 되신 하느님의 아들 예수 그리스도에게서 사실상 계시와 구원이 완성된다"(DP 22). 그리하여 "인류를 위한 구원 계획은 단 하나 있으니, 곧 예수 그리스도를 중심에 둔 계획이다"(DP 28; *The New Universal Catechism* 66-7, 843, 845).

현존하는 하느님의 구원하시는 사랑의 유일한 원천이자 근거를 바로 예수의 결정적 본성이라고 생각하는 교황은 이것을 교회 선교 이유로 간주

한다. 다음 문장의 명확한 의미에 나는 놀라지 않을 수 없다: "하느님께서 확실히 결정적으로 (그리스도를 통해) 자신을 나타내신 이 계시야말로 교회가 본성적으로 선교적인 근본 이유다"(RM 5). 따라서 그리스도인이 밖으로 뻗어 나가는 '근본 이유'는 그들이 단지 타인과 나누기를 원하는 무언가를 가지고 있기 때문이라기보다, 타인보다 '더 나은' 무언가를 가지고 있기 때문이다.

그리스도의 구원 역할에 대한 본질적이고 배타적인 이런 이해는, 교황과「대화와 선포」저자들이 주장한 대화 실천을 어렵게 만든다. 이런 그리스도론과, 이것이 교회와 선교에 대한 교황의 이해에서 차지하는 비중으로 볼 때, 교황과「대화와 선포」가 구분한 하느님 나라와 교회, 특히 하느님 나라를 위한 교회의 종 역할을 일관되게 유지하기란 어려울 것으로 보인다. 교황이 예수를 유일한 구세주, '그분 홀로 하느님을 계시하고 하느님께로 만민을 인도할 수 있는 분'이라고 주장하며, 예수와 하느님 나라를 동일시하기 때문이다. 하느님 나라에 관한 온갖 표현은 그리스도 사건에서 영향받았고 그리스도 사건에서 연유했다. 이렇게 예수와 하느님 나라를 동일시하는 그리스도론은 교황이 교회와 하느님 나라 사이의 교회론적 불가분리성을 주장하는 이유이기도 하다. 오직 예수에게서만 하느님 나라를 발견할 수 있고 교회가 세대를 관통하여 예수 현존을 지속시킨다면, 하느님 나라는 정말로 교회에서만 발견될 것이다. 본질적으로, 그것은「대화와 선포」에서의 교황의 진술로 귀결된다. "하느님 나라는 교회와 분리될 수 없다. 왜냐하면 양자가 예수 자신의 인격과 일로부터 분리될 수 없기 때문이다"(DP 34).

그러나 자크 드퓌가 지적했듯이, "하느님의 다스림은 교회보다 더 폭넓은 실재"(Dupuis 1994, 150)를 말하는 다른 진술들과 두 문서는 모순되는 듯하다. '불가분리성'에 관한 말은, 하느님 나라는 교회가 있는 곳 말고는 다른 어디에도 있을 수 없다는 의미다. 그것은 하느님 나라가 교회로만 매개되거나 규정된다고 담을 세우는 꼴이다. 그렇다면 우리는 하느님 나라의 종인 교회에 대해 말할 방도를 찾으려고, 지금 종이 주인에게 무엇으로 존재할 수 있는지를 말하는 셈이다. 진정 교회가 하느님 나라의 종이라면, 하느님 나라가 교회에서 어떤 식으로 '완성되고' '완전해져야' 한다고 요구하거나, 무엇이 하느님 나라일 수 있는지 미리 결정할 수 없다. 이처럼 다소 한물간 상상력을 진지하게 다룬다고 해서, 주인이 종에게서 완성되고 완전해지는 것은 아니다.

따라서 나는 "일종의 '교회 중심주의'에 떨어질까 걱정할 필요가 없다"(RM 19)는 교황의 재긍정 자체가 재긍정되지 않는다고 평가한 비판자들에게 동의한다. 교회와 하느님 나라의 불가분리성과 하느님 나라는 교회에서 완성될 필요가 있다는 교황의 입장을 보면, "교회 중심주의는 교황이 「교회의 선교 사명」에서 밝힌 생각의 기초 모델이라는 인상을 피할 수 없다. … 「교회의 선교 사명」은 성령이 참으로 하느님 나라에 봉사한다는 것을 확신하지 못한다"(Gittens 1994, 218-9). 「교회의 선교 사명」은 "실상은 그렇지 않음을 무수히 확인하면서도, 그리스도의 살아 계신 인격보다 제도를 앞세우고 법체계를 더 중시하는 듯하다"(Hearne 1993, 93).

나는 비판자들이 주춤하는 내밀한 이유가, 바티칸이 고수하는 본질적·배타적 그리스도론과 「교회의 선교 사명」이나 「대화와 선포」에서 정립하려는 하느님 나라 지향적 교회론과 선교학 사이의 긴장이나 갈등과 관련 있다고 본다. 간단히 말해서, 예수를 하느님 나라에서 실현된 구원의 유일 근거이자 최고 표준이라고 주장하는 그리스도론을 가지고는, 일관되고 설득력 있게 교회를 하느님 나라의 종으로 밝힐 하느님 나라 중심적 교회론을 발전시킬 수 없다. 배타적으로 예수를 이해할 때, 하느님 나라의 보편성은 교회라는 특수성에 갇히고 만다.

따라서 선교학자와 신학자 사이, 특히 가톨릭 신학자와 교황청 교도권 사이의 대화에서 교회를 하느님 나라의 종으로 보는 새 교회론적 발전 양태와, 하느님 나라를 예수와 동일시하는 지배적 그리스도론을 화해시킬 수 있는지를 주제로 다루기 바란다. 신학자와 선교학자뿐 아니라 교황과 바티칸 전문가들이 상호 관계적이며 지구적인 그리스도론 제안에 긍정적이고 분명하게 응답하기를 바란다. 예수를 하느님의 완전하고 최종적인 계시로 주장하지 않더라도, 하느님의 보편적이고 결정적이며 필수적인 말씀으로 인정할 수 있다. 이런 예수 이해야말로 진정 교회가 하느님 나라를 섬기도록 해 주는 것이다.

●●● 제8장

선교 재긍정
선교는 대화다

교회 선교를 하느님 나라를 위한 봉사로 이해하는 새로운 패러다임을 완성하려면 대화를 봉사로서의 선교에 통합시켜야 한다. 이 새로운 왕국 중심 패러다임에서 인류의 다양한 종교 전통을 잠재적 '하느님 나라의 중개소'로 보는 한(6장 181쪽 참조), 그들과 협력하고 대화하는 것은 분명 선교사 임무의 본질이다. 오랫동안 그리스도인들은 대화를 다른 누군가의 일이거나 위험하고 미혹에 젖게 하는 심심풀이쯤으로 여겨 왔으나, 이제는 모든 선교의 필수 요소가 되었다.

대화와 선교

"온 민족을 가르치라"는 위대한 명령을 수행하기 위해 그리스도인은 자신이 온 민족과 대화해야 함을 알고 있다. 선교는 반드시 대화를 포함해야 한다. 로저 하이트 말대로, 대화는 "교회 선교를 펼치기 위한 틀을 규정"

(Haight 1991, 14)하거나 "교회 선교에 관한 구체적 개념의 뚜렷한 변화를 알려 주는 은유"(같은 책 20)로 볼 수 있다. 로마 가톨릭교회의 남자 선교회인 신언회는 다른 선교회들에게 "대화는 선교 활동의 핵심"이라고 공식 선언한 바 있다.[1]

바티칸의 또 다른 이정표

우리가 분석한 두 바티칸 문헌 「교회의 선교 사명」과 「대화와 선포」는 신학자와 선교사에게 선교와 대화가 본디 연결되어 있음을 인식시켜 줄 뿐 아니라 인정하게 한다. 특히 「대화와 선포」는 교회의 본질과 선교에 대한 로마 가톨릭교회 공식 가르침의 또 다른 이정표가 되었다. 로마 가톨릭 교회 사목자와 교사들을 이끌어야 할 책임자들이, 대화를 교회 선교의 필수적이고 본질적인 부분으로 명백하게 밝힌 첫 문헌이다.

제2차 바티칸 공의회 이래 타종교인과의 대화는 지지를 받은 것이 분명하다. 그러나 교회가 선교를 수행하고 정체성을 지키기 위해 타종교와 대화해야 한다고는 결코 말하지 않았다. 「교회에 관하여」*Ecclesiam Suam*(1964)에서 구원사를 하느님과 인간의 대화라고 선포하여 '대화의 교황'이라 불리곤 하는 교황 바오로 6세마저도, 대화를 교회 선교의 근간으로 삼지 않았다. 교황 바오로 6세는 「현대의 복음 선교」*Evangelii Nuntiandi*(1975)에서 타종교를 긍정하라고 격려했지만, 그리스도교와 타종교 사이에는 근본적 차이가 있고 둘 사이에 어떤 종류의 대화가 가능한지 물어야만 한다고 주장했다. "자연 종교"(*EN* 53) 세계에서 하나의 "초자연적 종교"인 그리스도교를 "참된 종교"(*EN* 56)로 보아야 한다고 교황은 말한다.

---

[1] *Following the Word*, no.1 (August 1988) 17, chap.13.

1984년 교황청 비그리스도교 사무국이 「대화와 선교」Dialogue and Mission 에서 "타종교인에 대한 (대화와 선교를 반영하고 지향하는) 교회 태도"를 다루면서 진전은 이루어졌다. 이 문서에서 처음으로 "공통 관심사를 기획하여 진리를 향해 함께 나아가고 일하기 위해 타종교 전통을 따르는 이들과"(D&M 13) 대화하는 것을 교회 선교의 주요소 중 하나로 꼽았다. 더 나아가 이 문서는 그리스도인으로 하여금, 교회가 세상과 상호 작용하는 모든 측면에 '대화의 영'이 스며들어야 함을 깨닫게 했다(D&M 29). 하지만 이 급진적인 선언은 1984년 무렵의 토론거리로 회자되었을 뿐이다. 그리스도인과 타종교인이 '진리를 향해 함께 나아감'에 있어 교회 선교의 다른 측면들, 특별히 복음 선포의 임무, 대화 태도를 통합시키고 균형 잡는 문제에 관해서는 아무 말도 없었다. 대화와 선교의 균형 문제는 「대화와 선포」와 「교회의 선교 사명」에서 다루어진다.

「교회의 선교 사명」은 1984년 선언을 권위적으로 반복한다. "타종교와의 대화는 교회 복음화 사명의 일부"이며 "그리스도 선포와 종교 간 대화 사이에 모순이 있다고는 보지 않는다"(RM 55). 「대화와 선포」는 "대화와 선포의 특징"을 구별하고 나서 이 특징들이 어떻게 "상호 관계"를 이루는지 보여 주려 한다(DP 3). 이 문서를 통해 바티칸 종교 간 대화 평의회는 현재 교회 선교의 주요 부분인 대화를 여전히 부정하는 이들과 대화가 선포를 대치할 수 있다고 생각하는 이들 사이를 조정하고 도와주려 했다(DP 4/c).

「대화와 선포」의 두드러진 주장은 다음 문장에서 잘 드러난다: "선포와 대화는 각자 자리는 다르지만, 교회의 단일한 복음 선포의 구성 요소인 동시에 그 진정한 모습으로 간주되고 있다"(DP 2). 두 '구성 요소'가 교회 선교라는 "하나이되 복합적인 … 실체"(DP 2)에서 어떻게 제 역할을 하는지 설명하면서 우선 용어 정의에 주력한다. '복음 선교'evangelizing mission라는 표현은 교회에서 관용어로 오래 사용해 왔으나 이 맥락에서는 오해받기 쉽다. 이것은 설교하는 선교라는 뜻이 아니다. 이와는 달리 문서는 '선포'proclamation라는 용어를 쓴다. '복음 선교'는 교회의 주요 직무를 행하기 위해 전체 활동을 포괄한 이미지이며 교회 직무에는 두 가지 이상이 뒤얽혀 있다고 본다. 그 두 가지는 첫째, 복음의 가치를 온 인류에게 전하고 느끼게 하는 것이고, 둘째, 이를 위해 "인류를 내부로부터 변혁시켜 새롭게 하는"(DP 8) 것이다. 교회의 복음 선교는 인류를 변혁시킬 방법을 놓고 그 비전을 교류한다. 이 폭넓은 목표는 다양한 활동을 요청할 것이다. "현존과 증거, 사회 발전과 인간 해방을 위한 투신, 전례 생활, 기도와 관상, 종교 간 대화, 선포와 신조 교육"(DP 2)이 그것이다.

그러므로 대화와 선포는 다른 많은 요소 가운데 중요한 '구성 요소'이자 '진정한 모습'이며, 교회의 일반 사명을 구성한다. 「대화와 선포」는 "(대화와 선포) 둘 다 구원의 진리 전파를 지향하고 있다"(DP 2)고 명시한다. 그러므로 복음, 하느님의 구원 진리는 그리스도인이 선포할 때뿐 아니라 그들이 듣고 있을 때도 전달된다. 이를 모두 실천하는 가운데 교회의 구원 사명이 실현된다. 「대화와 선포」는 서로 다른 두 요소가 본질을 이룬다는 점을 일관되고 명확하게 지적한다. "거기에는 하나를 선택하면서 다른 하나를 무시하거나 거부하는 문제가 있을 수 없다"(DP 6). "둘 다 합법적이며 필요하다. 그 둘은 밀접히 관련되어 있으나 교체될 수는 없다"(DP 77).

선포에 관한 이 말은 교회의 전통적 선교 진술에 익숙하지 않은 이들에게는 새로울 것이다. 물론 복음 설교는 그 무엇으로도 대신할 수 없을 만큼 '필요하고 본질적인' 것이다. 그렇다면 대화에 대해서도 그렇게 말할 수 있을까? 숨 막힐 정도로 새로운 진술이다. 문서는 사람들이 메시지의 고귀함을 확신하리라 믿는 듯하다. 그리스도인이 기억해야 하는 선포는 "복음화의 일면에 불과하다"(DP 8). 선포는 다른 측면들과 균형을 맞출 필요가 있으나 결코 그것들과 호환될 수는 없다. 따라서 힌두교인, 불자, 아메리카 원주민에게 복음을 설교하는 것은 직무의 일부에 지나지 않는다. 선교는 대화하며 듣는 것이어야 한다. 선포와 같이, 교회 선교에서 "종교 간 대화는 나름대로 고유한 정당성을 지닌다"(DP 41).

「대화와 선포」가 제시하는 진정 새로운 취지는, 이 문서가 두 주요 관점을 밝힐 때 더욱 놀라워진다. 선포에 대한 설명에는 새로운 것이 없다. 선포는 "복음 메시지를 전하는 일이다. … 그것은 예수 그리스도께 대한 신앙에 헌신하라는, 그래서 세례를 거쳐 믿는 이들의 공동체인 교회로 들어오라는 초대다"(DP 10). 놀라운 것은 대화에 대한 표현이다. 타신자들과 나누는 대화는 그리스도교 진리를 모든 이가 보다 잘 수용하도록 선포하는 '유화책'에 그치지 않는다는 것이다. 대화는 우리 메시지를 전달하기 위해 참을성 있고 예의 바르게 상대편이 말하도록 놔두는 것이 아니다. 오히려 서로가 동일한 열정과 진실함으로 말하고 듣도록 요청하는 쌍방 과정이 바로 참된 대화다.

「교회의 선교 사명」과 「대화와 선포」가 대화를 교회 선교의 본질로 이해하는 대담한 진술 중 몇 가지를 요약하면 다음과 같다.

- 대화는 양편을 상호 풍요의 가능성으로 인도한다.
  - "대화는 자유를 존중하고 진리에 순종하며 상호 이해와 풍요로운 상태를 지향하는 개인과 타신앙 공동체의 긍정적이고 건설적인 모든 종교 간 관계를 의미한다"(DP 9).
  - 대화는 "상호 인식과 상호 풍요의 길이요 도구"(RM 55)다.

- 이 상호 풍요를 이루기 위해, 대화는 모든 참여자에게 자신의 신념을 정직하고 솔직히 증언하는 동시에 다른 신념들을 정직하고 진지하게 탐구할 것을 요청한다.
  - 대화는 "각자의 믿음에 대한 상호 증언과 각자의 종교 신념에 대한 공통 탐구"(DP 40, 9)를 요청한다.
  - "대화는 양편 모두를 풍요롭게 할 수 있다. 여기서는 원칙의 포기나 거짓 평화주의를 배제하고 오히려 종교적 탐구나 체험을 함께 한다는 것과, 편견과 편협과 오해를 불식한다는 것을 서로 증거해야 한다"(RM 56).

- 타인이 제시하는 진리를 탐구하면서 그리스도인은 자신이 무언가를 배우고 바로잡아야 함을 인식한다.
  - "마찬가지로 그리스도인도 마땅히 그들의 질문을 허용해야 한다. … 그리스도인이 자신의 종교를 이해하고 그것을 실천하는 방식은 때때로 정화될 필요가 있다"(DP 32).
  - 그리스도인이라는 사실이 "진리를 완전히 파악했음을 보장하지는 않는다. … 자신의 정체성을 본래대로 지키면서도 그리스도인은 타인으로부터, 타인을 통해서, 그들 전통의 긍정적 가치를 배우고 받아들일 준비가 되어 있어야 한다. 대화를 통해서 그리스도인은 상투적 편견을 포기하고 선입관을 바꾸며, 때로는 자기 믿음에 관한 이해가 정화되어야 한다는 생각을 가질 수도 있다"(DP 49).
  - 심지어 교황조차 "다른 종교는 교회에 좋은 도전의 기회를 제공한다"(RM 56)고 인정한다.

- 「대화와 선포」는 그리스도인이 대화를 통해 과거에 생각했던 만큼 마음 놓고 항상 '자신의 정체성을 본래대로 유지하지 못할 수도' 있음을 간접 인식하게 한다. 진심으로 대화하려면 변할 준비를 해야 하며, 심지어 기존 종교적 정체성을 변혁할 준비마저 해야 한다.
  - 참된 대화를 위해 '요구되는 경향들' 중에는 "진리에 대한 투신에 함께하려는 의지와 그 만남에 의해서 스스로가 기꺼이 변화되려 하는 것"(DP 47)이 포함된다.
  - 앞서 밝힌 대로, '선포'의 목표가 교회로 회개해 오는 것이라면, 대화의 목표는 '하느님을 향한 모든 이의 보다 깊은 회개'다. 그러므로 「대화와 선포」는 이것을 유일하게 포함하는 내용을 전한다. "이 회개 과정에서 타인에게 향하기 위해 이전의 정신적 입장이나 또는 종교적 입장을 떠나는 결정이 내려질 수도 있다"(DP 41).

두 바티칸 문헌은 대화가 교회 선교에서 본질 역할을 한다고 밝힌다. 나는 그런 대화를 통해 가톨릭 교도권의 선교 이해 패러다임을 전환하거나 최소한 조정할 수 있다고 생각한다.

불명확한 이정표 — 흔들리는 패러다임의 전환

불행히도 하느님 나라와 교회의 관계를 불분명하게 다룬 바티칸 문헌들로 인해 대화와 선포의 관계에 대한 진술들은 고민에 빠지게 된다. 이것은 마치 시대의 징표에 따라 교회 선교를 이해하려는 노력으로 교회의 활동가들을 대담하게 진보시킨 후, 실제로 활동할 때는 후퇴하라고 요구하는 꼴이다. 진보과 후퇴, 두 움직임이 이 문헌들에 나온다.[2]

교황은 교회 선교에 대화를 포함시키고, 대화와 선포 간 충돌보다는 협력을 북돋우라고 요구하며 진일보하는 듯하나(RM 55), 그 다음에 선포가 대화보다 언제나 "항구한 우선적 원칙"(RM 44)이라 주장하고, 선포만이 "고유한 선교 활동"(RM 34)의 골자를 이룬다고 주장하며 후퇴하고 만다. '우선적인' 것이 더 중요한 것이다. '고유한' 것은 부적절함을 피하기 위해 있을 뿐이다. 「대화와 선포」는 진정한 선교 임무에 따라 대화를 선포와 동일 선상에 놓으라고 부추기고 나서 교황의 후퇴를 뒤따르며, 대화와 선포 모두가 필요할지 모르나 "같은 수준은 아니라고"(DP 77) 천명하면서 더욱 불분명해진다. 대화가 "선포를 지향한다"라는 말은 대화가 다른 어떤 것이 아니라 선포에 봉사한다는 뜻이다. 그 이유는 (대화가 아닌) 선포가 "핵심으로 남아"(DP 71) 있기 때문이다. 선포는 교회 선교의 "정점이자 충만함"(DP 82)을 구성한다. 상호 관계로 시작했으나 종속으로 끝난다.

자크 드퓌는 대화와 선포에 대한 여러 진술이 모순되거나 일관되지 않다고 보고, '불명료함'과 '긴장'을 지적한다. 대화를 위한 인도 주교회의 의장이며, 이 문서들에 대한 저항과 거부를 경험한 신학자 푸쉬파라잔A. Pushparajan은 이 긴장과 불일치를 신중하고 날카롭게 진단한다.

> 「대화와 선포」가 주는 전체 인상은, 대화와 선포 모두 절대 필요하다고 말하면서도 선포를 더 중시하고 대화를 선포에 종속시키려 한다. 여기에 의문이 있다. 대화를 선포의 보조 수단으로 여기고도 여전히 대화를 절대 필요하다고 여기며 수행할 수 있을까? 하나가 다른 것의 보조에 불과하다면 둘 다 절대 필요한 것일 수 있을까?

◂2 「대화와 선포」의 경우, 이것은 종교 간 대화 평의회에서 작성한 문서의 첫 번째 초안에 인류복음화성과 신앙교리성의 관심사들을 폭넓게 적용했기 때문이다. 드퓌는 이로 인해 최종안에 혼선과 긴장이 있었다고 지적한다(Dupuis 1994, 146-7).

바꿔 말해서, 정말로 둘 다 절대 필요하다고 여기지 않는다면, 그 중 하나는 다른 것의 보조 수단으로 볼 수 있을까? 따라서 '절대 필요한 두 행위' 사이의 적절한 관계를 뚜렷이 밝히고 있지 않은 것이다(Pushparajan 1992, 231-2).

이 인용문은 인도가 두 문서를 접하고 우려와 불신에 사로잡혔음을 드러내 준다(Puthiadam 1992, 302). 대화에 관한 이런 말들은, 특히 과거에 개종을 강요하는 선교에 의해 문화적 폭력과 멸시를 당한 국민에게는, 개종을 목적으로 군대를 몰래 침투시킨 트로이 목마처럼 느껴질 것이다. 대화가 그 '정점이자 충만함'인 선포를 '지향하는' 것이라면, 대화는 선포라는 목적을 위한 수단으로만 보인다. 여전히 그리스도인은 배울 것보다는 가르칠 것이 더 많고, 회개하기보다는 개종시키기에 힘써야 한다고 여기며 최종 결론을 내릴 것이다. 교황이 그리스도인에게 대화 방법을 알려 줄 때도 이 의혹은 수그러들지 않는다. "교회가 구원의 정상적 방법이요 교회만이 구원의 방법을 온전히 가지고 있다는 확신을 가지고 대화를 추진하고 수행해야 한다"(RM 55; DP 19, 22, 58). 이미 진리로 충만한 이가 무엇을 더 배우려 하겠는가.

선교는 대화다

두 바티칸 문헌이 진술한 대화와 선포의 불명료함과 긴장을 해결할 방법을 제안하고 싶다. 대화에 참여하고 타종교를 존중하는 것과, 복음에 투신하고 복음 선포 의무를 수행하는 것을, 나는 그리스도교 선교사들의 노력에서 발견하곤 한다. 나는 교회와 하느님 나라 사이, 대화와 선포 사이의 더 나은 균형을 성취하려는 최근 바티칸의 획기적이고 합리적인 취지를 따르기 위한 해결책이 있음을 확신한다. 최근에 교황이 선교사들에게 교회가 간직한 '구원의 충만함'을 포기하지 말고 대화를 실천하라고 말한 것은 「교회의 선교 사명」 마지막 진술과 연관되어 해결되리라 생각한다.

내가 제시하려는 것이 말장난이나 지나친 표현으로 느껴질 수도 있겠다. 과장해서 보면 그렇기도 하다. 나는 직설적으로 표현할 것이다. 확신을 가지고 나 자신과 타인에게 우리가 교회로서 실천하는 바를 밝히고 명확한 언어로 표현하려 한다. 그리고 나서 이 말들을 진지하고 신실하게 받아들일 때, 우리는 혼란의 씨앗인 관심사들을 무시하지 않으면서 최근의 교황 진술의 혼란을 넘어설 수 있다.

이 바티칸 문헌들과 최근의 선교학이나 교회론이 교회 선교의 일부로 대화를 받아들인다면, 대화와 선포 간의 균형은 선교가 곧 대화라는 선언만으로 더욱 일관성과 설득력을 얻을 수 있을 것으로 본다. 선교에 대화를 포함시키려 하는 것보다 대화에 선교를 포함시키거나 선교를 대화 그 자체로 보는 것이 이치에 맞다. 오늘날 선교는 대화를 통해 가장 잘 실천하고 이해할 수 있다. 오늘날 종교다원성과 지구 위기 시대에 교회가 하느님 나라를 섬기는 최고 방법은 대화를 통한 것이다.

종교 간 만남의 참여자들이 대개 인정하는 대화의 상식적 그림을 보면, 전체 대화 과정의 전개는 교회가 '복음 선교'로 이해한 것과 일맥상통한다. 듣고 말하는 두 가지를 양편 모두가 하지 않으면 참된 대화는 불가능하다. 바티칸 문헌이 인정하듯 대화는 듣는 것만이 아니다. 대화는 정직하게 말할 것을 요청한다. 종교 간 대화에서 우리는 타자를 수용할 뿐 아니라 말 걸고 싶은 누군가로 그들을 마주한다.

이론상 우리는 궁색한 처지가 아니다. 우리는 풍요로운 시각을 가지고 대화한다. 자신의 종교 체험을 벗어나 서로 이야기한다. 값비싼 진주만큼 가치 있는 무언가를 발견했기 때문이다. 라이몬 파니카가 종교적 만남을 위해 계속 주장했듯이, 우리는 종교 체험이나 최소한 종교적 탐구심을 가지고 이야기해야 한다. 냉정한 '판단중지'로 잘라 버리거나 가둘 수 없는 주관적 내용과 통찰들이 대화로 푸근하게 솟아올라 흐른다(Panikkar 1978, 39-52). 주체들 간 만남을 통해 대화 목적에 가까이 다가간다.

나는 대화하면서 상대를 이해하고 그 이해를 통해 변화되기를 바랄 뿐 아니라, 상대 역시 나를 이해하고 내 삶을 풍요롭게 만들어 준 진리로 인해 변화되기를 바란다. 진리를 체험한다는 것은 진리를 공유한다는 것이다. 공유는 타인이 내 진리를 이해할 뿐 아니라 인정하기를 바란다는 뜻이다. 그런데 상대가 내 진리를 인정하기를 바란다는 것은, 그가 내 진리로 '개종하기를' 원한다는 의미다. 대화에서 양편은 증언하고 선포할 뿐 아니라, 「대화와 선포」에 나오듯이 '자유를 존중하면서' 언제나 자신이 바라보는 진리로 상대를 설득하거나 개종시키려 한다.

따라서 '선포'와 '대화'는 보다 폭넓고 뚜렷한 행위의 두 측면이 아니다. 오히려 대화가 선포하기와 듣기를 포함하는 보다 폭넓은 활동이다. 증언하기와 듣기, 이 두 가지를 '대화 방식'에서 수행해야 한다. 이그나티우스 푸티아담이 힌두교의 거룩한 도시인 바라나시에서 오랫동안 성공적 대화를 경험하며 배웠듯이 말이다.

> 선포가 대화가 아니라면, 아무 대답도 기대할 수 없는 무의미한 독백으로 떨어진다. 대화는 선포를 부정하지 않고 참된 그리스도인의 의식으로 선포를 긍정한다. … 대화는 본디 '선언', '선포', '증언'이자 '우리 희망의 근거 전달'이다. 그리스도인은 대화하는 모든 상대를 환대하며 타자를 회개하라고 초대한다. … 대화는 '상호 선

포'이자 '상호 증언'이다. 대화는 서로를 회개로 인도한다(Puthiadam 1992, 306, 307).

두 바티칸 문서는 대화를 위해 경청과 증언이라는 상호 교류가 있어야 한다고 명시한다. 대화는 "서로를 풍요롭게 만듦을 의식하면서"(RM 56) 행하는 것이다. 이것은 "각자의 종교적 신념들에 대한 탐구와 증언"(DP 9)을 포함해야 한다. 실제 대화에서 사람들은 듣는 만큼 선포하는 데 열정적이다. 두 가지 노력이 꼭 필요하다. 그러므로 대화와 선포를 연결하거나 균형 잡기 위한 논리를 펼칠 필요가 없다. 두 가지는 동일한 비중으로 대화에 통합된 부분이기 때문이다. 저것을 뛰어넘는 이것의 영원한 우월성을 말하거나 이것이 저것의 '정점'을 이룬다는 주장은, 길이가 다른 목발을 짚고 걸으려는 것과 같다.[3]

교회 선교를 대화로 정의하는 것은 선교를 하나의 특정 활동으로 축소시키는 것이 아니라, 오히려 선교를 전통적 태도와 실천을 넘어 확장시키는 것이며, 선교의 다양한 측면의 균형을 잡는 일이다. 선교를 대화로 보고 실천하는 것은 교회 선교를 의사소통의 일종으로 보는 것이다. 선교를 대화로 보는 이 정의를 받아들인다면, 복음화하는evangelizing 선교보다 의사소통하는communicating 선교라는 표현이 교회 활동을 더 적절히 정의하는 셈이 된다. 이 의사소통은 그리스도인으로 하여금 이전처럼 왕성하고 설득력 있게 말할 것을 촉구한다. 참된 의사소통이란 열린 마음으로 듣고,

---

3 자크 드퓌는 「대화와 선포」에서, 대화와 선포를 교회 선교의 '완전하고 필요한' 부분이라고 말한 다음, 대화가 선포에 종속된다는 주장에는 긴장과 불명료함이 도사리고 있다고 지적한다. 그는 이 문헌 저자들에게 "대화가 온갖 상황에 처한 이들의 증언으로 채워져 있어서 … 선포가 없을 때조차 자체로 복음화의 한 형태"(1994, 148)임을 인식해야 한다고 주장하여 긴장을 해소하려 한다. 그런데 대화가 "온갖 상황에 처한 이들의 증언으로 채워져" 있음이 틀림없다면, 어떻게 선포가 없을 수 있겠는가? 증언과 선포의 차이는 무엇인가?

상대에게 확실히 말하고, 상대에게도 경청하기를 요구할 수 있는 것이다. "이것이 선교다. 타자에게 개방하고 환영한다고 말하며 내 닫힌 세계에 타자가 들어오도록 여는 것, 이것이 선교다. … 선교란 … 다른 세계관과 가치 체계를 지닌 이들에게 의사소통을 청하는 것이다"(Hearne 1993, 97).

앞에서 선교사는 공히 교회 선교를 하느님 선교의 한 부분, 아주 중요한 부분으로 여긴다고 말했다. 이것이 교회 선교가 곧 대화임을 증명하는 분명한 이유다. 칼 라너가 경험하고 묘사한 대로, 하느님 선교는 본디 하나의 자기 소통이다. 하느님은 당신 자신이나 당신 생명과 의사소통하여 계시와 구원을 이루신다. 그리스도교는 이 신적 의사소통이 결코 독백이 아니라고 믿는다. 신적 의사소통은 일방적 행위가 아니며, 이 의사소통 수용자의 정체성과 응답을 약화시키거나 무시하지 않는다. 하느님 선교의 자기 소통은 대화 형태를 띤다. (예수를 통해 그리스도인에게 계시되어 온) 이 신적 생명과, 창조에 존재하며 창조를 꿰뚫는 하느님 활동에는 결코 일방적이지 않은 의사소통이 존재하는 것이다. '타자'는 언제나 중요한 본질을 이룬다.

하느님 존재 자체에 의사소통이 있고 그 소통은 일방적이 아닌 관계적인 것이기에, 하느님은 '한 분 이상의' 존재다. 관계적 의사소통을 위해 신격에는 분명 차이가 존재한다. 그리스도인은 이것을 삼위일체, 즉 하느님의 삼위성threeness 또는 다위성manyness이라 말하며, 그 안에서 하느님의 생명을 구성하는 '위격들' 또는 '관계들'이 의사소통한다고 주장한다. 전통적 신학 언어는 신적 위격들이 서로서로 말하고 상호 작용한다고 전해 온다. 대화! 하느님이 삼위일체라는 말은 곧 하느님이 대화하신다는 말이다.

하느님의 대화 본성은 하느님 선교의 외적 표현missio ad extra, 즉 유한한 피조물을 향한 신적 자기 소통의 확장을 수행하게 한다. 이는 결코 강요하는 의사소통이 아니다. 오히려 피조물은 인정과 존중을 받는다. 피조물은 말을 해야 한다. 참된 의미에서 하느님의 의사소통은 피조물의 말과 응답에 의존한다(그렇지 않다면 자유의지는 참된 것이 아니다).

선과 친교를 추구함에 있어서, 피조물은 분명 선의 내용과 방향과 결과를 결정짓는 데 한몫을 담당한다. 이렇게 하느님 선교의 자기 소통에서 신은 말할 뿐 아니라, 듣고, 기다리고, 가치를 매기고, 도전하고, 몇몇 유다인과 신학자의 표현대로 피조물의 응답에서 배운다. 하느님의 선교missio Dei는 하느님의 대화dialogus Dei다.

교회 선교가 이런 신적 선교의 일부라면, 교회 선교가 대화를 포괄해야 한다는 단순한 인식은 핵심을 간과한 오해일 뿐이다. 교회 선교는 대화다. 대화가 없다면, 선교의 본질과 목적은 사라진다.

교회 선교는 대화이므로 교회 선교에 선포를 포함시켜야 한다고 강조하려 한다. 그리스도인은 (선교는 곧 대화라는) 진술의 근거를 참신하다고 여기지만, (선교가 선포를 필요로 한다는) 결론은 분명 다르게 느껴질 것이다. 게다가 또 다른 결론은 낯설고 불편할 수 있다: 교회 선교를 대화로 본다는 것은 선교에 경청하기와 배우기를 포함시켜야 한다는 뜻이다. 이는 선교회 입회 문서 앞머리에 나오는 내용과는 약간 다르다. 문서에는, 선교사는 가르치고 배우기 위해 파견되며, 두 활동이 선교사 직무의 본질이자 필수 요소라고 나와 있다. 선교사는 예수에게서 육화한 말씀의 좋은 설교자가 되려고 노력하는 만큼, 하느님이 민족들 사이에 뿌리신 씨앗들(유스티누스와 알렉산드리아의 클레멘스가 말한 말씀의 씨앗*logoi spermatikoi*)처럼 말씀의 좋은 경청자가 되기 위해 똑같이 노력해야 한다. 좋은 경청자가 될 때 더 좋은 선포자가 될 수 있다. 두말할 필요 없이, 선교 임무에 대한 이 폭넓은 이해는 선교사 훈련 방식의 대담한 개혁을 요구할 것이다. 비교문화

인류학 등을 통해 색다른 문화를 접하고 이해하는 것이, 성서학과 설교학을 공부하는 것 못지않게 중요해질 것이다.

참으로 증거하는 선교 모델을 준비하고 수행하기 위해서는 그리스도론의 수정이 요구될 것이다. 바티칸 문헌들에 나오는 본질적 그리스도론이나 포괄적 그리스도론에 기초한 교회 선교는 솔직히 대화라고 말할 수 없다. '상호 선교'에서 살펴본 것처럼, 교황과 「대화와 선포」 작성자들이 타 종교에는 없는 하느님의 '완전하고 최종적이며 능가할 수 없는' 말씀을 그리스도교가 가졌다고 주장하는 한, 다른 진리에 온전히 개방하고 그로 말미암아 변화할 준비를 하는(DP 47) 놀라운 사건들은 결코 실현될 수 없다.

「대화와 선포」도 이 모순을 간접으로나마 인정한다. "그리스도인은 (대화하고 있는) 그들의 질문을 마땅히 허용해야 한다"고 말하면서, "예수 그리스도를 통한 하느님 계시의 풍요로움에도 불구하고, 그리스도인이 자신의 종교를 이해하고 그것을 실천하는 방식은 때때로 정화될 필요가 있다"(DP 32)고 덧붙인다. 바티칸의 관점에서 볼 때, 이런 이해를 통해 그리스도인은 '정화된' 진리의 풍요로움을 향해 나아갈 수 있다. 아니면 「대화와 선포」의 다른 부분의 언급처럼, 그리스도인이 '진리의 풍요로움'을 받았더라도 "그 진리를 완전히 파악했다고 보장하지는 못한다"(DP 49). 대화를 통해, 그리스도인이 가지고 있었지만 알지 못했던 것을 깨닫게 하거나, 그간의 오류를 '정화시킬' 수 있다. 그러나 기존 그리스도론으로는 더 이상 새로운 것을 배우거나 진리를 얻을 수 없다. 그러므로 나는 예수가 마지막 구원자라는 「대화와 선포」의 주장으로는, "우리가 모든 문화에 현존한다고 말하는 하느님 계시의 참된 통찰, 참된 지혜, 참된 요소"(Gittens 1994, 220)에서 진심으로 듣거나 배울 수 없다고 주장한 앤서니 기텐스Anthony Gittens의 결론에 동의한다.

교회 선교를 대화로 보면서 열정적으로 선포하고 적극적으로 배워 세상과 상호 소통하고자 노력한다면, 선교의 밑그림은 보다 큰 의미와 매력을 지니면서 또한 폭넓고 뚜렷해질 것이다. 그러므로 교황은 이 선교 비전 때문에 "선교 노력이 약화되거나, 선교열이 식거나, 무관심이 만연해질"(RM 2, 35) 것을 걱정할 필요가 없다. 선교 임무를 대화로 진술하고 증거하는 데 그치지 않고 증거자가 되는 것, 예수 그리스도의 복음을 선포하는 데 그치지 않고 성령이 타자에게 알려 준 복음을 수용하기 위해 직접 선교사가 되는 것은, 그리스도의 사랑과 세상의 요청에 응답하려는 젊은이들에게 한층 매력적으로 여겨질 것임에 분명하다.

대화하는 선교: 세계교회

선교를 대화로 보고 실천하는 가치의 절박성을 또 다른 시각에서 바라보자. 그 시각을 통해, 그리스도교 공동체가 비서구 문화에서 직면하는 가장 당혹스럽고 복잡한 문제 한 가지를 이끌어 낼 수 있다. 제2차 세계대전 이후 유럽과 아메리카의 식민 제국 지배가 종식되자, 그 해방된 지역의 그리스도인과 비그리스도인은 단일 문화적monocultural 그리스도교가 저지른 짓들을 확인하게 되었다. 그리스도교 선교 사업을 악마적 제국주의 사업으로만 매도할 수 없고, 그리스도교 선교사들이 간접으로나마 문화적 독자성과 활동을 지원했다 하더라도(Sanneh 1989), 대다수 선교사는 참으로 고유한 그리스도교 문화를 토착화시키지 못했음을 고백하지 않을 수 없다. '교회를 심었다' 해도 수입품이었을 따름이다. 교회는 각 지역 토양에서 자라나지 못했다.

칼 라너가 제2차 바티칸 공의회의 의미를 회고한 바에 따르면, 그리스도 교회, 특히 로마 가톨릭교회는 줄곧 추진해 온 세계교회를 이루지 못했다. 로마 가톨릭교회는 제2차 바티칸 공의회를 통해 이 문제를 인식했고 해결을 도모하기 시작했다.

라너의 역사관에 따르면, 그리스도교는 두 시대를 흘러와 희망과 우려의 제3기에 당도해 있다. 예수 운동, 즉 그리스도교라는 나무는 유다 분파에서 시작되었다. 제자들은 유다인이었고 신실한 유다인의 식사, 의례, 관습을 따라야 했다. 이때가 제1기다. 이 제자 공동체는 자기네 유다 경계 너머로 나아가라는 도전과 요구에 직면하여, 그리스·로마 제국으로 들어갔다. '이방인의 사도' 바오로는 예수 운동을 그리스도인Christianoi 공동체로 변형시킨 초기 핵심 인물 중 한 사람이다. 그리스도인이 유다주의와 분명히 구별되는 종교를 형성하면서 새로운 문화 정체성을 확립하는 그리스도교 역사 제2기의 증거 문서가 바로 신약성경이다. 유다 그리스도교에서 라틴 그리스도교 또는 유럽 그리스도교로 변화한 것이다(Rahner 1979).

그리고 이것은 단일 문화적 종교, 복음에 대한 단일 문화적 표현으로 전해진다. '그리스도교'는 다양한 세계 문화를 아우르는 '세계종교'가 되지 못했다. 주로 유럽이라는 문화적 틀에서만 살아 전해지는 종교 공동체가 되고 만 것이다. 세계종교로서의 그리스도교, 라너가 말하는 '세계교회'로서의 그리스도교는 아직 탄생하지 않았다. 가톨릭교회는 아직 '보편 교회'가 아니다. 그 주장과 기원의 역동성을 보면 그리스도교는 보편성을 띠고 모든 민족에게 나아가려 하고 있지만, 전 세계 가운데 참된 토착화를 이룬 곳은 아직 없다. 제2차 바티칸 공의회 이전부터 지역 문화에 '순응'하고 '적응'할 필요성을 밝힌 많은 논의에도 불구하고, 그것은 여전히 피상적인 순응과 적응이었을 뿐이다. 인도, 아프리카, 한국 등지에서 그리스도교를 그들의 언어로 말할지라도 여전히 서구의 모습을 띠고 있다. 참된 토착화inculturation는 여전히 진행 중이며, 라너는 이런 현실을 애석해한다.

하지만 그는 상황이 변할 수 있다고 낙관하면서, 특히 제2차 바티칸 공의회에서 먼저 변화 기미가 보이기 시작했다고 말한다. 대다수 식민지 그리스도인이 저항하고 투쟁함으로써 그리스도교가 유럽 중심의 사고 및 행동 방식을 벗어 버리고 참으로 세계교회가 된다면, 새로운 실천 양식이 다수 존재함을 깨닫게 될 것이다. 이 새로운 양식의 본질적 측면은 대화로써 선교를 풀어 가려는 노력에 달려 있을 것이다.

문화 우월적 · 문화 초월적 · 문화 교류적 선교

그리스도 교회가 서구 바깥의 독특한 문화들에 스스로를 이식하거나 주입하는 것이 아니라 육화시켜야 하는 이유와 방법을 놓고 최근에 많은 토론과 저술이 이루어졌다. '맥락 신학', '지역 신학', '토착화' 요구는 세계교회를 향한 실질적 움직임이다(Schreiter 1985; Bevans 1992; Schneller 1990; Hillman 1993). 「신학은 여러 문화를 아우를 수 있는가?」Can Theology Be Transcultural? 라는 논문에서 라이몬 파니카는 '세계교회'가 그토록 어렵게 탄생하는 이유와, '대화로서의 선교'가 그 산파 역할을 해야 하는 이유에 대해 간단하지만 인상 깊은 통찰을 제시한다. 파니카는 그리스도교 역사와 오늘날 교회 현장에서 교회가 문화와 관계 맺을 수 있는 세 가지 매우 다른 방식을 찾아낸다. 문화 우월적supercultural · 문화 초월적supracultural · 문화 교류적 crosscultural 접근 방식이 바로 그것이다(Panikkar 1990a). 그동안 앞의 두 접근 방식이 우세한 영향력을 행사했기 때문에 '세계교회'는 '라틴의 포로'가 되었다(Robinson 1979, x).

문화 우월적 접근: 문화 우월적 관점에 따르면, 그리스도 교회는 의식적이든 무의식적이든 문화와 단단한 결속을 유지한다. 현대의 탈근대 의식과

함께 이 접근은, 우리가 특정 방식과 구체적 문화에 속한 그리스도인임을 알려 준다. 이 관점에 따르면 그리스도교는 특정 문화 수준을 요청받는다. 그리스도교는 아무 문화에서나 실현되는 것이 아니다. 복음이 문화 형태를 취하기 전에 그 문화 형태를 다듬어야 한다! 그러므로 문화는 세련된 것과 미개한 것으로 나뉜다. 복음화하기 전에, 미개한 것은 조금이라도 더 교육하여 향상시켜야 한다. 그리하여 아우구스티누스는 『입문자 교리교육』*De catechizandis rudibus*을 쓰게 되었던 것이다. 수세기 동안 유럽과 아메리카 가톨릭 선교사들은 아프리카·아시아·남아메리카 원주민이 사제가 되는 것은 꿈도 꾸지 않았다. 문화 수준 향상이 늘 최우선이었다. 사실 이 모델은 그리스도교의 토착화를 지향하면서 일종의 대중적 다원주의와 공명한다고 볼 수 있다. "인류는 진화하며, 그리스도교는 진화의 최상층에 속한다"(Panikkar 1990a, 9).

문명화된 문화의 최상층을 찾으려면 도쿄나 바라나시, 킨샤사가 아니라 로마, 런던, 파리, 뉴욕, 시카고 등지로 가서 공부해야 한다. 한편 수세기 동안 마테오리치Matteo Ricci와 로베르 드 노빌리Robert de Nobili 같은 몇몇 진보적 선교사는 교회가 취할 문화 수준을 너무 편협하게 확정했다. 그들은 공자나 샹카라Shankara 같은 위대한 사상가들이 플라톤이나 아리스토텔레스에 버금간다고 주장하면서도, 시베리아 샤먼이나 아메리카 원주민, 아프리카 주술사에게는 아무런 관심을 두지 않았다. 이런 문화 우월적 아집으로 인해 그리스도교는 종종 문명이 동반하는 위험과 악에 직면할 뿐 아니라 원시적이라고 치부한 것들에 담긴 가치와 아름다움을 외면하곤 했다. 이 맹목성은 지금도 여전하다. "오늘날 교회는 아프리카의 일부다처제가 그리스도교 윤리에 어긋난다고 못마땅해하지만, 이는 핵무기가 야기하는 문제에는 비할 바가 못 된다"(Panikkar 1990a, 10-1).

복음을 문화로 나타내려는 이 문화 우월 모델은 그리스도 교회가 문명화된 라틴의 포로였음을 입증한다. 그리스도교는 여전히 이 감옥에 갇힌 채, '원시적'이거나 '미개한' 문화들이 선포하는 새로운 복음에 파괴력을 행사한다. 원주민 교육은 대개 그들 문화를 말살하는 결과를 낳았다.

문화 초월적 접근: 문화 초월적 관점은 문화 우월 모델의 의도 속에 숨은 문화 제국주의의 야만성을 간파하고, 비서구 역사와 정신의 풍요로움과 화합하려는 입장이다. 그리하여 그리스도교와 복음이 다문화적일 수 있음을 밝히고 있다. 복음은 다양한 문화에서 이야기되고 형성될 수 있으므로, 복음의 역사적 형태를 장악할 수 있는 단 하나의 '우월한 문화'란 있을 수 없다. 그러나 그리스도교의 '다양한 문화적 육화' 가능성을 인정하는 이 관점은, 그리스도교 메시지가 모든 문화 위에 있다는 개념을 전제한다. 복음을 자유로운 비전이나 플라톤의 관념론에 따라 이해하여, '모든 것 위에' 있기 때문에 온갖 문화 형태로 퍼져 나갈 수 있다고 여기는 것이다. 순수한 천상 로고스로서 유다인 예수에게 내려와 육화한 복음은, 지금도 교회 선교 활동을 통해 그 과정을 거듭한다는 것이다.

이 문화 초월적 접근은 칼 바르트의 사고와 교황 비오 12세의 진술에도 나타난다. 비오 12세에 따르면 로마 가톨릭교회는 타종교와 같은 하나의 종교가 아니며, 타교회들과 같은 하나의 교회가 아니다. 오히려 참본성과 내적 본질은 계시나 그리스도의 신비에 있다. 타종교와는 달리, 그리스도교에는 으뜸 계시와 살아 계신 그리스도의 진리가 있다. 타종교는 신성에 이르려는 인간 노력을 강조하지만, 그리스도교는 인간과 맞닿아 있는 신적 존재를 강조한다. 그리스도교의 핵심은 종교나 문화라기보다 계시이기 때문에 모든 종교와 문화를 능가하는 판단의 잣대일 수 있으며, 판단을 하는 데 다양한 종교 및 문화 형태를 살리거나 취할 수 있다. "어떤 것도 서구와 동떨어지고 색다른 문화에서 생겨나지는 않는다"(Panikkar 1990a, 6). 제2차 바티칸 공의회가 제시했듯이 "가톨릭교회는 이들 종교에서 발견되는 옳고 거룩한 것은 아무것도 배척하지 않는다"(NA 2).

문화 초월 모델은 타문화와 타종교에 '가치 있고 좋은' 것이 많음을 인정한다. 여기서 그리스도인은 새로 태어나는 계기를 발견하여, 생명을 주는 복음의 영을 받을 수 있고 그리스도교의 새로운 문화적 성취를 이룰 수 있다. 이 비전에는 새로운 그리스도교를 이룩하려는 숭고하고 진정한 희망이 담겨 있다. 그런데 1950~1960년대부터 오늘날까지 적용되고 있는 이 접근 방식은, 타문화에 대한 표면적 순응이나 적응을 벗어나지 못하는 듯하다. 비서구 국가의 지역 교회들은, 그들 고유의 문화로는 온전한 자아를 세울 수 없었다는 불만과 고통을 여전히 호소한다. 문제는 비그리스도교 문화와 종교가 지닌 가치를 어떻게 규정하고 적용하느냐에 달려 있다.

문화 초월 모델 속에서 참된 토착화 과정은 손상을 입는다. 더 심각한 문제는 이 모델 자체 내에 도사리고 있다. 이 모델은 그리스도교나 타종교의 가치 체계가 문화와 무관한 본질, 문화를 뛰어넘는 내적 정체성을 가질 수 있다고 가정한다. 그러나 종교를 벗어나서 인간적이고 의미 있는 실재를 말하는 진리나 계시 같은 것은 없다.

복음은, 부모가 태아를 받아들인 후에 신이 영혼을 불어넣었다고 생각한 낡은 인간론의 '영혼' 같은 것이 아니다. 복음은 다양한 문화 형태에 깔끔하게 '집어넣을' 수 있는 것이 아니다. 오히려 인간 영혼이나 정신처럼, 특정 문화와 관련해서만 고유하게 존재할 수 있다. 종교와 문화에 대한 문화 초월적 시각은 서구 사상이 오랫동안 주입한 정신과 물질의 이원론과 매우 유사하다.

이 이원론 때문에 선교사들은 타문화와 타종교에서 '가치 있고 좋은 것'을 판별할 때, 문화를 초월하여 현실과 유리된 복음을 들이대기보다는 오히려 서구식으로 구체화되어 온 복음을 표준으로 삼는다. 가치 있고 좋은 것을 판별하기 위해 그들이 취한 기준은 '복음의 핵심'이나 '불변하는 신앙 내용'과는 거의 무관한 반면, 유럽 문화나 초기 유다 문화의 신념이나 가정들에 깊이 뿌리내리고 있는 듯하다. 앞에서 '그리스도교'라는 단어가 보편적 실재가 아닌 예수 메시지에 대한 서구 토착화를 가리킨다고 말했다. 이는 그리스도인이 되려면 서양인이 되어야 한다는 뜻이다. 이는 초기 교회에서 예수 제자가 되기 위해 유다교를 받아들여야 했던 것과 유사하다. '서구인이 되는 것'은 서구 정신 구조를 취해야 한다는 것이며, 복음 해석을 서구 정신 구조와 동일하게 통합시키는 것을 뜻한다. 파니카는 몇 가지 보기를 제시했다.

> 나는 지금까지 셈족과 그리스의 특정한 정신 구조가 없다면; 그리스도교가 무엇인지 이해하지 못했을 것이라고 말했다. 계시의 의미, 역사 개념, 인격적 신 관념 등은 특정 정신 구조forma mentis 없이는 이해할 수조차 없었다. 그 개념들은 문화적 침해로 볼 수 없다(Panikkar 1990a, 8).

다른 말로, '하느님', '역사', '계시'를 이해하는 여러 비서구 방식들은 복음의 새로운 문화적 실현을 준비할 수 있을 것이다. 그러나 그리스도인은, 문화와 종교가 복잡하게 뒤얽혀 있고 자신의 문화를 통해서만 복음을 읽고 살아왔음을 충분히 자각하지 못하기 때문에, 다른 가능성을 볼 눈이 없다. 그래서 그리스도인은 다른 세계와 종교에서 복음이 '다시 태어나도록'

허락할 수 없었다. 문화 우월 모델이 그리스도교라는 이름으로 타문화를 파괴하거나 부정했다면, 문화 초월 모델은 (의도하지는 않았더라도) 타문화를 속이거나 착취한 셈이다.

문화 교류적 접근: 파니카는 복음과 문화에 대한 문화 교류적 이해가 가장 유망하다고 확신한다. 이 접근은 육체와 영혼, 문화와 종교 체험 사이의 구분과 양극의 일치를 인정한다. 따라서 복음은 문화와 구분되기는 해도, 문화와 동떨어진 채 모호한 상태에 놓이지는 않는 것이다. 그런 상태는 존재하지 않는다. 그러므로 비그리스도교 문화에 접근하는 선교사는 타문화가 밝히고 경계 짓는 세계관이나 종교와 연관된 복음의 문화적 표현과 한계를 이해하는 사려 깊은 그리스도인이 될 것이다. 그는 관계로부터 새로운 그리스도교를 성취하고자 할 것이다. 이 접근에 따라 그리스도인은 복음을 우월하게 여기거나, 타문화를 뛰어넘는 데서 발견되는 초월적 형태와 동일시하지 않는다. 오히려 그리스도인은 흔쾌하고 겸손하게, 자신이 선포한 복음이 유다 세계에 처음 육화한 후, 그리스 · 로마 · 유럽 · 아메리카 세계에 새롭게 육화함을 인정한다.

이 문화 교류 모델에서 그리스도인은 복음이 타문화 세계에 어떻게 육화할 것인가라는 질문에 정확히 대답할 수 없다. 타문화와 관계를 갖기 전에는 대답할 수 없다. 그들은 타문화의 '가치 있고 좋은 것'이 무엇인지 (문화 우월 모델의) 우월한 문화 꼭대기나 (문화 초월 모델의) 플라톤 세계관의 꼭대기 같은 외부나 상부에서 관찰하여 결정할 수 없다. 그 판단은 문화 간 대화 관계를 통해서만 내릴 수 있다.

민족들을 향한 교회 선교의 문화 교류적 이해는 필연적이고 본질적으로 선교의 대화 모델을 요구한다. 이 문화 교류적 이해에서 전파나 선교는 곧 대화다. 모든 종교 체험과 비전이 그렇듯 복음은 하나의 문화에서 구체화하므로, 문화 교류적인 문화 간 대화를 통하지 않고서는 복음과 타종교의 가치 있고 좋은 것들을 소통시킬 수 없다. 파니카도 동일한 결론을 이끌어 낸다. "각 문화는 독특한 로고스를 가지고 있으며, 모든 로고스는 하나의 문화에 뿌리내리고 있다. 각 언어는 특정 문화를 경계로 한다. 메타로고스 *meta-logos*는 새 언어와 새 문화를 만들어 내는 디아로고스*dia-logos*로 존재할 수는 있으나, 문화를 초월할 수는 없다"(Panikkar 1990a, 11). '새 언어'와 '새 문화'는 현대 상황에서 새로운 그리스도교 문화를 구체화한다.

문화 교류적·대화적 선교 이해는 다른 두 모델보다 대단히 복잡하고 불확실하다. 문화 우월적이거나 문화 초월적인 전망은, 새 문화가 복음과 조화를 이루는지 여부를 결정하는 잣대를 이미 가지고 있다. 문화 교류 모델에서는 타문화와 대화하면서 그 잣대를 발견하고 만들어 가야 한다. 이 방식에서만 그리스도인은 복음의 핵심과 서구식 해석 사이, 또는 기본적으로 동일성을 유지해야 하는 것과 새 형태를 취할 수 있는 것 사이를 임시로 구분할 수 있다. 부연하면, 유럽과 아프리카의 그리스도인은 실제 대화를 통해서만 일부다처제 비판이 복음의 요청인지, 서구 가족 구조의 반영인지를 결정할 수 있다(Hillman 1975). 이렇게 끝을 열어 놓는 과정은, 자기에게 익숙하지 않은 다른 문화권의 그리스도교에 낯설어하는 그리스도인들을 매우 불안하고 두렵게 만들 것이다.

새로운 문화 형태를 존중하고 받아들이는 문화 교류적·대화적 모델은 그리스도인에게 복잡할 뿐 아니라 위험할 수도 있다. 문화 우월 모델은 대개 타문화를 지배하고, 문화 초월 모델은 타문화를 착취하지만, 문화 교류 모델은 대화를 요청한다. 그러나 그 대화에서 우리가 서구식 복음 해석을 고집하지 않거나, 그리스도교 가치보다 서구 문화 가치를 강요하지 않으리라고 어떻게 확신할 수 있는가? 결코 안전지대란 없다. 우리는 '민족들을 향한 선교'를 최대한 정직하고 진심 어린 대화로 실천할 수 있을 뿐이다. 바티칸의 태도를 살피며 강조했듯이 선포에 대화를 종속시켜서는 안 되며, 설교와 선포에 열중하는 만큼 타민족들에게서 듣고 배우는 데도 의욕을 보여야 할 것이다. 무엇과도 견줄 수 없는 최종 해답을 가지고 있다는 신념으로 타문화나 타종교와 대화해서도 안 된다. 타문화를 조종하거나 깔보지 않는 참된 대화를 지향해야 한다. 그리고 나서 우리는 인간적 노력과 아울러 성령의 도움을 요청할 수 있다.

그런데 가능할까? 문화 교류적 대화가 실제로 이루어질 수 있을까? "물질이나 사고방식, 사람의 개입 없이도 물질적·영적 유익함을 가져다주는 문화 간 자연스런 다양성, 신념 간 건설적 소통, 문화 교류적 풍요"(Panikkar 1990a, 15)가 가능할까? 그리스도교 신앙과 새 문화를 진정 풍요롭게 하는 방법으로 새 문화 정체성을 취할 수 있을까? "예"라고 대답하는 것은 확신과 전략을 아우르는 문제다.

대화와 만남에 열중하면서, 그리스도인은 예수 그리스도가 계시해 온 은총과 진리가 모든 문화의 인간을 깨우쳐 줄 수 있음을 확신한다. 그러므로 이것은 확신의 문제다. 진리가 다양하면서도 하나이고, 하느님은 한 분이면서 동시에 다양한 모습임에 대한 확신이다. 결국 놀랍게도 우리 경험에 비추어 볼 때, 이 문화 교류적 노력들은 다양하면서도 하나인 인류 가족 형태를 보여 주게 된다. 인간 문제들은 다르기만 한 것이 아니라 공동 해결책으로 풀어 갈 수 있으며, 각 개인이 믿는 진리는 우리 모두를 위한 진리가 될 수 있음을 확신하는 것이다(Panikkar 1990a, 11-2).

이 '우주적 확신'을 밝히면서 파니카는 지구적 책임감을 갖고 선교로서의 대화를 출발점과 기초로 삼아 많은 것을 제시하는 대화 전략을 말한다.

문화 교류적 대화가 일정한 공통 기반을 요구하며, 전혀 다른 문화와 종교를 이해하고 배우는 과정을 시도하기 위한 공통 체험을 요청하는 한, 그곳에 모든 피조물의 공통 실재가 있다고 파니카는 주장한다. 그는 주장을 뒷받침하고자 마르코 복음 14장 7절의 "가난한 이들은 늘 너희 곁에 있으니"를 자유롭게 해석한다. "가난한 이들은 분명 어느 문화에서도 '문화를 만들지' 않는다. 그들은 맨 밑바닥에 남아 있다. 그들은 묻혀 있고 문화를 누리지 못한다. 그러나 그들은 모든 문화에 존재하고, 문화를 가로지른다"(Panikkar 1990a, 12). 가난한 이들(지구에 사는 가난한 이들과 헐벗어 가는 지구)의 외침을 듣고 응답하며 그들과 대화하는 것을 선교의 주된 관심사나 우선적 선택으로 삼음으로써, 또 약자들의 요청에 응답하는 복음의 방식을 선포하고 타종교 전통의 유사한 응답을 들음으로써, 우리는 말씀이 육신이 되고 그리스도교를 다시 태어나게 할 수 있는 가장 신뢰할 만하고 바람직한 토대를 닦게 된다.

대화로서의 신학

교회가 선교를 대화로 보아야 하는 이유와 방식을 주장함과 동시에 그리스도교 공동체를 뛰어넘어 외부로 확장하는 것을 우리는 선교로 여겨 왔다. 그러나 「교회의 선교 사명」이나 「대화와 선포」에서 말하는 것처럼 선교를 이해하여 하느님 나라에 관한 다양한 복음 실천과 선포 행위를 교회가 포괄한다고 생각하면, 대화는 이 모두를 포괄하여 그리스도인의 일상생활, 사회 발전과 해방, 전례와 영성, 신조 교육과 신학 등을 제시하는 것이어야 한다(DP 2). 1984년 교황청 비그리스도교 사무국이 제시한 「대화와 선교」에 따르면, 교회 선교에 대한 모든 표현은 "대화의 영이 … 퍼뜨리는" 것이다. 대화는 "태도이자 정신"이며 "단순히 현존과 증거, 섬김이나 직접 선포라고 보는 이가 있어도, 대화는 그리스도교 선교의 온갖 측면과 형태의 규범이자 주요 방식"이다(D&M 29).

바티칸의 이 지침을 실천에 옮겼다면, 교회 내 선교가 얼마나 많이 바뀌었을지 유익한 반성을 해 볼 수 있겠다. 가르치고 치유하며 축복하는 모든 사목 활동은 이를 받아들이는 자와 대화를 통해 이루어져야 한다. 가르치거나 북돋거나 축복할 때 교회 직무자는 자신을 단순히 지도자나 주재자 또는 감독으로만 여겨서는 안 된다. 오히려 그들은 종이며 친구로서 모든 이의 체험에 귀 기울이고 그들의 생각과 필요에 응답하고자 노력하면서 대화에 참여해야 한다. 직무가 곧 대화인 것이다.

교회의 특정 직무나 교회 선교의 본보기를 들어 참된 대화 방식의 실천이 무엇을 의미하는지 탐구하려 한다. 우리가 신학을 대화로, 즉 "대화의 영이 … 퍼뜨리는 것"으로 이해한다면, 신학하는 방식은 현재 대다수 신학교에서 진행되는 것과 다를뿐더러 보다 많은 점을 보완해야 할 것이다.

오늘날 신학의 본질과 실천 방법에 대한 다양한 관점이 슈퍼마켓에 진열된 과자 종류만큼 많아 보인다 해도, 버나드 로너간을 위시한 신학자들은 이런 관점들이 종교와 문화 사이를 '중재'하는 것임을 인식한다(Lonergan 1973, xi).

신학자는 세상에서 벌어지는 일과, 그리스도교 공동체에서 진행되는 일을 매개하는 사람이다. 신학자의 임무는 그리스도인에게 '그리스도인으로서의 정체성'과 '세상에서 살며 행동하는 것'을 어떻게 연결시킬지 '통찰'하도록 돕는 것이다(Farley 1988, 133). 이 중재 역할을 하면서 신학자나 종교학자는 서로 다른 두 원천을 연결해 주어야 한다. 데이비드 트레이시와 슈베르트 오그덴을 비롯한 많은 학자는 폭넓은 '인간 경험', '그리스도교 전통',

'그리스도교 현실' 등을 중시하면서, 창조적이고 풍성한 대화 사이에 두 원천을 가져다 놓으려 한다. 신학은 문화 체험과 종교 전통 사이의 명확하고 비판적인 상호 대화다. 우리는 그리스도교적 체험과 전통에 비추어 세상을 이해하려 노력하면서, 세상의 고통과 외침에 비추어 그리스도교 신조와 실천을 이해해야 한다. 이미 살펴본 대로 칼 바르트는 이를 간단히 언급한 바 있다. 좋은 그리스도인과 마찬가지로, 좋은 신학자는 성경과 신문을 읽어야 한다는 것이다.

따라서 신학은 본디 대화를 특성으로 한다. 신학은 세상에서의 체험과 그리스도인 공동체에서의 체험 간의 대화로 이루어진다. 그런데 나는 여기서 더 나아가려 한다. 나는 대화가 체험과 전통의 양극을 연결시킬 뿐 아니라, 양극 모두를 적절히 이해하게 한다고 생각한다.

그리스도교 신학은 그리스도교만을 위해 존재할 수 없다

해방신학자는 인간 경험에 대한 우리 이해를 고찰하고, 경험에 관한 기존의 전통적 접근이 얼마나 편협하고 비대화적인지 지적한다. 그들은 소위 지배신학 대표자(유럽인, 북아메리카인, 백인, 남성, 중산층)들에게 전통과 인간 공통 경험 간 상관관계를 밝히면서, 그들의 경험이 모든 이의 공통 경험은 아니라고 주장한다. 무수한 억압 구조에 짓눌린 이들은 대개 정부, 교회, 학교에서 목소리를 내지 못한 채 배제되거나 무시당해 왔다.

따라서 자신의 계급, 성, 인종 따위로 배척당해 '비참해진' 이들(이들은 제3세계에만 있는 것이 아니다)의 목소리와 체험에도 신학의 해석학적 작업을 통해 '권위'를 부여해야 한다. 그리스도교 전통에 대한 다양한 인식과 폭넓은 경험 외에도 계급에 따른 다양한 경험, 일부는 겪지만 다른 이들은 겪지 못하는 경험들을 대화에 포함시켜야 한다. '가진 것 없는 이들'이 마침내

성경과 그리스도교 전통을 이해하려고 함께 노력하는 가운데 제 목소리를 얻는 대화를 통해서만, 그리스도 교회는 신학 과제를 적절히 수행할 수 있다. 인간 경험이 신학의 본질적 원천인 한, 그 원천은 계층 간 대화를 통해서만 얻어질 수 있을 것이다.

해방신학자와 제3세계 신학자가 인간 경험을 이해하기 위해 대화가 필요하다고 강조한 것을 일단 접고, 나는 신학의 다른 극점이자 원천인 그리스도교 현실과 전통에 주목하겠다. 경험으로 고백한 것은 그리스도교 전통의 승인을 받아야 한다. 이것은 대화를 통해 이해될 때만 적절히 받아들여질 수 있다. 독단으로 파악하려 한다면, 그리스도교 전통의 종교성을 제대로 포착할 수 없다. 그리스도교 성경, 세세대대 이어져 내려온 그리스도교 공동체의 가르침과 실천이 그리스도교 신학의 주요 내용임이 분명하나 유일한 내용일 수는 없다. 독단으로 파악하려 한다면 본질적인 무언가를 놓친다. 더 분명히 말해서, 그리스도교 신학이 온전히 제 몫을 다하려면 그리스도교에만 갇혀 있어서는 안 된다.

이 주장을 뒷받침하기 위해, 나는 그리스도교 신학 교육이 문화와 종교 간 중재 역할을 제대로 못하는 이유 중 하나로, 많은 그리스도교 신학자가 암암리에 현대 그리스도교 신학이 유일 종교적mono-religious 특성을 다루어야 한다고 생각하기 때문이라고 보고 이를 문제 삼고자 한다. 신학 교육자들은 그리스도교 전통을 배타적이고 제한적으로 끌어와 이용한다. 그들은 종교적으로 고립되어 있다. 그들은 스스로 타종교 전통과 특성에 문을 걸어 잠근 채 열지 않는다.

교회의 전체 선교처럼 신학도 "대화의 영과 더불어"(D&M 29) 진행해야 함을 인식할 때 더 이상 유일 종교를 주장할 수 없다. 신학자는 그리스도교 이외의 많은 종교적 사실이 보여 주는 실재를 인식하고 끌어안아야 한다. 신학을 이처럼 대화를 통해 추구해야 하는 까닭은, 이 책 전반에 걸쳐 (특히 2장에서) 제시했다. 그리스도교 전통만 붙들고 있는 신학 작업은 불완전하고 빗나갈 수 있음을 보여 주기 위해, 여기서 나는 몇 가지 이유를 요약해서 제시하겠다.

대화의 해석학 이론을 적용한 최근 통찰은, 여느 종교 전통이 다 그렇듯이, 그리스도교 전통이 타전통들과 대화하기를 거부할 경우 왜 불완전해지는지를 설명한다. 역사의식과 탈근대 의식을 가진 이들이 온갖 진리관을 유한하고 조작된 것으로 파악함으로써, 대화에 더욱 관심을 가지며 일상에서 다양하고 유한한 관점을 나누려 힘쓸 것이다. 실제로 이것은 개별 진리 주장들이 다른 유한한 관점들과 대화하고 연대함으로써 자신의 한계를 극복할 수 있는 방법이다. 다양한 진리관의 유한성을 인정함으로써, 이런 관점들이 연결될 수 있다는 인식은 위로가 될 것이다.

대화의 해석학과 진리의 대화 모델이 주는 의미가 바로 이것이다. 대화로써 우리는 한계를 넘어설 수 있다. 이것이야말로 인간의 유일한 행동 방식이다. 전혀 다르고 유한한 진리관을 놓고 이루어지는 대화를 증명할 방도는 없다. 이것은 언제나 확신과 희망의 문제다. 이 희망은 떨쳐 낼 수 없는 것이다. 그레고리 바움이 말한 대로 "(문화 교류적 대화의 기초인) 인간 본성을 부정하고, 타종교인과 타문화인끼리 특정한 공통 가치를 공유한다는 사실을 부인하며, 경계를 넘나드는 대화를 거부한 채 모든 해방의 유토피아를 환상으로 여긴다면 인간은 희망을 찾을 수 없다"(Baum 1994, 10). 따라서 그리스도교 신학자들이 인간다움을 위한 희망을 나누고 자기 전통의 한계를 넘어서고자 한다면 타전통들과 대화가 우선되어야 하는 것이다.

그리스도교를 포함한 모든 종교 전통이 유한하기 때문에 '총체적 진리'라고 주장할 수 없다는 이 문화적 깨달음은, 최근의 그리스도교 신앙과 신학에서도 분명히 인정했다. 나는 대다수 주류 그리스도인과 복음주의자조차, 신적 계시는 그리스도교의 경계선 너머로 퍼져 나가 하느님의 "영원한 힘과 신성을 조물을 통하여 알아보고 깨달을 수 있게"(로마 1,20) 되었음을 인정한다고 생각한다. 그리스도인의 하느님은 우주의 힘이며 자기 소통하는 사랑이다. 따라서 모든 창조물에 하느님의 우주적 계시가 현존한다. 그리스도교 교리는 '우주적 계시'를 확신하면서, 모든 형제자매에게 하느님은 "여러 가지 방식으로 말씀하신다"(히브 1,1 참조)는 사실을 주장해야 한다. 그리스도인은 타자가 알고 있는 것을 존중해야 하며, 그들이 알고 있는 내용은 그리스도인에게도 분명 의미가 있을 것이다.

다시 말해, 하느님이 타자에게도 말씀하셨음을 그리스도인이 참으로 믿는다면 이 '다른 말씀들'과 대화해야 한다. 그리스도교 전통을 신학의 유일한 원천이나 규범이라고 고집하는 것은, 하느님이 도처에 계시하셨음을 모독하는 처사다. 그리스도교의 말씀은 다른 말씀들 없이는 불완전하다. 종교 고전을 비롯한 모든 고전이 그 태생 문화나 태생 종교 구성원만이 아닌 온 인류에게 영향을 끼치는 것과 같은 이치다. 그리스도인이 힌두교인에게 성경을 고전으로 권하고, 우파니샤드도 그리스도인의 고전으로 받아들일 수 있어야 한다.

현대 해석학의 또 다른 통찰은, 그리스도교 전통만 붙들고 있을 때 빗나가게 되는 까닭을 제시해 준다. 이 통찰은 적절한 신학 논의를 확립하기 위해 신학자에게 논의 과정을 개방할 것을 요구한다. 신학자는 적절한 신학적 해석을 위해 자신의 제안이 과거 전통, 특히 신약성경의 증언을 타당하고 신실하게 이해한 것에 기초하는지 증명할 수 있어야 한다(Ogden 1972). 그런데 프란시스 쉬슬러 피오렌자Francis Schüssler Fiorenza가 지적한 대로, 그리스도교 신학자는 그리스도교의 첫 증언(Ogden)이나 그리스도교의 전통적 고전들(Tracy)만 가지고는 그리스도교 특유의 주장을 밝힐 기준을 세울 수 없다(F.S. Fiorenza 1991, 131). 이것은 타인의 케리그마와 대화할 때만 우리 케리그마도 이해할 수 있다는 일반적 이유 때문만은 아니다. 텍스트의 의미 (과거에 무엇을 의미했고 지금 무엇을 의미하는가)를 파악하고 해석하기 위해서는 그 역사적 삶의 자리life-practice에서 텍스트를 이해해야 하기 때문이다.

'삶의 자리'란 특정 텍스트를 생성한 다양한 사회·경제·문화 환경을 의미하며, 또한 다양한 사회·경제·문화적 결과는 그 텍스트에서 비롯된 것이다. "삶의 자리가 텍스트를 낳는 동시에 텍스트에서 나온다는 사실을 강조하는 것은, 다양한 삶의 자리와 종교 고전의 진리 사이의 관계에 주목하게 한다"(같은 책 132-3). 이처럼 삶의 자리는 예나 지금이나 다른 것들, 특히 타신앙인을 포괄한다. 따라서 자기 종교 공동체와 고전에 좋든 나쁘든 영향을 끼치도록 타신앙인이 만든 삶의 자리와 관습을 분석하고 평가하지 않는다면, 우리 종교 고전의 의미와 진리도 이해할 수 없다. 타신앙인으로부터 직접 들을 때만 그들의 실천을 참으로 이해할 수 있을 것이다. 타종교 공동체들의 고전이 주는 의미와 우리의 고전이 그들에게 영향을 미쳐 삶의 자리를 이루게 하는 방식에 대해 그들과 대화할 때만, 우리 고전과 전통의 의미를 적절히 해석해 나갈 수 있다.

신학과 종교학: 지구적 책임감을 지닌 결속

신학을 대화로 이루어 가야 한다는 제안을 수용하고, 교회의 외방 선교처럼 신학을 타종교인과 대화하면서 수행하려 한다면, 대학교와 기타 종교 수업에서의 신학과 종교학 (또는 비교종교학) 간의 강고하고 오랜 경계는 이제 풀어야 한다. 신학이 대화를 지향한다면 그동안 분리해 온 것을 이제 합쳐야겠다. 신학자는 참된 관계에 전념하기 위해 타종교의 특성을 알아 가야 한다(종교학자나 비교종교학자들이 대화에 참여하기를 원한다면, 그들은 객관적이거나 무비판적인 연구에 그쳐서는 안 될 것이다).[4]

폴 틸리히는 신학과 종교학 사이의 장벽을 제거하려 애쓰면서, 어떤 면에서는 결속을 요청한 최초의 인물이다. 마지막 강의에서 그는 자신의 『조직신학』*Systematic Theology*을 "전체 종교사를 염두에 두고 대화하면서"(Tillich 1966, 31, 91) 재집필하고 싶다고 밝혔다. 윌프레드 캔트웰 스미스는 보다 급진적으로, 부부 관계에 버금가는 일치를 요청하여 많은 신학자를 당혹감에 빠뜨렸다. "참된 (종교)사가와 참된 신학자는 동일한 한 사람이다. … 이제부터 신에 대한 표현은 지구에서 펼쳐지는 인간의 종교 생활을 정확히 해석하는 것이다. … 신학의 새로운 기초는 종교사가 되어야 한다"(Smith 1987b, 55; 1984, 52-68). 레너드 스위들러는 스미스의 제안을 받아들여 매우 도발적으로, '독백' 신학과 '대화' 신학 중에서 선택하는 문제는 종교를 죽일 것인지 살릴 것인지를 선택하는 문제라고 경고한다(Swidler, et al. 1990, vii-viii).

신학과 종교학의 결합이나 결속에 대한 이런 요구는 다소 성급하거나 광적으로 느껴질 수도 있다. 실상 둘의 관계는 훨씬 더 복잡하며 보다 폭넓은 차이들을 인식하고 살려 낼 필요가 있다(Knitter 1992). 그러나 우리가 우연히 확인하는 모습이 무엇이든 간에 지금 분명한 것은 신학자가 타종

---

[4] 따라서 나는 신학과 종교학의 차이는 단순히 주관성 대 객관성이나 지지자 대 학자 사이의 차이로 환원시킬 수 없다는 주창자들에 동의한다. 오히려 두 연구 분야나 연구 내용은 지지자와 학자, 주관적 참여와 객관적 자료를 포괄한다. 신학과 종교학은 모두 종교와 문화 사이를 매개하려 한다. 종교학은 종교를 하나의 다원주의적 현상으로 이해하며, 많은 종교 전통과 종교 체험들의 진리나 가치의 잠재력을 인정한다. 따라서 종교학은 어느 한 종교 전통을 선험적 표준으로 선호하지 않는다. 보다 조심스럽게, 신학은 그리스도교와 문화 사이를 매개하려 하며, 그리스도교 전통 자체만으로(by itself) 이 매개를 진행해 올 수 있었다고 말하기도 한다. 신학과 종교학의 결속을 요청하면서 나는 이 '자체만으로'에 문제를 제기한다(F.S. Fiorenza 1991; Ogden 1986, 102-20).

교 전통들에 대한 연구에 있어 변해야 한다는 점이다. 분명 다르지만 만나야 하고, 새로운 관계를 위해 투쟁해야 한다.

더 나은 투쟁과 새롭고 희망찬 관계를 위해 나는 제안하려 한다. 이 제안은 이 책과 『하나의 지구, 많은 종교』의 공통 주제에서 취한 것으로, 모든 종교 간 관계에서처럼 오늘날 그리스도교와 타종교의 관계에는 대화와 지구적 책임감이 필요하다는 내용이다. 이 제안은 신학과 타종교 연구 사이에 새로운 대화 및 결속 관계를 출발시키고 북돋우며 안내할 것이다. 신학자와 종교학자는 인간적 존재로서, 종교적 존재인 그리스도인과 타신앙인이 택할 수 있는 동일한 관심과 헌신을 공유할 수 있다. 그들이 인간이자 종교적 존재로서 우리가 사는 세계의 끔찍한 불의에 고통당하는 이들에게 관심을 가지고, 지구의 위기 상태에 대처하기 바란다.

여기 신학과 종교학을 보다 결속할 수 있게끔 부추기는 하나의 맥락이 있다. 인간 고통, 사회적 불의와 성 차별, 환경 파괴 같은 구체적 사안과 여러 문제점을 통해, 그리스도교와 타전통의 신조와 실천은 서로 만날 수 있다. 관계가 이루어지는 맥락은 주로 윤리 측면이 될 것이다. 윤리 문제를 함께 다루면서 마침내 신조와 의례를 나누는 대화로 나아갈 수 있다. 희망은 (반드시 서로 동의하지 않아도 되는) 윤리 문제에 관한 건설적 대화에 있으며, 신조나 철학상의 복잡한 차이에서도 꽃필 수 있다. 프란시스 쉬슬러 피오렌자도 동일한 희망과 전망을 본다.

> 죽음, 소외, 고독뿐 아니라 정치 억압, 경제 지배, 인종 착취와 성차별에 맞서 우리는 상호 토론과 동의에까지 이르는 사안들을 다룬다. … 이렇게 인간성이 위협받는 곳에 다양한 종교적 신조와 실천이 도전장을 던질 수 있으며, 이 도전은 인간성 위협을 감수해

온 전통들의 원천에서 나온다. 도전에 직면하면서, 종교의 자기 초월과 대화 가능성도 커진다(F.S. Fiorenza 1991, 136).

결속은 외부에서 발생하는 공통 관심사에 의해 양성되고 다져지곤 한다.

활성화

　이렇게 신학 교육에 대화 모델을 적용하는 것이 타당하다면, 그것은 신학교와 종교 교육 기관의 신학 교육 과정에 중요한 변화를 요구할 것이다. 물론 그 실천은 각각의 다양한 맥락에 따라서 적절히 재구성될 수 있다. 여전히 일반적이긴 하지만 몇 가지 최종 실천안을 제안해 보겠다.

　신학 교육이나 종교 교육을 재구성하는 일은 교육 과정을 어설프게 수정하는 것 이상의 작업이 요구되겠지만, 그래도 우선적으로 다루겠다. 타종교와의 대화를 비중 있는 신학 교육 과정으로 수용한다면, 대다수 신학교와 종교 교육 기관에서 진행해 온 것보다 한결 유익한 대화 기회를 확보하게 될 것이다. 그리스도인 학생은 완전히 낯선 타전통들에 대해 배울 기회를 얻어야 한다. 이슬람교, 아시아 종교, 토착 영성을 다룬 과목들이 필요한데 이 과목들은 교육 과정상 필수 과목이 될 것이다.

　참된 대화 분위기에서 그 과목들을 가르치기 위해서는 특별히 포용력 있는 방법론이 필요하다. 교사는 학문과 인격 모두를 갖춰야 하며, 학생은 세상에 존재하는 다양한 종교적 여정을 이해하고 존중하며 그들의 도전을 받아들여야 한다. 종교학에서 이미 구태의연하다고 판명된 방법으로 신학에서 타종교를 가르친다는 사실은 뜻밖이다. 대학교 비교종교학 교수들조차, 판단을 중지한 채 객관적 방식으로 종교 전통을 고찰하기란 불가능하며 학생들의 시간을 허비하는 것임을 인정한다. 종교는 실재에 대해 주장하더라도, 그 의미와 진리에 주목하지 않는 한 우리는 이들의 주장을 존중하지 않는다(Farley 1988, chap.4). 그러므로 종교는 신학과 종교의 교육 과정을 통해, 순수한 정보 전달보다는 대화 분위기 속에서 종교와 현행 문화를 중재하고자 시도하면서 전달되어야 한다.

물론 말하기는 쉬워도 실천은 어렵다. 종교가 진심으로 말하고자 하는 내용에 주목하고 식별하기도 전에, 신학교에서 하듯이 그리스도교적 판단을 내려 버리는 극단적 태도를 삼가야 한다. 대개 이런 접근은 타종교를 그리스도나 그리스도교보다 열등하다고 보거나 그리스도교 이전 단계에 불과하다고 단정하게 만든다. 우리가 요청하는 신학 교육의 다종교적 모델은 독백이 아닌 대화를 이끌어 내야 한다.

대화는 타종교 전통을 주의 깊게 연구하는 것 이상을 요구하며, 타인의 경험 세계에 인격적 동참을 요청한다. 우리 행위가 타종교에 대한 '독서'나 객관적 분석인 한, 타종교를 제대로 알기란 불가능하다. "그들의 신발을 신고 걸으면서" 그들 이야기와 의례 속으로 몸소 "들어가려고" 애써야 하며, 그들처럼 느끼기 위해 "유비類比적 상상력"에 자신을 내맡겨야 한다(Dunne 1972; Tracy 1981; Knitter 1982). 이런 인격적·존재론적 과정을 통해, 타 전통을 다루는 신학 과정은 학생에게 진정 다른 진리를 느끼고 경험할 기회를 제공해야 한다. 그들이 잠시 유한하게나마 힌두교인이나 불자 또는 모슬렘이 되어 보도록 용기를 북돋아 주는 것이다.

이런 일은 교사의 재능과 대담함에 달려 있다. 타종교 세계에 들어갔다 나오는 것은 교실이나 카페에서 타신앙인과 실제로 대화하면서 쉽게 이루어지기도 한다. 그리스도인 학생은 타종교의 길을 걷는 이들의 인격적 증언과 헌신적 실천을 접하는 실존적 나-너 체험에서 큰 도움을 얻을 것이다. 그런 인격적 만남 외에도 타종교 세계를 넘나들며 그들의 영적 진리를 관찰하거나 직접 경험해 볼 수 있다. 선사禪寺나 아쉬람, 사원 등지에서 명상, 음송, 힌두교 의식, 매일 기도에 참여하는 방법도 있다. 종교를 자비로운 가르침만이 아니라 살아 있는 실재로 연구해야 한다.

　세계 타종교를 넘나드는 또 다른 방식은 앞서 밝힌 실천 지향적이고 지구적 책임감을 지닌 방법론을 통해 실현될 수 있다. 비교종교학 개론을 마친 다음에는 ('선불교 역사'나 '이슬람 신비주의' 같은) 세부 과목을 다루기보다 현실 문제를 지향할 수도 있겠다. 참된 대화의 공통 기반을 확립하기 위한 출발점이나 공통 맥락으로 다원주의와 해방을 다룰 수도 있다. '종교와 평화', '불교·그리스도교·생태학', '모슬렘과 그리스도인 대화 속의 여성주의' 같은 과목들은 학생들의 관심을 불러일으켜, 타종교 세계에 진입하려는 그들의 도전을 해석학적으로 인식하도록 도와줄 것이다.

　교육 과정상 신학을 목표로 삼는 과목에 단순히 타종교 전통을 덧붙이는 식으로는, 다종교적으로 재구성한 신학 교육이라는 목표에 다다를 수 없다. 타종교와의 대화만으로는 신학의 배타적이고 우월한 관점을 없앨 수 없다면 다른 필요한 과목을 덧붙여야 한다. 가장 바람직한 방법은 타종교와의 대화를 그리스도교의 모든 교육 과정, 특히 전통적 조직신학이나 윤리학 과정에서 주요 과목으로 삼는 것이다. 악, 구원, 교회, 하느님을 다루는 기초 과목을 통해, 교사들은 타종교의 주장 가운데 어떤 부분이 다르고 어떻게 그리스도교 전통을 더 나은 방향으로 자극하는지 토론을 유도할 수 있을 것이다. 물론 기존 신학의 입장에서 볼 때, 일반 교육 과정에서 종교 간 대화를 중심에 놓기란 결코 쉬운 일이 아니다. 그러나 꾸준히 노력한다면 이상理想은 반드시 성취될 수 있다.

　교수와 학생이 세계의 모든 종교 전통에 익숙하기를 기대하기는 힘들겠지만 이상을 품을 수는 있다. 하나 덧붙이면, 모든 그리스도교 신학자가 다른 종교 전통을 부전공으로 삼는 것도 기대해 볼 수 있겠다. 신학을 공부하는 학생에게 비교종교학의 폭넓은 입문 과정을 거치게 한 다음, 비그리스도교 종교의 역사·교리·영성을 부전공으로 택하도록 고무하는 것이다. 타종교 전통의 학생과 그리스도교 신학을 공부한 학생 간의 대화 성사를 목표로 삼을 수 있겠다. 불교를 부전공한 학생은 삼위일체·육화 같은 그리스도교 교리와, 세례성사·성체성사 같은 그리스도교 전례를 해석하거나 평가할 때 그에 관한 불교의 교리나 입장에 대해 (대화 상대자의 말을) 경청할 것이다. 대화 상대자는 그리스도교 신학 연구를 향상시키고 자극하며 생기를 북돋울 것이다.

타종교와의 대화를 주요 과목에 포함시키기 위해, 교수진 구성에도 변화가 필요하다. 비그리스도교 전통을 전공한 연구진이 신학교에 전혀 없다면 온전하고 적절한 균형을 이루지 못하는 것이다. 다른 경전들의 언어를 알고 그 종교를 낳은 문화에 몸담아 온 이들이 절실한 상황이다. 그들은 학문뿐 아니라 인격과 실존적 헌신으로 타종교 전통을 우리에게 보여 줄 것이다. 그들이 교수 회의, 예배, 휴식 시간, 성탄절 파티에 함께하면서 동료 교수들에게 유익한 본보기가 된다면, 대다수 신학 교육 과정의 유일 종교적 성향을 극복하고 학사 일정과 활동에 타종교적 관점을 주요 과정으로 삼는 데 크게 기여할 수 있다.

지속적인 실천을 위해 신학교 교수들과 대학 당국, 교구 교육 과정에서는 우선 기본 태도를 쇄신하여 대화에 앞장서야 한다. 무엇보다 유일 종교 구조에서 다종교 구조로 신학 작업을 바꿔야 할 필요성을 그들이 스스로 인식하고 실존적으로 느껴야 할 것이다. 신학, 그리스도교, 선교의 미래가 바로 이 대화에 달려 있다.

●●● 발문

종교 간 대화의 하느님 나라(구원) 중심적 접근법을 반성과 제안을 통해 펼쳐 보려 했다. 이는 예수 그리스도와 선교와 교회를 이해하려는 노력의 지향점이기도 하다. 하느님 나라 중심적 접근은, 그리스도인이 예수의 활동에 진실로 동참할 때만 예수의 인격과 사명을 이해할 수 있고, '하늘에서와 같이 땅에서도' 하느님이 사랑과 일치와 정의로 다스리시도록 그분의 뜻을 충실히 실천할 때만 예수와 세계와 타종교를 이해하는 신학 과제를 수행할 수 있다고 가정한다. "너희는 먼저 하느님의 나라와 그분의 의로움을 찾아라. 그러면 (더 유익한 대화와 더 의미 있는 그리스도론과 선교학을 포함한) 이 모든 것도 곁들여 받게 될 것이다"(마태 6,33 참조).

내가 이 성경 구절을 올바로 해석하고 있다면, 다른 그리스도인이 이 책에서 도움을 얻으리라 확신한다. 그들의 실천 여부가 내 제안의 타당성을 결정할 것이다.

● ● ● 참고문헌

AMALADOSS, Michael. 1985. "Faith Meets Faith." *Vidyajyoti* 49: 109-17.

———. 1986. "Dialogue and Mission: Conflict or Convergence?" *Vidyajyoti* 50: 62-86.

———. 1989. "The Pluralism of Religions and the Significance of Christ." *Vidyajyoti* 53: 401-20.

———. 1992a. "Liberation as an Interreligious Project." In Wilfred 1992, 158-74.

———. 1992b. "Mission and Missioners in Today's Global Context." *Discovery: Jesuit International Ministries* 1: 1-14.

ANDERSON, Gerald H., and Thomas F. Stransky, eds. 1981a. *Christ's Lordship and Religious Pluralism*. Maryknoll, NY: Orbis Books.

———. 1981b. *Mission Trends No. 5: Faith Meets Faith*. New York: Paulist Press.

"Attitude of the Church toward the Followers of Other Religions." 1984. Issued by the Vatican Council for Interreligious Dialogue. In *Bulletin Secretariatus pro non-Christianis* 56: 126-41. Also in *Acta Apostolicae Sedis* 76 (1984): 816-28.

AYROOKUZHIEL, A.M. Abraham. 1994. "The Dalits, Religions, and Interfaith Dialogue." *Hindu-Christian Studies Bulletin* 7: 13-9.

BALASURIYA, Tissa. 1980. "Towards the Liberation of Theology in Asia." In Fabella 1980, 16-27.

BAUM, Gregory. 1974. "Introduction." In Ruether 1974, 1-22.

———. 1987. "The Grand Vision: It Needs Social Action." In Lonergan and Richards 1987, 51-6.

———. 1994. "Religious Pluralism and Common Values." *The Journal of Religious Pluralism* 4: 1-16.

van BEECK, Frans Jozef. 1979. *Christ Proclaimed: Christology as Rhetoric*. New York: Paulist Press.

———. 1985. "Professing the Uniqueness of Christ." *Chicago Studies* 24: 17-35.

———. 1991. "Professing the Creed among the World's Religions." *The Thomist* 55, 539-68.

BERNSTEIN, Richard. 1983. *Beyond Objectivism and Relativism*. Philadelphia: University of Pennsylvania Press.

BEVANS, Stephen B. 1992. *Models of Contextual Theology*. Maryknoll, NY: Orbis Books.

BINGEMER, Maria Clara. 1990. "The Holy Spirit as Possibility of Universal Dialogue and Mission." In Swidler & Mojzes 1990, 34-41.

BOFF, Leonardo. 1978. *Jesus Christ Liberator: A Critical Christology for Our Times*. Maryknoll, NY: Orbis Books.

BORG, Marcus. 1987. *Jesus, A New Vision: Spirit, Culture, and the Life of Discipleship*. HarperSanFrancisco.

———. 1988. "A Renaissance in Jesus Studies." *Theology Today* 45: 280-92.

———. 1991. "Portraits of Jesus in Contemporary North American Scholarship." *Harvard Theological Review* 84: 1-22.

———. 1994. *Meeting Jesus Again for the First Time: The Historical Jesus and the Heart of Contemporary Faith*. HarperSanFrancisco.

BOSCH, David J. 1991. *Transforming Mission: Paradigm Shifts in Theology of Mission*. Maryknoll, NY: Orbis Books.

BRAATEN, Carl E. 1981. "The Uniqueness and Universality of Jesus Christ." In

Anderson and Stransky 1981b, 69-89.

———. 1985. *The Apostolic Imperative: Nature and Aim of the Church's Mission and Ministry*. Minneapolis: Augsburg.

———. 1987. "Christocentric Trinitarianism *vs.* Unitarian Theocentrism." *Journal of Ecumenical Studies* 24: 17-21.

———. 1990. "The Triune God: The Source and Mode of Christian Unity and Mission." *Missiology* 18: 415-27.

———. 1992. *No Other Gospel! Christianity among the World's Religions*. Minneapolis: Augsburg Fortress Press.

———. 1994. "Interreligious Dialogue in the Pluralistic Situation." *Dialog* 33: 294-98.

BROWN, Raymond E. 1967. *Jesus, God and Man*. Milwaukee: Bruce.

BURROWS, William R., ed. 1994. *Redemption and Dialogue: Reading* Redemptoris Missio *and* Dialogue and Proclamation. Maryknoll, NY: Orbis Books.

CARMODY, Denise Lardner, and John Tully Carmody. 1990. *Christian Uniqueness and Catholic Spirituality*. New York: Paulist Press.

COBB, John B., Jr. 1984. "The Meaning of Pluralism for Christian Self-Understanding." In Rouner 1984, 161-79.

———. 1990. "Beyond 'Pluralism.'" In D'Costa 1990, 81-95.

COHN-SHERBOK, Dan. 1987. *On Earth as It Is in Heaven: Jews, Christians, and Liberation Theology*. Maryknoll, NY: Orbis Books.

COX, Harvey. 1988. *Many Mansions: A Christian's Encounter with Other Faiths*. Boston: Beacon Press.

CROATTO, J. Severino. 1987. *Biblical Hermeneutics: Toward a Theory of Reading as the Production of Meaning*. Maryknoll, NY: Orbis Books.

CROSSAN, Dominic. 1991. *The Historical Jesus: The Life of a Mediterranean Jewish Peasant*. HarperSanFrancisco.

D'COSTA, Gavin. 1985. *Theology and Religious Pluralism: The Challenge of Other Religions*. Oxford: Basil Blackwell.

———. ed. 1990. *Christian Uniqueness Reconsidered: The Myth of a Pluralistic Theology of Religions*. Maryknoll, NY: Orbis Books.

DEAN, Thomas. 1987. "The Conflict of Christologies: A Response to S. Mark Heim." *Journal of Ecumenical Studies* 24: 24-31.

"Dialogue and Proclamation." 1991. Issued by the Vatican Council for Interreligious Dialogue and the Congregation for the Evangelization of Peoples, in *Bulletin of the Pontifical Council on Interreligious Dialogue* 26, no. 2.

DRIVER, Tom F. 1987. "The Case for Pluralism." In Hick and Knitter 1987, 203-18.

DULLES, Avery. 1977. *The Resilient Church: The Necessity and Limits of Adaptation*. New York: Doubleday.

DUNNE, John. 1972. *The Way of All the Earth*. Notre Dame, IN: University of Notre Dame Press.

DUPUIS, Jacques. 1993. "The Church, the Reign of God, and the 'Others.'" *Federation of Asian Bishops Conference Papers*, no. 67, 1-30.

——. 1994. "A Theological Commentary: Dialogue and Proclamation." In Burrows 1994, 119-58.

EDDY, Paul R. 1993. "Paul Knitter's Theology of Religions: A Survey and Evangelical Response." *The Evangelical Quarterly* 65: 225-45.

ENGINEER, Asghar Ali. 1990. *Islam and Liberation Theology: Essays on Liberative Elements in Islam*. New Delhi: Sterling Publishers.

FABELLA, Virginia, ed. 1980. *Asia's Struggle for Full Humanity*. Maryknoll, NY: Orbis Books.

FARLEY, Edward. 1988. *The Fragility of Knowledge: Theological Education in the Church and University*. Philadelphia: Fortress Press.

FIORENZA SCHÜSSLER, Francis. 1975. "Critical Social Theory and Christology: Toward an Understanding of Atonement and Redemption as Emancipatory Solidarity." *Proceedings of the Catholic Theological Society of America* 30: 63-110.

——. 1984. *Foundational Theology: Jesus and Church*. New York: Crossroad.

——. 1991. "Theological and Religious Studies: The Contest of the Faculties." In Wheeler and Farley 1991, 119-50.

FOWLER, James. 1981. *Stages of Faith: The Psychology of Human Development and the Quest for Meaning*. San Francisco: Harper & Row.

GEFFRÉ, Claude. 1990, "Christian Uniqueness and interreligious Dialogue." In Swidler & Mojzes 1990, 61-76.

GEFFRÉ, Claude, and J.P. Jossua, eds. 1980. *True and False Universality of christianity* (*Concilium* 135). New York: Seabury.

GILKEY, Langdon. 1987. "Plurality and Its Theological Implications." In Hick and Knitter 1987, 37-53.

GITTENS, Anthony J. 1994. "A Missionary's Misgivings: Reflections on Two Recent Documents." In Burrows 1994, 216-22.

GREMILLION, Joseph. 1976. *The Gospel of Peace and Justice*. Maryknoll, NY: Orbis Books.

GRIFFITHS, Paul. 1990. "The Uniqueness of Christian Doctrine Defended." In D'Costa 1990, 157-73.

GUTIÉRREZ, Gustavo. 1984. *We Drink from Our Own Wells: The Spiritual Journey of a People*. Maryknoll, NY: Orbis Books.

HABERMAS, Jürgen. 1979. *Communication and the Evolution of Society*. Boston: Beacon Press.

———. 1984. *The Theory of Communicative Action*. Vol. 1. Boston: Beacon Press.

HAIGHT, Roger. 1988. "The Mission of the Church in the Theology of the Social Gospel." *Theological Studies* 49: 477-97.

———. 1989. "Towards an Understanding of Christ in the Context of Other World Religions." *East Asian Pastoral Review* 3/4: 248-65.

———. 1990. *Dynamics of Theology*. New York: Paulist Press.

———. 1992. "The Case for Spirit Christology." *Theological Studies* 53: 257-87.

———. 1994. "Jesus and Salvation: An Essay in Interpretation." *Theological Studies* 55: 225-51.

———. 1995. "Jesus and Mission: An Overview of the Problem." *Discovery: Jesuit International Ministries* 5: 1-23.

HASTINGS, Adrian. 1990. *The Theology of a Protestant Catholic*. London: SCM Press.

HEARNE, Brian. 1993. "New Models for Mission." *Furrow* 64: 91-8.

HEIM, S. Mark. 1985. *Is Christ the Only Way? Christian Faith in a Pluralistic World.* Valley Forge, PA: Judson Press.

———. 1987. "Thinking about Theocentric Christology." *Journal of Ecumenical Studies* 24: 1-16.

———. 1994. "Salvations: A More Pluralistic Hypothesis." *Modern Theology* 10: 341-59.

———. 1995. *Salvations: In Search of Authentic Religious Pluralism.* Maryknoll, NY: Orbis Books.

HELLWIG, Monika. 1983. *Jesus the Compassion of God: New Perspectives on the Tradition of Christianity.* Wilmington: Michael Glazier.

———. 1989. "Re-emergence of the Human, Critical, Public Jesus." *Theological Studies* 50: 466-80.

———. 1990. "Christology in the Wider Ecumenism." In D'Costa 1990, 107-16.

———. 1992. *The Eucharist and the Hunger of the World.* Rev. ed. Kansas City, MO: Sheed & Ward.

HICK, John. 1973. *God and the Universe of Faiths.* New York: St. Martin's Press.

———. 1980. "Whatever Path Men Choose Is Mine." In Hick and Hebblethwaite 1980, 171-90.

———. 1987. "The Non-Absoluteness of Christianity." In Hick and Knitter 1987, 16-36.

———. 1989. *An Interpretation of Religion.* New Haven: Yale University Press.

———. 1993. *The Metaphor of God Incarnate.* London: SCM Press.

HICK, John, and Brian Hebblethwaite, eds. 1980. *Christianity and Other Religions.* Philadelphia: Fortress Press.

HICK, John, and Paul F. Knitter, eds. 1987. *The Myth of Christian Uniqueness: Toward a Pluralistic Theology of Religions.* Maryknoll, NY: Orbis Books.

HILL, Brennan, Paul Knitter, and Wm. Madges. 1990. *Faith, Religion and Theology: A Contemporary Introduction.* Mystic, CT: Twenty-Third Publications.

HILLMAN, Eugene. 1975. *Polygamy Reconsidered: African Plural Marriage and the Christian Churches.* Maryknoll, NY: Orbis Books.

———. 1993. *Toward an African Christianity: Inculturation Applied.* New York:

Paulist Press.

HODGSON, Peter C., and Robert King, eds. 1985. *Readings in Christian Theology*. Philadelphia: Fortress Press.

HOEKENDIJK, J.C. 1960. *The Church Inside Out*. Philadelphia: Westminster Press.

HORSELY, Richard A. 1985. *Bandits, Prophets, and Messiahs: Popular Movements in the Time of Jesus*. Minneapolis: Winston Press.

IRUDAYARAJ, Xavier, ed. 1989. *Liberation and Dialogue*. Bangalore: Claretian Publications.

KELLY, Anthony. 1989. *A Trinity of Love: A Theology of the Christian God*. Wilmington: M. Glazier.

KELSEY, David. 1985. "The Function of Scripture." In Hodgson and King 1985, 50-9.

KERMODE, Frank. 1975. *The Classic: Literary Images of Permanence and Change*. New York: Viking.

KHODR, George. 1991. "An Orthodox Perspective of Inter-Religious Dialogue." *Current Dialogue* 19: 25-7.

KLOSTERMAIER, Klaus. 1991. "Religious Pluralism and the Idea of Universal Religion(s)." *Journal of Religious Pluralism* 1: 45-64.

KNITTER, Paul F. 1975. *Toward a Protestant Theology of Religions: A Case Study of Paul Althaus and Contemporary Attitudes*. Marburg: N.G. Elwert Verlag.

——. 1978. "World Religions and the Finality of Christ: A Critique of Hans Küng's *On Being a Christian*." *Horizons* 5: 151-64.

——. 1982. "Religious Imagination and Interreligious Dialogue." In Masson 1982, 97-112.

——. 1985. *No Other Name? A Critical Survey of Christian Attitudes toward World Religions*. Maryknoll, NY: Orbis Books(변선환 옮김 『오직 예수 이름으로만?』 한국신학연구소 1987).

——. 1987. "Spirituality and Liberation: A Buddhist-Christian Conversation"(with Abe Masao). *Horizons* 15: 347-64.

——. 1988. "Dialogue and Liberation: Foundations for a Pluralist Theology of Religions." *The Drew Gateway* 58: 1-53.

———. 1990a. "Interreligious Dialogue: What? Why? How?" In Swidler, et al. 1990a, 19-44.

———. 1990b. "Interpreting Silence: A Response to Miikka Ruokanen." *International Bulletin of Missionary Research* 14: 62-3.

———. 1990c. *Pluralism and Oppression: Theology in World Perspective*. Lanham, MD: University Press of America.

———. 1991. "A New Pentecost? A Pneumatological Theology of Religions." *Current Dialogue* 19: 32-41.

———. 1992. "Religious Pluralism in Theological Education." *Anglican Theological Review* 74: 418-37.

———. 1995. *One Earth Many Religions: Multifaith Dialogue and Global Responsibility*. Maryknoll, NY: Orbis Books.

KÜNG, Hans. 1976. *On Being a Christian*. New York: Doubleday.

———. 1986a. *Christianity and the World Religions: Paths of Dialogue with Islam, Hinduism, and Buddhism*. New York: Doubleday.

———. 1986b. "Towards an Ecumenical Theology of Religions: Some Theses for Clarification." *Concilium* 183, 119-25.

———. 1991. *Global Responsibility: In Search of a New World Ethic*. New York: Crossroad.

KUSCHEL, Karl Josef. 1991. "Christologie und interreligiöser Dialog: Die Einzigartigkiet Christi im Gespräch mit den Weltreligionen." *Stimmen der Zeit* 209: 387-402.

LANE, Dermot. 1991. *Christ at the Centre: Selected Issues in Christology*. New York: Paulist Press.

LEDD, Mary Jo, ed. 1987. *The Faith that Transforms: Essays in Honor of Gregory Baum's Sixtieth Birthday*. New York: Paulist Press.

LINDBECK, George. 1984. *The Nature of Doctrine: Religion and Theology in a Postliberal Age*. Philadelphia: Westminster Press.

LOCHHEAD, David. 1988. *The Dialogical Imperative*. Maryknoll, NY: Orbis Books.

LONERGAN, Anne, and Caroline Richards, eds. 1987. *Thomas Berry and the New*

Cosmology. Mystic, CT: Twenty-Third Publications.

LONERGAN, Bernard. 1973. *Method in Theology*. New York: Herder & Herder.

MAGUIRE, Daniel C. 1993. *The Moral Core of Judaism and Christianity: Reclaiming the Revolution*. Minneapolis: Fortress Press.

MASSON, Robert, ed. 1982. *The Pedagogy of God's Image: Essays on Symbol and the Religious Imagination*. Chico: Scholars Press.

MAURIER, Henri. 1976. "The Christian Theology of the Non-Christian Religions." *Lumen Vitae* 21: 59-74.

MCFAGUE, Sallie. 1987. *Models of God: Theology for an Ecological, Nuclear Age*. Philadelphia: Fortress Press.

MEIER, John P. 1991. *A Marginal Jew: Rethinking the Historical Jesus*. Vol. 1: *The Roots of the Problem and the Person*. New York: Doubleday.

MERCADO, Leonardo N., and James J. Knight, eds. 1989. *Mission & Dialogue: Theory and Practice*. Manila: Divine Word Publications.

MERTON, Thomas. 1968. *Zen and the Birds of Appetite*. New York: New Directions.

——. 1969. *The Way of Chuang Tzu*. New York: New Directions.

MOJZES, Paul, and Leonard Swidler, eds. 1990. *Christian Mission and Interreligious Dialogue*. Lewiston: Edwin Mellen Press.

MORAN, Gabriel. 1992. *Uniqueness*. Maryknoll, NY: Orbis Books.

MUDGE, Lewis S., and James N. Poling, eds. 1987. *Formation and Reflection: The Promise of Practical Theology*. Philadelphia: Fortress Press.

New Universal Catechism. 1994. Washington, D.C.: U.S. Catholic Conference.

NEWBIGIN, Lesslie. 1990. "Religion for the Marketplace." In D'Costa 1990, 135-48.

NOLAN, Albert. 1978. *Jesus before Christianity*. Maryknoll, NY: Orbis Books.

O'BRIEN, John. 1992. *Theology and the Option for the Poor*. Collegeville, MN: Liturgical Press.

O'DONNELL, John. 1989. "In Him and Over Him: The Holy Spirit in the Life of Jesus." *Gregorianum* 70: 25-45.

OGDEN, Schubert. 1972. "What Is Theology?" *The Journal of Religion* 52: 22-40.

———. 1979. *Faith and Freedom: Toward a Theology of Liberation*. Nashville: Abingdon Press.

———. 1982. *The Point of Christology*. New York: Harper & Row.

———. 1986. *On Theology*. San Francisco: Harper & Row.

———. 1992. *Is There Only One True Religion or Are There Many?* Dallas: Southern Methodist Press.

———. 1994. "Some Thoughts on a Christian Theology of Interreligious Dialogue." *Criterion* 11: 5-10.

OMANN, Thomas B. 1986. "Relativism, Objection, and Theology." *Horizons* 13: 291-305.

PANIKKAR, Raimon, ed. 1977. *The Vedic Experience – Mantramanjarli: An Anthology of the Vedas for Modern Man and Contemporary Celebration*. Berkeley: University of California Press.

———. 1978. *The Intrareligious Dialogue*. New York: Paulist Press.

———. 1981. *The Unknown Christ of Hinduism*. Maryknoll, NY: Orbis Books.

———. 1987. "The Jordan, the Tiber, and the Ganges: Three Kairological Moments of Christic Self-Consciousness." In Hick and Knitter 1987, 89-116.

———. 1990a. "Can Theology Be Transcultural?" In Knitter 1990c, 3-22.

———. 1990b. "The Christian Challenge to the Third Millennium." In Swidler & Mojzes 1990, 113-25.

———. 1993. *The Cosmotheandric Experience: Emerging Religious Consciousness*. Maryknoll, NY: Orbis Books.

PANNENBERG, Wolfhart. 1990. "Religious Pluralism and Conflicting Truth Claims." In D'Costa 1990, 96-106.

PAWLIKOWSKI, Paul. 1982. *Christ in the Light of the Christian Jewish Dialogue*. New York: Paulist Press.

PIERIS, Aloysius. 1987. "Jesus and Buddha: Mediators of Liberation." In Hick and Knitter 1987, 162-77.

———. 1988a. *An Asian Theology of Liberation*. Maryknoll, NY: Orbis Books.

———. 1988b. *Love Meets Wisdom: A Christian Experience of Buddhism.* Maryknoll, NY: Orbis Books.

PINNOCK, Clark. 1992. *A Wideness in God's Mercy.* Grand Rapids: Zondervan.

PLACHER, William. 1989. *Unapologetic Theology: A Christian Voice in a Pluralistic Conversation.* Louisville: Westminster/John Knox Press.

PUSHPARAJAN, A. 1992. "Whither Interreligious Dialogue? A Reflective Response to the Vatican Document on 'Dialogue and Proclamation.'" *Vidyajyoti* 56: 224-32.

PUTHIADAM, Ignatius. 1980. "Christian Faith and Life in a World of Religious Pluralism." In Geffré and Jossua 1980, 99-112.

———. 1992. "Dialogue and Proclamation? Problem? Challenge? Grace-filled Dialectic?" *Vidyajyoti* 56: 289-308.

RACE, Alan. 1983. *Christian and Religious Pluralism: Patterns in Christian Theology of Religions.* Maryknoll, NY: Orbis Books.

RAHNER, Karl. 1964. *The Dynamic Element in the Church.* New York: Herder & Herder.

———. 1966a. "Christianity and the Non-Christian Religions." In *Theological Investigations V*, 115-34.

———. 1966b. "The Concept of Mystery in Catholic Theology." In *Theological Investigation IV*, 36-73.

———. 1978a. *Foundations of Christian Faith: An Introduction to the Idea of Christianity.* New York: Crossroad.

———. 1978b. "Thomas Aquinas on the Incomprehensibility of God." *Journal of Religion* 58: 107-25.

———. 1979. "Towards a Fundamental Theological Interpretation of Vatican II." *Theological Studies* 40: 716-27.

———. 1983. *The Love of Jesus and the Love of Neighbor.* New York: Crossroad.

RAYAN, Samuel. 1989. "Spirituality for Inter-faith Social Action." In Irudayaraj 1989, 64-73.

———. 1990. "Religions, Salvation, Mission." In Swidler & Mojzes 1990, 126-39.

ROBINSON, John A.T. 1979. *Truth Is Two-Eyed*. London: SCM Press.

ROUNER, Leroy S., ed. 1984. *Religious Pluralism*. Notre Dame, IN: University of Notre Dame Press.

RUETHER, Rosemary Radford. 1974. *Faith and Fratricide: The Theological Roots of Anti-Semitism*. New York: Seabury.

——. 1981. *To Change the World: Christology and Cultural Criticism*. New York: Crossroad.

——. 1987. "Feminism and Jewish-Christian Dialogue." In Hick and Knitter 1987, 137-48.

RUOKANEN, Miikka. 1990. "Catholic Teaching on Non-Christian Religions at the Second Vatican Council." *International Bulletin of Missionary Research* 14: 56-61.

SAMARTHA, Stanley J. 1991. *One Christ – Many Religions: Toward a Revised Christology*. Maryknoll, NY: Orbis Books.

SANDERS, E.P. 1985. *Jesus and Judaism*. Philadelphia: Fortress Press.

SANDERS, John. 1992. *No Other Name: An Investigation into the Destiny of the Evangelized*. Grand Rapids: Eerdmans.

SANNEH, Lamin. 1989. *Translating the Message: The Missionary Impact on Culture*. Maryknoll, NY: Orbis Books.

SCHILLEBEECKX, Edward. 1963. *Christ the Sacrament of Encounter with God*. New York: Sheed & Ward.

——. 1979. *Jesus: An Experiment in Christology*. New York: Crossroad.

——. 1980. *Christ: The Experience of Jesus as Lord*. New York: Crossroad.

——. 1990. *The Church: The Human Story of God*. New York: Crossroad.

SCHNEIDERS, Sandra. 1992. "Living Word or Deadly Letter: The Encounter between the New Testament and Contemporary Experience." *Catholic Theological Society of America Proceedings*, 45-60.

SCHNELLER, Peter. 1990. *A Handbook on Inculturation*. New York: Paulist Press.

SCHREITER, Robert J. 1985. *Constructing Local Theologies*. Maryknoll, NY: Orbis Books.

SCHÜSSLER FIORENZA, Elisabeth. 1983. *In Memory of Her*. New York: Crossroad.

SEGUNDO, Juan Luis. 1984. *Faith and Ideologies*. Maryknoll, NY: Orbis Books.

———. 1985. *Jesus of the Synoptic Gospels*. Maryknoll, NY: Orbis Books.

SMITH, Wilfred Cantwell. 1981. *Towards a World Theology*. Philadelphia: Westminster Press.

———. 1984. "The World Church and the World History of Religion: The Theological Issue." *Proceedings of the Catholic Theological Society of America* 39: 52-68.

———. 1987a. "Idolatry in Comparative Perspective." In Hick and Knitter 1987, 53-68.

———. 1987b. "Theology and the World's Religious History." In Swidler 1987, 51-72.

SOBRINO, Jon. 1984. *The True Church and the Poor*. Maryknoll, NY: Orbis Books.

———. 1987. *Jesus in Latin America*. Maryknoll, NY: Orbis Books.

———. 1988. *Spirituality of Liberation: Toward a Political Holiness*. Maryknoll, NY: Orbis Books.

———. 1994. *Jesus the Liberator: An Historical-Theological Reading of Jesus of Nazareth*. Maryknoll, NY: Orbis Books.

SPRETNAK, Charlene. 1991. *States of Grace: The Recovery of Meaning in the Postmodern Age*. HarperSanFrancisco.

STARKEY, Peggy. 1982. "Biblical Faith and the Challenge of Religious Pluralism." *International Review of Mission* 71: 68-74.

STENDAHL, Krister. 1981. "Notes on Three Bible Studies." In Anderson and Stransky 1981a, 7-18.

SUCHOCKI, Marjorie. 1987. "In Search of Justice: Religious Pluralism from a Feminist Perspective." In Hick and Knitter 1987, 149-61.

SWIDLER, Leonard. 1990. *After the Absolute: The Dialogical Future of Religious Reflection*. Minneapolis: Augsburg-Fortress Press(유정원 · 이찬수 옮김 『절대 그 이후』 이화여대출판부 2003).

———. ed. 1987. *Toward a Universal Theology of Religion*. Maryknoll, NY: Orbis Books.

SWIDLER, Leonard, John B. Cobb, Jr., Paul F. Knitter, and Monika K. Hellwig. 1990. *Death or Dialogue? From the Age of Monologue to the Age of Dialogue*. Philadelphia: Trinity International Press.

SWIDLER, Leonard, and Paul Mojzes, eds. 1996. *The Uniqueness of Jesus: A Dialogue with Paul Knitter*. Maryknoll, NY: Orbis Books.

TAYLOR, Mark Kline. 1990. *Remembering Esperanza: A Cultural-Political Theology for North American Praxis*. Maryknoll, NY: Orbis Books.

THOMPSON, William M. 1985. *The Jesus Debate*. New York: Paulist Press.

——. 1987. "Jesus' Uniqueness: A Kenotic Approach." In Ledd 1987, 16-30.

——. 1994. "Distinct But Not Separate': Historical Research in the Study of Jesus and Christian Faith." *Horizons* 21: 130-41.

TILLICH, Paul. 1957. *Systematic Theology*. Vol. 2. Chicago: University of Chicago Press.

——. 1966. *The Future of Religions*. Ed. Jerald C. Brauer. New York: Harper & Row.

TIPPIT, Alan. 1987. *Introduction to Missiology*. Pasadena: Wm. Carey Library.

TOMKO, Jozef. 1990. "Christian Mission Today." In Mojzes and Swidler 1990, 236-62.

——. 1991. "On Relativing Christ: Sects and the Church." *Origins* (April 4), 753-4.

TRACY, David. 1975. *Blessed Rage for Order: The New Pluralism in Theology*. New York: Seabury.

——. 1980. "Particular Questions within General Consensus." In *Consensus in Theology? A Dialogue with Hans küng and Edward Schillebeeckx*. Ed. Leonard Swidler. Philadelphia: Westminster Press, 33-9.

——. 1981. *The Analogical Imagination: Christian Theology and the Culture of Pluralism*. New York: Crossroad.

——. 1986. "On Crossing the Rubicon and Finding the Halys: Religious Pluralism and Christian Theology – Some Reflections." Paper delivered at the Blaisdell Conference on Religion, Claremont, California (March).

——. 1987a. *Plurality and Ambiguity: Hermeneutics, Religion, Hope*. New York: Harper & Row.

——. 1987b. "Practical Theology in the Situation of Global Pluralism." In Mudge and Poling 1987, 139-54.

——. 1990. *Dialogue with the Other: The Inter-Religious Dialogue*. Grand Rapids: Eerdmans.

WHEELER, Barbara G., and Edward Farley, eds. 1991. *Shifting Boundaries: Contextual Approaches to the Structure of Theological Education*. Louisville: Westminster/John Knox Press.

WHITEHEAD, Alfred North. 1957. *Process and Reality: An Essay in Cosmology*. New York: Free Press. (Original: 1929.)

WILFRED, Felix, 1987. "Dialogue Gasping for Breath? Toward New Frontiers in Interreligious Dialogue." *Federation of Asian Bishops Conference Papers*, no. 49, 32-52.

——. 1994. "Liberating Dialogue in India." German translation in *Befreiender Dialog – Befreite Gesellschaft: Politische Theologie und Begegnung der Religionen in Indien und Europa*. Sybille Fritsch-Oppermann, ed. Loccum: Evangelische Akademie, 29-40.

——. ed. 1992. *Leave the Temple: Indian Paths to Human Liberation*. Maryknoll, NY: Orbis Books.

YAGI, Seiichi. 1987. "'I' in the Words of Jesus." In Hick and Knitter 1987, 117-34.

YATES, Tim. 1994. *Christian Mission in the Twentieth Century*. New York: Cambridge University Press.

색인 — 인명

그리피스, 폴 81-2 85
길키, 랭던 55-6 92-3

놀런, 앨벗 106 137 143 154
뉴비긴, 레슬리 86

드퓌, 자크 168-70 182 192-3 204 214 218
딘, 토마스 80

라너, 칼 25-9 65-6 70 77 150 163 181-3 198 219 222-3
라얀, 사무엘 32 101 176 185
레인, 더모트 140 143 153
로너간, 버나드 58 233
류터, 로즈메리 61 73
린드벡, 조지 56 93 111

머튼, 토마스 28 122
모란, 가브리엘 130 164

바오로 6세(교황) 141 208
바움, 그레고리 86-7 93 236
반 베크, 프란스 요제프 79 81 84-6 114 129
벤야민, 발터 59
보그, 마커스 136-7 142 146
보슈, 데이비드 170 172
보프, 레오나르도 119
브라튼, 칼 80-1 86 94-7 119 191

사마르타, 스탠리 73 185
세군도, 후안 10 62 137 142 144-5

소브리노, 존 31 106 110 120-1 125 131 137 140-1 143 149 171 179 188 200
쉬슬러 피오렌자, 엘리자베스 144
슈텐달, 크리스터 108 112
스미스, 윌프레드 캔트웰 58 66 239
스위들러, 레너드 60 115 126 191 239
스힐레벡스, 에드바르트 37 54-5 57 66 72 90 109-10 117 122-3 125 139 142-3 149 151-2 163 179

아말라도스, 마이클 169 176 185-6
야기, 세이치 73
요한 바오로 2세(교황) 94-6 160 191 193 196 201
윌프레드, 펠릭스 76 185

제프레, 클라우드 79 180

캅, 존 17 129 130-2
켈리, 앤서니 128
켈시, 데이비드 104-5
코드르, 게오르게 174-6
콕스, 하비 9 17 91-2
쿠셀, 칼 요제프 83-5
큉, 한스 29 33 79 84-7 91 93 122 163 167
크로산, 도미니크 137 143
크로아토, 세베리노 152
클로스터마이어, 클라우스 54

테일러, 마크 139 150 152
토마스 아퀴나스 65 119
톰코(추기경) 94 96-7 160 182
톰프슨, 윌리엄 130 138
트레이시, 데이비드 17 52 56 58-60 103 137 233 238 242

틸리히, 폴 14 163 239

파니카, 라이몬 28 35 63 67 72 101 176
    217 224-5 227-32
판넨베르크, 볼프하르트 26 82 124
폴라니, 마이클 122
푸쉬파라잔, A. 214-5
푸티아담, 이그나티우스 32 62 215 217-8
피어리스, 알로이시우스 34 61-2 73 155
    185
피오렌자 쉬슬러, 프란시스 152 180 237-41

하이트, 로저 101 105 109 123-4 127
    134 142 152 177 207-8
하임, S. 마르크 18 81-2
헤이스팅스, 에이드리언 79-80
헬비히, 모니카 86-7 89-90 163 178
화이트헤드, 앨프리드 노스 50
힉, 존 27 30 57 61 73 78

 사항

가난한 이들에 대한 우선적 선택 151-2 232
개종(회개) 23-4 42 95-6 142 144 159 180 185-9 196-7 201 213 215 217-8
개혁 38 150 180 186 189 220
결정적 규범 84 123-4
계시 26 44 56-7 60-1 65-7 69 71-2 79 83-5 90 95 100-1 117-20 122-6 128-9 131 135 148 152 155 160 164-5 175 189 195 202-4 206 219 221 226-8 231 237
계약 148 153-4 160 203
고유성 44 71 75 78-83 86-8 94 99 102 107 110-1 113-5 124 126-30 147-8 154-5 157-8 164 203
공동체 13 16 20 24 30-1 39 41-3 47 51 53 67 74 77 85-9 91 93 95-6 99 101 104-5 107-8 111 113 115-6 121 133 138-9 143 145 147 158-64 167 169 170 174 177-9 183 186-8 197-8 201 211 222-3 232-5 238
교리 15 24-5 42 44 67 69 79 82 86 94 97 105-8 111 113 117 119 125-6 128 132 145 167 237 244
「교리의 본성」 56
교회론 45 139 162 172-4 176 182 188 191-3 197-8 205 216
「교회의 선교 사명」 94 160 191-3 196-7 201-3 205 208-9 211 216 232
그리스도 18 26-7 29 42 49 64-6 72 75 78-9 83-90 92 94-7
「그리스도교 유일성의 신화」 12 30-1 40 78
그리스도론 12 17 44-5 52 72-3 79 82 88 91 95-6 99-102 107 120 123 137 139 158 160-3 167-8 173 176 198 202-6 221 245
「기쁨과 희망」(현대 세계의 교회에 관한 사목 헌장) 168 192

「다원성과 모호성」 56
다원주의 22-3 30 34 38 40 42 54-5 62 67 77-8 80 84 86 92-3 95-7 113-4 126 162 243
「대화와 선포」 160 182 186 191-3 196 202-5 208-11 213-4 217-8 221 232

로고스 72 118 128 176 226 230

마태 6,33 177 245
문화 12 20 24 42 52 56 58 62 81 83 100-1 113 126 129-30 135 142 146-7 161 187-9 194 221-6 238 242 244

반–하느님 나라 188
배타주의 23 25 60 81-2
보편성 50 70-2 79-80 94 102 118 121-2 127 151 165 206 223
불가분리성 195-6 204-5
불교 24-5 28-9 35 73 124 130 155-6 243-4
브라만 28-9

사도 4,12 15 19 74 108 111 113
선교 13 15 18 20 23-4 33 36 42 44-5 61 94-7 156 158-60 162 167-8 181 185-9 191 194-211 213-6 218-22 224 226 229-33 235 238 244-5
선포 19 66 74 78 81-2 90 94 96 102 104-5 109-11 118 121-2 124 131-3 141 148 151-3 159 161 163 168-70 180-1 188-9 197-8 201-2 208-11 213-8 220 222 226 229 231-3
성경 29 42 44 52-3 59 68 70 73-4 79-81 83 86 89 99 102-5 107 109-11 113-5 117-8 121-2 128-9 134 136

138-40 144-6 151-2 157 163 166 179 195 223 234-5 237 245
성령 23 42 64 77-8 95 113 120 127 137-9 145-6 148 163 172-6 182 188 198-200 205 222 231
성사 163 181 244
세례 42 95 186 188 197 211 244
신앙 22 26-7 37 39 42-3 45 62-4 69 75 77 79 83 86-7 89-90 97 102-3 105-7 111 113 115 118 120-1 128 131-2 138 151 153-4 162-7 186 211 231 236
신영지주의 86
실제로 사용한 말(예수) 137

아트만 28-9
악 54 92-3 99 154 156 196 200 225 243
언어 41 43-4 73-4 80 103-4 107-12 114 135 146 166-7 171 216 219 223 230 244
역사 19 24 28 55-6 65-6 70-3 85 89-91 103 105 120-1 126 128-9 135-8 141-2 146 148-51 153-4 156-7 159 161 165 174-5 178 187 203 223-4 226 228 243-4
영성 21 87-8 106 109 150 156-7 164 200 232 241 244
예언자 82 86-7 92-3 100 104 112 124 137-8 141-2 144-8 156 180 199
『오직 예수 이름으로만?』 12 16 20-1 29-30 40-1 78 91 109 123
「우리 시대」(비그리스도교와 교회의 관계에 대한 선언) 25 181
위대한 명령 95 207
유다교 25 35 70 113 130 146 148 153 156-7 228
『유비적 상상』 56
육화 27 45 65-6 73-4 82 84 89 117 119-20 129 151 173-6 198 220 224 226 229 244

이데올로기 58-9 89 144 183 185 194
「인류의 빛」(교회에 관한 교의 헌장) 192
인본주의 199
「일치의 재건」(일치 운동에 관한 교령) 193

자기 소통 219-20 237
전통 9 11-3 20 29 34 37 39 42-3 51-3 57 67 79 86-7 92 94 96 103 105 115 117 121 126 145 150 155-7 172 181-2 185 196 207 209 212 232-44
전통적 기도법 87
정의 31-4 39 71 88 90 115 143 149 151-2 154 156-8 160 164 170 179-80 183-4 186 188 194 197 199 245
정통 신앙 69 105-7 113 115 120 163
정통 실천 69 105-7 109 113 115 120
제2차 바티칸 공의회 25 168 181-2 192 208 222-4 227
지구적 책임감 15 20 33-4 39-42 44 47 51-3 62 64 76 96 99 102 139 158-9 161 167 191 197-9 231 240 243
지혜 27 72-3 109 117-8 132 146 155 188-9 221
직무 13 210-1 220 233

최종 말씀 53 60-1 66 82-3 85
칭호 73 107 110 124 145-7 163

타자 12 14 16-7 21-4 26-7 30-2 34-7 39 40 42 48-51 53-4 58-60 64 66 68-9 74 77 80 84-5 88 90-3 96-7 101 107 109 110-2 116 122 128 131-2 155 157 189 199 201 216-7 219 222 237

포괄주의 23 30 60 160

『하나의 지구, 많은 종교』 12 15 19-20 32
　　34 36-8 40-1 47-8 51 155 165 240
하느님 나라(하느님의 다스림) 13 16 44 90
　　105 110 114-5 120-2 124-5 137 140-5
　　147-50 153-4 157-8 161 164 168-73
　　175 192-201 204-7 213 215-6 232 245
해방 15 32-4 37-9 62 84 95-6 102 108
　　110 113 139 143 152-4 157 167 174
　　179-80 194 196 200 203 210 222
　　232 236 243
해석학 12 185 236-7
헌신 16 18 32 35 44 48 53 64 78 84
　　88-9 97 99 102 106-7 109 116 118
　　120-1 141 144 161-2 164-6 211
　　240 244
『현대의 복음 선교』 141 208
힌두교 24-5 28-9 73 130 156 217